Ilona Biendarra (Hrsg.)

„Anders-Orte“

Suche und Sehnsucht nach dem (Ganz-)Anderen

Ilona Biendarra (Hrsg.)

„Anders-Orte“

Suche und Sehnsucht nach dem (Ganz-)Anderen

Umschlagbild: Sigrid von Schroetter, Würzburg
Mandala „Anders-Orte"

1. Auflage 2010

mail@eos-verlag.de
www.eos-verlag.de

ISBN 978-3-8306-7441-2

Bibliografische Information der Deutschen Bibliothek
Die Deutsche Bibliothek verzeichnet diese Publikation in der Deutschen Nationalbibliografie; detaillierte bibliografische Angaben sind im Internet unter http://dnb.ddb.de abrufbar.

Printed in Germany

Vorwort

Die Idee zu diesem Buch entstand bei einem Spaziergang. Dabei umkreisten die Herausgeberin und der Verfasser des Vorwortes paripatetisch die Erzabtei Sankt Ottilien und sprachen vom besonderen Charisma der Klöster. Während die Kirche zunehmend an Vertrauen verliere, übten Klöster eine ungebrochene Anziehungskraft aus. Der Priester werde vielfach skeptisch betrachtet, der Mönch dagegen sei Gegenstand eines sicher distanzierten, aber auch neugierigen Interesses. Allein religiös sei das kaum zu erklären, es müssten tiefere anthropologische, philosophische, psychologische und soziale Gründe am Werke sein. Im Grunde handele es sich wohl um die Faszination des „Anderen" oder des „Anders-Ortes", des Hetero-Topos oder vielleicht auch Ou-Topos. Sollte man diesem Phänomen nicht tiefer auf den Grund gehen? Müsste hier nicht ein weitgefasstes Spektrum von Fremdheits-Erfahrungen zu Worte kommen und die damit verbundene Herausforderung zur Selbsthinterfragung, Weltentdeckung und Neupositionierung innerhalb einer globalisierten Welt?

Und weitere Fragen schlossen sich an: Reagieren die Klostergemeinschaften angemessen auf das ungebrochene Interesse, das ihnen entgegenschlägt? Nutzen sie die damit verbundenen Chancen? Gibt es möglicherweise ein Theoriedefizit und Missverständnisse, weil der größere Rahmen nicht gesehen wird, innerhalb dessen Klöster und ihre Kultur weiterhin Zufluchtsorte sind?

Die Grenzen zwischen Selbstsucht und Selbstsuche, Aussteigertum und Weltabsage, Lebensangst und Gottesliebe sind nie trennscharf auszumachen. Es mag gerade ein Kennzeichen der Moderne sein, dass säkulare und religiöse Lebensformen sich immer stärker durchdringen. Um das Phänomen Kloster unter heutigen Bedingungen besser zu verstehen, sind neue Kategorien und weiterentwikkelte Begrifflichkeiten unerlässlich. So scheint gerade der von Michel Foucauld eingebrachte Ausdruck des „Heterotopos“ oder „Anders-Ortes“ hilfreich zu sein, um die besondere Funktion von Klöstern als Gegenwelten innerhalb einer postsäkularen, globalisierten, technisierten und hochgradig pluralistischen Lebenswirklichkeit besser zu erfassen. Durch eine solche Kontextverortung eröffnet sich ein weiter Raum gleichgelagerter Phänomene, und die Sensibilität für innere Nähe und Gleichgesinnheit trotz äußerer Verschiedenartigkeit wächst.

Der Faszination am (Ganz-)Anderen wird in den folgenden Aufsätzen in unterschiedlichsten Zugängen nachgespürt. Es bleibt dem Leser unbenommen, über die ausgelegten Spuren hinaus noch weitere Fährten zu verfolgen, an denen es nicht fehlt. Der Herausgeberin, Dr. Ilona Biendarra, sei gedankt, dass sie trotz ungünstiger Umstände die Lust an diesem Projekt nicht verlor und die Verwirklichung möglich machte.

Sankt Ottilien, 12. August 2010
P. Cyrill Schäfer OSB

Inhaltsverzeichnis

Einleitung

Ilona Biendarra, Salgen

Wer kennt es nicht, das Wechseln von der einen auf die andere Straßenseite, weil wieder einmal eine Baustelle den Weg abschneidet? Oder: Wer nimmt nicht den Umweg über die Brücke in Kauf, um am anderen, weil schöneren Ufer zu promenieren? Und ist es nicht zuletzt das Leben selbst, das uns oft genug andere Wege führt?

Gerade Kinder wollen eigentlich immer wo-anders hin, verweisen uns so auf uns selbst zurück: Woher kommen wir, wohin gehen wir? Wonach sehnen wir uns, was suchen wir?

Gegenwärtig scheint es so zu sein, dass säkulare Weltbeschreibungen und Lebensdeutungen den wahrnehmbaren „Zeichen der Zeit" nicht mehr genügen. Angesichts schwer zu bewältigender Ereignisse bzw. in schwierigen Lebenslagen wird wieder auf religiöse Metaphern, Riten und Praktiken zurückgegriffen und zunehmend die Frage nach „Gott" und Sinn gestellt. Dabei sieht sich der einzelne Mensch in seinen Suchbewegungen einem nicht mehr überschaubaren Markt der Antwortmöglichkeiten und Sinnangebote gegenübergestellt, die Erfüllung verheißen, doch allzu oft nur Leere hinterlassen.

Religion ist als eine, vielleicht grundlegende und wesentliche Suchdimension zu betrachten. Der suchende Mensch kann als „unheilsam religiös" beschrieben werden.

Das Anliegen des spirituellen Weges vieler Religionen, so auch des Christlichen in seiner vielfältigen Ausformung, ist es, einem geschichtlich konkreten und auch je einmaligen und zugleich sozial rückverpflichteten Menschwerden Raum und Spur, zu geben. Dies ist für den individuellen und privaten Reifungsweg immer in einem geistesgeschichtlichen bzw. menschengeschichtlichen und situativen Zusammenhang zu sehen und zu verstehen.[1]

„Anders-Orte" lautet der Titel dieses Aufsatzbandes, in dem es um „Suche und Sehnsucht nach dem (Ganz-)Anderen" geht.

„Anders-Orte", im Griechischen „heteropia", eine Wortschöpfung aus „hetero" (anders) und „topos" (Ort), die der französische Philosoph Michel Foucault in den (nicht nur) wissenschaftlichen Diskurs eingebracht hat. Die postmoderne Existenz als Heimat und Gegenort bezeichnet er als „Heterotopie".[2] Der Begriff dient so als Schlüssel zum Verständnis gegenwärtiger Lebensbefindlichkeiten und -lagen sowie zur Bewältigung heutiger Forderungen als auch Herausforderungen.

An „Anders-Orten", wie zum Beispiel in einem Kloster, finden menschliche, insbesondere spirituell-religiöse Suchbewegungen Verortung und Zielbestimmung.

(Religions-) Philosophisch das Thema erschließend (er-)öffnet Dr. Bettina Karwath das Buch. In ihrem Beitrag geht es um das Heilige bei Bernhard Welte, wie er es phänomenologisch als Anders-Ort denkt. Das hat (weitergedacht) seine Bedeutung für die Sicht der Person und die Begegnung miteinander.

Eine andere philosophische Tangente legt Univ.-Doz. Mag. Dr. phil. s.a.p. Artur R. Boelderl an: Er sucht die Utopie der Stille im Stile der Welt zu fassen.

Das Thema theologisch weiterführend und das Kloster als „Anders-Ort" fassend beschreibt PD Dr. Hildegund Keul

1 Vgl. Ilona Biendarra/Lioba Horch, *Lebenswege. Im Labyrinth des Lebens*, Würzburg 2009, 12f.

2 Vgl. Michel Foucault, *Botschaften der Macht*, Stuttgart 1999.

Heterotopien nach Michel Foucault und das Kloster als „Anders-Ort".

Diesen Perspektivwechsel behält Prof. DDr. Michael Hochschild bei und führt ihn weiter aus: Der Artikel des Pariser Zeitdiagnostikers beschäftigt sich mit dem „Genius loci", dem Geist des Klosters als ganz anderem Ort.

In der modernen Literatur kommt das Sanatorium in Thomas Mann's Zauberberg nah an mögliche Vorstellungen von einem Anders-Ort heran. Anders-Orte besitzen aber auch etwas von der Qualität, die Goethe im Faust anklingen lässt, wenn dieser ausruft: „Hier bin ich Mensch, hier darf ich sein!". Und Susanna Tamaro fordert uns mit den Worten „Geh wohin dein Herz Dich trägt!" gleichsam auf zu unseren ureigenen Anders-Orten aufzubrechen.

Im Johannesevangelium fragen die Jünger den HERRN nach Ort und Weg: Wo wohnst Du? Wohin sollen wir gehen? Denn sie scheinen zu wissen: Du allein hast Worte ewigen Lebens. Und Jesu Antwort: Kommt und seht! Und den Geschmack des Anderen noch nicht mal auf der Zunge, folgen sie dem Ruf ins Andere, ja, Ganz-Andere.

„Anders-Orte" in der Literatur bringt der theologische Theologe und Pfarrer PD Dr. Jörg Seip zur Sprache, mehr noch: Er fragt nach der Literatur als Heterotopie.

Dr. Jürgen Lenssen beschreibt Kirchen und Kunst als exemplarische musische „Anders-Orte".

Leben fordert immer wieder neu Verortung und Ausrichtung, wirft unablässig Fragen nach Standpunkt und Weg auf: Wer bin ich? Warum und wozu bin ich da?
Existentielle Selbstverwirklichung ist heute zwar selbstverständlicher, individuelle Lebensbewältigung jedoch zugleich schwieriger geworden. Der Mensch sucht dabei sein Leben lang nach etwas, wonach er sich sehnt. Etwas, von

wo aus er sein Dasein verstehen und woran er sich rückgebunden erfahren kann. Menschen sind auf der Suche nach Glück, nach Sinn, halt nach dem, was sie suchen. Dabei geht es offensichtlich um die Frage, wie man leben kann. Die Verortung in der Welt erfolgt dabei über die jeweils eigene Lebenslage. Zudem geht es um Umgang und Deutung des Daseins.
Verschiedene Lebenslagen beinhalten auch Lebenskrisen und sind mit unterschiedlichen Schwierigkeiten konfrontiert, die es individuell zu bewältigen gilt. Aber sie gehen darin nicht auf.

Mit „Anders-Orten" zur Lebensbewältigung beschäftigt sich PD Dr. Ulrich Wehner. Bildung zwischen Anders-Orten beschreiben seine Rundgänge im pädagogischen Alteritätsdenken.

Vertiefend und weitend erhellen interkulturelle und interreligiöse Kontexte das Thema „Anders-Orte":

„Auf der Reise" betitelt Prof. Dr. Margit Eckholt ihren Beitrag, in dem sie sich mit Migration und der Herausforderung der „Anders-Orte" für die christliche Identität auseinandersetzt.

Dr. Thomas Friedrich macht Entdeckungen in der Wahrnehmung der Bhagavadgita bei Swami Vivekananda und Mahatma Gandhi.

Dr. Klaus Hälbig beleuchtet in seinen zahlensymbolischen Er-örterungen von Endzeit-Tempel und Auferstehung Heiligtum und Kreuz als „Anders-Orte".

Rückblickend auf die skizzierten „Anders-Orte" wagt Dr. Ilona Biendarra an der Seite der französischen Mystikerin, Sozialarbeiterin und Schriftstellerin Madeleine Delbrêl (1904-1964) einen weniger abschließenden als vielmehr öffnenden Ausblick.

Danksagung

Ich bedanke mich an erster Stelle bei allen Autoren und Autorinnen, die mit ihrem Beitrag zum Gelingen dieses Buches beigetragen haben. Mein Dank gilt weiterhin allen, die auf dem Weg von der Idee zur Realisierung dieser Veröffentlichung mitgegangen sind, insbesondere P. Cyrill Schäfer OSB und Herrn Dr. Klaus Hälbig. Frau Sigrid von Schroetter danke ich für das Bild auf dem Buchumschlag und Frau Dipl. Päd. Elisabeth Schuch sowie dem Verlag für die redaktionelle Bearbeitung.

(Religions-) Philosophische Erschließung des Themas

Ortswechsel

Eine phänomenologische Betrachtung zum Personsein bei Bernhard Welte

Bettina Karwath, Marktheidenfeld

Von Utopien ist unsere Welt voll. Es gibt die Utopie eines sicheren Weltfriedens, die Utopie sinkender Arbeitslosenzahlen in Deutschland, die Utopie des wachsenden Wohlstandes für Länder in Afrika, die Utopie eines deutschen Rechtsstaates, der Benachteiligten zum Recht verhilft, die Utopie, dass Präsident Obama die Welt retten wird, die Utopie einer atomwaffenfreien Welt usw. Die Liste solcher Utopien könnte bis ins Unendliche weiter geführt werden. U-Topie, ein Nicht Ort, ein Nirgendwo, ein Ort also, den es nicht gibt, es sei denn in den Vorstellungen und Wünschen von Menschen, die sich sehnen nach einer besseren und würdigeren Welt.

Dem gegenüber gibt es den Hetero-Topos, den Anders-Ort, der real vorhanden, und doch ungewöhnlich ist. Der Begriff der Heterotopie ist von Hans-Joachim Sander beim französischen Philosophen Michel Foucault[1] entdeckt und theologisch weiter entwickelt worden. Sander referiert Foucault in Bezug auf das Thema der Macht. *Wer* Macht hat und wer nicht, so Foucault, kann nur unzureichend erfasst werden. Hier lässt sich allenfalls etwas sagen über die Wirkungen der Macht, die von jemand ausgeübt wird. Das aber allein reicht nicht aus, um das Phänomen Macht angemessen zu beschreiben, denn die Machthaber unterliegen selber wiederum Machtstrukturen, die bereits vorhanden sind.

---

1 Jan Engelmann (Hg.), *Michel Foucault. Botschaften der Macht*, Stuttgart 1999, S. 145-157.

Foucault schlägt deswegen vor, nicht die *Wer*-Frage zu stellen, sondern die *Wo*-Frage. Es geht um den Ort der Macht und die Vorgänge der Macht, die jemanden ins Machtzentrum setzen oder ihn bewusst außerhalb der Macht verorten. Der Ort bezieht ganz reale soziale, politische, kulturelle, religiöse und personale Strukturen in die Analyse von Macht mit ein. Somit gilt es, dem Ort eine besondere Aufmerksamkeit zu schenken und darin den Personen, die an diesem Ort handeln.[2]

„Für dieses Tableau wird eine andere Einsicht von Michel Foucault verwendbar, die er gegen einen damals vorherrschenden Diskurs über Utopien gesetzt hat, die Heterotopie. Es handelt sich dabei um Orte, die keine Nicht-Orte sind, die mit einer ganz anderen Vision die Realität der vorhandenen Räume gestalten und verändern, sondern um reale Orte inmitten der normal bestimmten Räume, an denen gleichwohl ganz andere Gesetzmäßigkeiten, Visionen, Ordnungen der Dinge herrschen. In den Utopien wird eine ideale Gegenmacht präsentiert, in den Heterotopien wird ein realer Gegendiskurs präsentiert, der die Potenz zu einer tatsächlichen Gegenmacht hat."[3]

Solche Heterotopoi können Friedhöfe sein, Gärten, Bordelle, Kolonien. Für Foucault ist das Schiff die Basisverkörperung des Anders-Ortes. Es ist ein schaukelnder Raum, ein Ort also ohne Ort.

Worauf zielt die Suche nach diesen Anders-Orten?

Anders-Orte treten auf als Gegenmacht zu einer bestehenden Macht. So ist z.B. der Friedhof eine Gegenmacht zur Macht des Todes, weil der Friedhof etwas Bleibendes setzt gegen die Vergänglichkeit.

---

2 Hans-Joachim Sander, *Einführung in die Gottesleere*, Darmstadt 2006, 33.

3 Sander, 34.

Meist sind diese Anders-Orte vergessen oder werden gar verschwiegen (siehe Bordell) und gerade darin stellen sie eine eigene Macht dar, die nicht minder groß ist, nur weil sie vielleicht unbeachtet bleibt oder bewusst abgewertet wird. Im religiösen Kontext gibt es viele Heterotopoi, die die Vorstellungen von „normalen“ Orten sprengen: das Paradies, die Arche Noah, das Gelobte Land, die Krippe, das Kreuz, das leere Grab. Sie alle sind im Grunde unglaublich, aber sie sind keine Utopien. Es gibt sie real in der Schrift und im gelebten Leben und sie bilden eine Gegenmacht gegen bestehende Vorstellungen, Meinungen, Erfahrungen. Anders-Orte sind also mehr als skurile, abwegige und schnell zu vergessende Orte. Sie sind beachtlich und gewichtig, weil sie aufzeigen, dass es auch anders geht als „man“ gemeinhin denkt.

Und noch mehr: Anders-Orte geben dem Unmöglichen, und nichts anderes thematisiert die Religion, einen Raum, sie verhindern, dass alles in gewohnten Strukturen verharrt, sie schenken Aufmerksamkeit dem, was unbeachtet und verachtet ist. Der Ort des Kreuzes ist ein außerordentliches Beispiel für einen Heterotopos, denn es macht sichtbar, dass Gottes Macht nicht diejenige der Selbstbehauptung und Gewalt ist, sondern eine Gegenmacht der Menschwerdung bis hinein in den absurden Tod.

Soweit zur Bedeutung der Heterotopien bei Michel Foucauld und seiner Rezeption durch Hans-Joachim Sander.

Ich stelle mir die Frage: Wo und wie stoße ich auf einen Heterotopos, einen Anders-Ort? Wie muss ich vorgehen, um meinen durch Denk- und Traditionsstrukturen verstellten Blick auf Orte zu richten, die mir eine andere Realität vom Leben versprechen? Wie finde ich zu diesem ganz neuen Blick auf die Welt?

Eine Möglichkeit gibt die Phänomenologie vor. Diese philosophische Richtung, zurückzuführen auf Edmund

Husserl hat in der Geschichte viele ganz unterschiedliche Vertreter gefunden. Ich beziehe mich in meinen Ausführungen auf den Religionsphilosophen und Theologen Bernhard Welte. Er hat sich in seinen phänomenologischen Untersuchungen besonders einem Heterotopos zugewandt – der Person.

In einem ersten Schritt versuche ich zu klären, wie Welte methodisch vorgeht, wie er (seine Form der) Phänomenologie versteht.

In einem zweiten Schritt werde ich dann Weltes Phänomenologisches Vorgehen zu einem Verständnis der Person als einem Anders-Ort aufzeigen.

1. Mehr als Phänomenologie

Klaus Hemmerle (1912-1994), der verstorbene Bischof von Aachen, war ein begeisterter Schüler von Bernhard Welte. Bernhard Caspar, Peter Hünermann und Klaus Hemmerle fanden sich zusammen im Doktoranden- und Habilitandenkreis von Bernhard Welte und entwickelten dort ihre eigene Art des philosophisch-theologischen Denkens. Hemmerle beschreibt in einem Beitrag zu einer Tagung der Katholischen Akademie der Erzdiözese Freiburg, wie Bernhard Welte die Phänomenologie als Zugang zur Wirklichkeit suchte. Bereits der Titel des Vortrags von Klaus Hemmerle gibt die Richtung dieses Weges an: „Weite des Denkens im Glauben – Weite des Glaubens im Denken."[4]

4 Klaus Hemmerle, *Weite des Denkens im Glauben – Weite des Glaubens im Denken*, in: Ludwig Wenzler (Hg.), *Mut zum Denken, Mut zum Glauben. Bernhard Welte und seine Bedeutung für eine künftige Theologie*, Freiburg i.Br. 1994, 222-239; Dieser Vortrag ist posthum erschienen. Klaus Hemmerle war zur Zeit der Tagung bereits schwer an Krebs erkrankt und verstarb im Januar 1994. Der Vortrag nach der Tonbandaufzeichnung wurde von Hemmerles Assistenten Dr. Bernd Trocholepczy übertragen und bearbeitet.

Die Phänomenologie, wie sie Bernhard Welte vertritt, ist ein Ausweg aus der Enge des vorgefassten Denkens. Sie fragt nach der Erscheinung der Welt selbst und versucht nicht, die Welt mit dem geschulten Denken zu erfassen. Die Phänomene der Welt sollen selber zum Sprechen kommen, und so ist zugleich eine Weitung des Denkens von dieser Welt impliziert. Denn wie sich die Welt zeigen will, das obliegt nunmehr ihr selber und nicht mehr demjenigen, der sie wahrnimmt. Der Begriff „Weite" charakterisiert Bernhard Weltes.

Klaus Hemmerle erläutert in seinem Vortrag, das methodische Vorgehen Weltes als Entscheidung für die unvoreingenommene Wahrnehmung unserer Wirklichkeit.

„Der eine Grundentscheid: Wirklichkeit, jedwede Wirklichkeit, hat das Recht, von uns gedacht, von uns ernstgenommen zu werden, sich uns anzutun, sich uns zu erschließen und uns darin zu verändern."[5]

Ein zweiter Grundentscheid:

„Der Mensch muss sich die Wirklichkeit in ihrer Fülle zumuten, er muss sich den Fragen stellen, dies ist kein Zwang, sondern die Größe, die Freiheit, die Weite des Menschen."[6]

Und der dritte Grundentscheid:

„Alle Gedanken haben das Recht, von uns mitgedacht zu werden. Das ist eine ganz andere Weise als, ich muss alles wissen."[7]

Diese drei Schritte können als strikte phänomenologische Weise verstanden werden, in der sich die Wirklichkeit zeigen kann, so wie sie sich unserer gewohnten Vorstellung entzieht. Es ist eine Entscheidung des Menschen, sich dieser Weite der Wirklichkeit zu öffnen und sie im Hinblick

---

5 Ebd., 224.

6 Ebd., 225.

7 Ebd., 225.

auf alle Phänomene zuzulassen.[8] Eine solche Entscheidung hat Folgen. Zunächst wirkt diese Vorgehensweise zwar sehr einfach nachvollziehbar und gerecht. Sie scheint eindeutig bejaht werden zu können. Dennoch gibt es Wirklichkeiten, die von uns in keinem Fall ernst genommen werden, die von uns ausgeklammert und eher nicht als wirklich deklariert werden wollen. Denken wir an das Unglück, dem Menschen ausgesetzt sind in Krankheit und Tod, denken wir an so unwirkliche und nicht auszudenkende Wirklichkeiten wie die Shoah, die Amokläufe in Schulen oder denken wir auch an unverständliche Naturwunder wie z.B. die Weite des Universums. Jede Wirklichkeit mitzudenken und ihr das Recht auf Anerkennung zu schenken, bedeutet, die Tat des Täters und die Ohnmacht des Opfers mitzudenken. Anerkenntnis heißt hier allerdings nicht Bejahung im Sinne einer Anerkennung oder gar Gutheißung. Anerkenntnis aber heißt, sich keiner Wirklichkeit im Vorhinein zu verschließen, sondern jegliche Wirklichkeit zuzulassen und sich ihr zugehörig zu denken. Das wiederum ist eine Zumutung und ein absolutes Wagnis und es ist der einzige Weg, einem Totalitarismus zu entgehen, in dem alles ausgeschlossen wird, was nicht der eigenen Denk- und Lebensweise entspricht.

Zu diesen drei Grundentscheiden, die eine Offenheit für jegliche Wirklichkeitssicht postulieren, gehört noch ein vierter Schritt, den Hemmerle mit dem Wort *pietas* kennzeichnet. Was ist damit gemeint? Hemmerle verdeutlicht diese *pietas* in zwei Schritten:

---

8 Klaus Hemmerle merkt an, dass diese Weite des Denkens Bernhard Weltes eine phänomenologische Einordnung nur bedingt zulässt. Denn so, wie jede Wirklichkeit zugelassen wird, so schließt Welte auch kein methodisches Vorgehen aus. Hemmerle spricht hier von einer „Metaphänomenologie", in der das phänomenologische Vorgehen auch die Vielzahl der Denkweisen über die Wirklichkeit im Sinne einer Methodenoffenheit und Methodenweite nicht ausschließt (Ebd., 226).

„Die Ehrfurcht vor der Wirklichkeit, deren Phänomene meinen unverstellten und eigenen Blick verdienen, und die Unverstelltheit des Denkens in sich, das sich nicht selber unterbietet und das seinem Anspruch von innen her gerecht wird, die Dinge so, wie sie sind, in sich aufgehen zu lassen und zu wieder-holen, das ist dabei der erste Schritt. Dann aber kommt mit dieser pietas ein zweites Moment in den Blick, (...): Es ist die Behutsamkeit, das Unbedingte vorsichtig im Bedingten und Endlichen zu ertasten. Welte hatte immer die pietas, das Größere als das, was das bloße Denken ist, im Denken zu entdecken. Das Denken ist in ungeheuerlicher Weise viel größer als es selbst. Das doppelsinnige Wort von Blaise Pascal: ‹L'homme passe infiniment l'homme›, heißt zugleich: ‹Der Mensch übersteigt unendlich den Menschen› und ‹Der Mensch entgeht unendlich dem Menschen›. Dies sind Grundaussagen der pietas des Denkens von Welte. Denken, das sich bloß behauptet und das sich nicht in Frage stellt vor dem Größeren, das es nicht erreicht, ist kein wahres Denken; und Denken, das sich verschließt vor dem, was über es hinausgeht, ist kein Denken.“ [9]

Die *pietas* ist vielleicht das grundlegendste Moment der phänomenologischen Vorgehensweise von Bernhard Welte, denn sie ist mehr als Methodik. Sie hält alles für möglich und hält sich an nichts fest. Sie lässt sich hinein fallen in das, was für uns unmöglich ist und was so nie vorgedacht oder geahnt werden kann. Die *pietas* des Denkens führt an die Grenze des Verstehbaren und Sprechbaren, sie eröffnet tatsächlich neue Wege und Denkweisen, allerdings nur aus dem demütigen Wissen, dass jegliches vorgängige Denken in einer Aporie landen kann und dann nichts Bekanntes mehr greift. Möglich ist diese Vorgehensweise nur, wenn das, was sich zeigt, so ernst genommen wird, dass es eine

---

9 Ebd., 232-233.

Bedeutung erhält. Eine solche Denkweise kann an Radikalität nicht übertroffen werden. Sie führt im wahrsten Sinn des Wortes an die Wurzel des überhaupt Denkbaren. Diese Wurzel in der Hand zu halten und sie dann loszulassen, das ist nur möglich im Vertrauen und in der Hoffnung auf eine umfassende Größe, die unser Denken übersteigt: Gott. Dieses radikale Denken verlässt alles um dessentwillen, auf den es sich verlassen kann. Dies verlangt letztlich ein *„Sich-dem-Geheimnis-Anvertrauen"*[10].

Es liegt auf der Hand, wie sehr der Weg, den Klaus Hemmerle hier für Bernhard Welte beschreibt, zu Heterotopoi führen kann. Anders-Orte zu entdecken, zu enthüllen und zu entwickeln, das geschieht nur, wenn der Raum so radikal offen gehalten wird, dass wirklich das ganz Andere und der ganz Andere sich zeigen kann.

An einem Beispiel möchte ich im Folgenden aufzeigen, wie Welte zu einem Anders-Ort findet, ohne ihn allerdings als solchen zu bezeichnen: die Person.

2. Die Person – ein vertrauter Anders-Ort

Was ist die menschliche Person? Dieser Frage geht Bernhard Welte[11] in einer bisher unveröffentlichten Vorlesung aus dem Sommersemester des Jahres 1966 nach.[12]

Gleich zu Beginn erläutert er seine phänomenologische Betrachtungsweise:

„Wir tun es [gemeint ist das Nachdenken über das, was Person meint, Anm. d.V.] in der Weise eines philosophi-

---

10 Ebd., 234.

11 Bernhard Welte (1906-1983), Freiburger Religionsphilosoph und Theologe, gilt als Brückenbauer zwischen einer säkularisierten Welt und der religiösen Erfahrung des Menschen. Seine phänomenologischen Forschungen zum christlichen Glauben, zum Person- und Menschsein, zu Grundfragen von Religion gehören bis heute zu wegbereitenden Denkweisen einer Theologie der Moderne.

12 Bernhard Welte, *Gesammelte Schriften*, Band I/1, Freiburg 2006, 96-135.

schen Bedenkens, das versucht be-denklich, d.h. geduldig hinblickend, bei dem Sachbereich zu verweilen, der mit solchen Worten angesprochen ist, um ihn in der Eigentümlichkeit und Anfänglichkeit seiner Seinsweise sichtbar werden lässt."[13]

Der „Sachbereich", also alles, was die Person betrifft und was sie meint, soll sich von ihr selbst her erschließen. Die Aufmerksamkeit besteht in der offenen Wachheit für das, was sich zeigt. Welte nennt diese Vorgehensweise ein Verweilen, ein Be-denken.

Im Folgenden erläutert er die Eigentümlichkeit und Anfänglichkeit dessen, was wir Person nennen. Die Fülle seiner Erklärungen kann hier nicht wiedergegeben werden. Es gibt jedoch einen Aspekt, den Welte nennt und der mir von so außerordentlicher Bedeutung scheint, dass ich ihn stellvertretend für alle weiteren Aspekte verdeutlichen will.

Bernhard Welte präzisiert seine Frage nach dem, was der Mensch ist hin zu der Frage „*Wer ist der Mensch?*"[14]. Und auch diese Fragestellung scheint ihm nicht passend genug. Denn, so Welte, wir fragen ja nicht nach einem Allgemeinbegriff, also nach dem Menschen schlechthin, sondern die Frage nach der Person muss auch personal sein. Also korrigiert er noch einmal und fragt: „*Wer bist Du?*"[15] Gleichzeitig aber erklärt Welte, dass diese Frage eigentlich unbeantwortbar ist. Denn welche Antwort des Ich soll dem Du gerecht werden? Das Ich kann nur objektive Aussagen über das Du machen, keine subjektiven, doch jegliche Objektivität wird dem personalen Charakter des Du nicht gerecht. Also stehen wir vor einem Denk-Dilemma! Die Folgerung, die Welte

13 Ebd., 96.

14 Ebd., 97.

15 Ebd., 98.

trifft ist so einfach wie schwierig: Das Du fordert auf zu einer *„grundsätzlichen Wandlung des Denkens“.*[16]

Das Du entzieht sich dem objektiven Denken, d.h. ich kann nicht objektiv sagen wer das ist „Du“. Es entzieht sich aber auch jeglicher Be-handlung. Aller Behandlung, sei es medizinischer oder psychologischer Art, kann sich das Du entziehen, denn es ist frei. Und selbst wenn es durch eine Behandlung sichtbar verändert (also objektiviert) wird und sich dieser Behandlung nicht entzieht, wird das eigentliche Du eher ausgeschaltet als angesprochen. *„So zeigt sich noch einmal: der innerste Kern im Menschen, den wir als Du ansprechen können und der als Ich ein Du ansprechen kann, liegt außerhalb des direkten Zugriffs jeglicher Objektivierung, sei sie nur denkender, d.h. begreifender oder behandelnder Art.“*[17]

Dieses Faktum der Nicht-Objektivierbarkeit spricht nach Bernhard Welte allerdings eher für die Stärke des Du als für eine Schwäche unserer theoretischen und praktischen Vernunft.

Wie aber geht es nun weiter? Wie kann ich eine Aussage machen über das Du, wenn es sich doch jeglichem Zugriff einer Aussage meinerseits verweigert. Es gibt einen Weg, einen Weg, der nicht formal und nicht objektiv zu begreifen ist, der uns aber sehr vertraut und bekannt ist:

die personale Beziehung und Begegnung von Ich und Du im Modus des Geschehens. *„In der geschehenden Beziehung und Begegnung ist die Möglichkeit geborgen, des objektiv unberührbaren Du inne zu werden, ohne es zu begreifen.“*[18]

Das Du kann hier nicht mehr in einem fassenden Begriff „verstanden“ werden, sondern nur im Sinne eines sich „of-

16 Ebd., 98.

17 Ebd., 100.

18 Ebd., 101.

fenbarenden Winkes“[19], als Erfahrung der Begegnung. Was aber zeigt sich in dieser Begegnung vom Du, das wir zwar nicht fassen, dem wir uns aber öffnen können? Welte fängt beim Einfachsten an:

„Du sprichst dich zu. Du tauchst auf (im Blick, Gruß, Zuspruch). (…) Der lautlose Stoß dieses Auftauchens, Du, in der Begegnung: das ist selbst das Ereignis des Du oder dieses ereignishafte Wesen als Du. Du bist in der Begegnung dieses auftauchende Anfangen als Du. Darin waltest Du als Anfangen, als anfangender, d.h. sich ereignender Anfang. Als das Vermögen oder die Möglichkeit des Anfangens.“[20]

Das anfangende Wesen des Du ist jedoch nicht zeitlich misszuverstehen, es ist ein Anfang immer und jederzeit. Das Du ist immer Anfänglichkeit, d.h. überraschend, neu, initiativ, immer aufbrechend. Das anfangende Wesen des Du ist sozusagen das Beständige durch alle Ereignisse hindurch. Das Du ist immer unableitbar und unabgeleitet, es ist immer anders, immer Du bleibend – nie Ich.

Bleibt es also bei einer ewigen Einmaligkeit von Ich und Du, einer ewigen Einzelnheit? Welte urteilt: ja und nein. Zum einen gilt: Ich bleibe immer Ich und Du bleibst immer Du. Gleichzeitig aber gilt auch: Ich bin nur Ich in meiner Bezogenheit zu Dir. Du bist immer nur Du in deiner Bezogenheit zu Mir. Die personale Beziehung also gehört zur Einzelnheit dazu und dies nicht in einem zeitlichen Nacheinander:

„Und dies keineswegs so, dass ich etwa zuerst bloß einzeln wäre, und dann käme gelegentlich eine personale Begegnung, eine Beziehung zu einem Du dazu. Vielmehr so, dass ich überhaupt nur ich selber bin und sein kann im

19 Ebd., 101.

20 Ebd., 103.

mich mit anderem Ich zusammen sammelnden Spielfeld möglicher Beziehung.“[21]

Am Beispiel des Neugeborenen macht Welte dieses prinzipiell anfängliche Geschehen deutlich. Das Ich des neuen Menschen erwacht nur durch die Begegnung mit dem Du, mit dem Angerufensein, mit dem An-spruch durch das Du und alles in einem einzigen Akt:

„*Es erwacht der eine Aufgang: Du und ich, der in dem einen Augenblick seines Erwachens sich in zwei Pole auseinanderlegt, diese einander gegenüberstellt und darin sie selbst sein lässt: Du und ich.*“[22]

Bei diesen Ausführungen zum Phänomen der Person von Bernhard Welte möchte ich es im Kontext meines Beitrags belassen. Es geht Welte zunächst darum, aufzuzeigen, dass es unmöglich ist, eine objektive Aussage über das Du, also die andere Person zu machen. Daraus folgert er, dass das Du sich nur in der geschehenden Begegnung ereignet. Und nur in dieser Begegnung wird das Ich als Ich und das Du als Du sichtbar, allerdings nie einzeln, sondern immer nur im Gegenüber, im Miteinander, man könnte sagen im Wir. Zugleich ist dieses Ereignis der Begegnung immer anfänglich, immer in principio, en archä, nie endend, sondern immer neu aufgehend und offen.

Ich möchte diese Begegnung von Ich und Du, wie sie Welte vornimmt, dieses Geschehen zwischen Ich und Du, als Anders-Ort bezeichnen. Die Begegnung mit dir, DU, ist der Anders-Ort für mich. Und dies in mehrfacher Hinsicht:

- Zunächst ist die Wahrnehmung des Du wesentlich. Das Du ist der radikal Andere, ist jemand, den ich nie erfas-

21 Ebd., 107.

22 Ebd., 111.

sen kann und darf. Der französische Philosoph Emmanuel Lévinas hat sich in besonderer Weise diesem Umstand gewidmet. Er spricht von der radikalen Andersheit (Alterität) des Anderen[23] und entlarvt das Ich, das diese Andersheit relativiert als Ego. Denn das Ego ordnet alles und jeden, der ihm begegnet in seine eigene Welt ein. Alles und jeder dient der eigenen Selbstvergewisserung, der eigenen Selbstidentität. Dadurch aber wird gerade die Andersheit des Anderen negiert. Es wird zu einem Spielball des Ego, zu einem Spiegel, in dem sich das Ego bestätigt findet. Dieses Ereignis des Besitzens und Genießens vernichtet das Du, den Anderen.

- Demgegenüber steht die Anerkennung der Totalität des Anderen. Der Andere, das Du, ist so anders als ich, dass es nur Fremdheit geben kann. Diese Fremdheit kann allein in der Beziehung der Sprache überwunden werden, in der Abstand und Angesprochensein in einem ermöglicht ist. Der Andere ist also der Anders-Ort für mich schlechthin. Er entzieht sich dem fassenden Denken und schenkt zugleich Begegnung.
- Die Begegnung von Ich und Du konstituiert sowohl das Ich wie das Du. Hier ist der Raum, das Zwischen zweier Personen der Anders-Ort, an dem Unmögliches möglich wird. Eine Begegnung von Ich und Du ist, laut Welte, nicht objektivierbar. Sie wird nur im Modus der Begegnung erfahrbar, allerdings immer anfänglich, das heißt nie festgeschrieben, nie wiederholbar, sondern immer neu und offen. Es ist das Du, das zuerst spricht und damit das Bewusstsein des Ich weckt. Und dieses Bewusstsein kann diese Anfänglichkeit nicht vergessen, gerade nicht in seiner Einsamkeit. Es ist immer zugleich Ich *und* Ich in Beziehung zum Du. Diese Schwelle von Ich und

23 Emmanuel Lévinas, *Die Spur des Anderen*, Freiburg 19994, 209-235.

Du, die nicht überschritten, aber auch nicht übergangen werden kann, ist ein Anders-Ort.

Den Anderen als Du und die unausweichliche Beziehung zu ihm anzuerkennen, das ist *ein* Akt und geschieht an *einem* Ort, am Ort des Zwischen. Sich an diesem Ort aufzuhalten, bedeutet, sich wesenhaft vom Anderen abhängig zu machen und sich an den Anderen zu binden. Diese Verbindlichkeit vereinnahmt nicht, sondern befreit zum Selbstsein. Es bedeutet auch, sich und die eigen gewähnte Freiheit aufzugeben.

Es gibt mich nicht ohne dich – diese Erkenntnis führt im Letzten zu der christlichen Herausforderung: Ich will mein Leben geben für dich. Auch wenn ich mein Leben darin zu verlieren glaube, werde ich es dennoch gewinnen.

Das will natürlich recht verstanden werden. Es geht sicherlich nicht darum, sich selbst gleichsam auszulöschen, damit der Andere zum Leben kommt. Oder doch? Wer weiß? Es gibt den gefühlten Tod! Und dies ist letztlich ein alltägliches Geschehen, wenn wir die Begegnung zum Du – wie sie Bernhard Welte beschreibt – ernst nehmen. Sich ganz einzulassen auf das Gegenüber, das Du, bedeutet in *einem* Augenblick, in *einem* Akt, sich selbst zu vergessen. Diese Selbstvergessenheit kommt einem Tod gleich, allerdings mit der Hoffnung auf ein Erwachen *des Anderen* zu sich selbst. So kann das eigene Ich im Du (Licht) des Anderen aufgehen – aufgehen im Sinne der Vergänglichkeit und der Neuwerdung in einem einzigen Akt. Diesen Seinssprung vom ICH zum DU vermag nur die Liebe bis zuletzt.

Sein eigenes Leben für den Anderen zu vergessen, das vermag nur die Liebe.

Diese Liebe ist der Anders-Ort in unserer Welt der Märkte und des Verbrauchens, in unserer Welt der Kriege und der

Übermächtigung des Anderen. Es genügt, unser Personsein in aller Wirklichkeit wahr zu n e h m e n. Es genügt, sich dem Geheimnis des Z w i s c h e n mir und dir a n z u n e h - m e n.

Utopie der Stille im Stile der Utopie

Zum Ort des Daseins im späten Denken Martin Heideggers

Artur R. Boelderl, Linz

I.

Gewiss ist Martin Heidegger kein stiller Denker gewesen. Indes: Er hat die Stille, ja er hat im Stillen gedacht. Im Stillen denken ist der Denkstil Martin Heideggers. In diesem Stil Heideggers ist eine Utopie verborgen, und diese verborgene Utopie erscheint im (zumindest sprachlich) zunehmend utopischen Stil des späten Heidegger im Gewand der Stille. Heideggers stillem Denken wollen die folgenden Gedanken denn auch nachdenken, die sich im übrigen als Gedanken eines orthodoxen Heideggerianers gleichermaßen verstehen wie mißverstehen lassen.

Heidegger hat das Denken in die Stille gedacht – akkusativisch bzw. lokal verstanden, so wie man sagt, man habe eine Sache ins Reine gebracht oder, mit Hölderlin zu reden: ins Offene; – so hat Heidegger die Sache des Denkens ins Stille gedacht. Wenn es in Heideggers Denken so etwas wie eine Utopie gibt, dann ist es diese: Die Stille ist der Entzug der Sache. Welche Haltung entspricht ihr? Welche Beziehung besteht zwischen der Stille und dem Schweigen – im allgemeinen, näherhin im Werk Heideggers über dessen zeitliche Entwicklung hin, insbesondere aber zwischen der Stille von Heideggers Denkstil und seinem Schweigen nach 1945? Ist das Fragen die Frömmigkeit des Denkens, so ist die Stille der Raum, in dem und in den hinein das Fragen sich ereignet. Die Antwort bricht, ja zerstört die Stille, vertreibt sie jedenfalls und in eins damit auch das Fragen. Ist es dies, was Heideggers stilles Denken uns lehrt?

Schiksaalgesez ist diß, daß Alle sich erfahren,
Daß, wenn die Stille kehrt, auch eine Sprache sei.

Diese Verse aus der siebten Strophe von Hölderlins erst 1945 wiederentdeckter und veröffentlichter Hymne *Friedensfeier* zitiert Martin Heidegger in seinem 1957/58 in Freiburg gehaltenen Vortrag *Das Wesen der Sprache*[1] und nennt damit ein wesentliches Moment seines Denkens, seines späten zumal: die Stille. Diese implizite Chronologisierung will freilich gleich wieder relativiert sein: Die Stille nimmt einen wesentlichen (und im wesentlichen zwischen frühem und spätem Denken konsistenten) systematischen Ort in Heideggers Denken ein.[2] Kaum verhohlen ist der Selbstbezug, wenn Heidegger im 3., „Wende" überschriebenen Abschnitt seiner in den dreißiger und vierziger Jahren verfaßten Berichte *Aus der Erfahrung des Denkens* unter dem Titel „Der Stiller" zusammenreimt:

Hirt, du Stiller,
selber still aus Wende,
still die Gegenstände
erst zu Dingen,
still die Dinge in ihr Eigen,
laß sie zeigen
das Entwenden
alles Eignen ins Verspenden
an den Hehl,

1 GA 12, 147-204, hier 172. Vorher erläutert Heidegger: „Der Gesang ist die Feier der Ankunft der Götter – in welcher Ankunft alles still wird." (171 f.)

2 Dies anderslautenden Deutungen, bspw. jener Cathrin Nielsens (vgl. dies., *Die entzogene Mitte. Gegenwart bei Heidegger*, Würzburg 2003, 140), zum Trotz; nicht, dass Heideggers einschlägige Betrachtungen keinem Wandel unterlägen, aber von einem „Gegensatz" (ebd.) zwischen SuZ und späteren Behandlungen des Themas zu reden (von der Äußerlichkeit unterschiedlicher Terminologien abgesehen – so steht in *SuZ* das „Schweigen" im Vordergrund, wo später die Stille „läutet"), scheint jedenfalls überzogen.

> wo nie Befehl,
> nur Huld
> entschuldet alle Schuld
> zum reinen Tragen
> einst gestilltes* Sagen.
> (GA 81, 86)

Und erläuternd mit einem Asterikon hinzusetzt: „* das eigentlich Stillende ist die Stille des Ereignens ... *Stillen*: beruhigen in den Reich-tum der Ruhe im Eigentum aus Ereignis. *Still*: gestillt aus Stille." (Ebd., kursiv i. O.)

Der Stiller ist also derjenige, der, „selber still aus Wende" – man darf wohl konjizieren: aus der Erfahrung der Kehre zurückge-kehrt, d.h. die ontologische Differenz jetzt als Austrag des Streits von Welt und Erde denkend –, im Ereignis ein Sagen „stillt", sich und die Dinge in ihr Eigenstes beruhigt, dorthin, von woher sie ihre „Huld" oder, wie andere Texte aus der zeitlichen Nähe es ausdrücken, ihre Gunst beziehen: aus dem Seyn. So lesen wir im Vortrag *Die Sprache* (1950):

> In die Ruhe bergen ist das Stillen. Der Unter-Schied stillt das Ding als Ding in die Welt./Solches Stillen ereignet sich jedoch nur in der Weise, daß zugleich das Geviert der Welt die Gebärde des Dinges erfüllt, insofern das Stillen dem Ding Genüge gönnt, Welt zu verweilen. Der Unter-Schied stillt zwiefach. Er stillt, indem er die Dinge in der Gunst von Welt beruhen lässt. Er stillt, indem er die Welt im Ding sich begnügen lässt. In dem zwiefachen Stillen des Unter-Schiedes ereignet sich: die Stille.
> (GA 12, 7-30, hier 26)

Und, noch lapidarer, im Vortrag *Die Kehre* (1949): „Die Stille stillt. Was stillt sie? Sie stillt Sein in das Wesen von Welt."

(GA 11, 113-124, hier 124) Völlig zutreffend bemerkt Willem van Reijen zu diesem Zusammenhang:

> Heidegger nutzt die Äquivokation von „Stillen", einen Säugling stillen, und Stille (Ruhe), um das Verhältnis von Handeln/Ruhe und Laut/Stille miteinander zu verschränken und so eine Dimension jenseits diskursiv benennbarer Gegensätze zu eröffnen. Jenes Rufen, das vorhin als „Heißen" apostrophiert wurde, kann nun als Stillen bestimmt werden – das Geheiß als „Geläut der Stille". Jetzt schließt sich der Kreis: *„Die Sprache spricht als das Geläut der Stille."*[3]

Der Kreis ist freilich noch umfassender – oder geschlossener, je nachdem –, als van Reijen im Blick hat, wenn man, wie ich es tun möchte, in der nämlichen Äquivokation zugleich einen Bezug zwischen Stillen, Sprache und Geburt erkennt, wofür nicht zuletzt auch die Verbrämung des Gebärens zur Gebärde im selben Text spricht, die ich andernorts aufgewiesen und kritisiert habe:[4] Worum es geht, wird deutlich in einem ästhetisch nicht weniger als oben zitiertes fragwürdigen Gedicht Heideggers aus dem ebenfalls der *Erfahrung des Denkens* sich verdankenden Textkonvolut:

> *Die Geburt der Sprache*
>
> Erwinket die Höhe zum Grüßen der Tiefe.
> Sät aus der Höhe den Samen des Wortes.
> Bringt aus der Tiefe sein Reifen zur Sage.
> Hütet dem Ungesprochnen das Schweigen.

3 Willem van Reijen, *Martin Heidegger*, Paderborn 2009, 110.

4 Vgl. ARB, *Geburtsräume des Daseins. Über Heideggers Sprachgebär(d)en*, in: Thomas Bedorf/Gerhard Unterthurner (Hgg.), *Zugänge – Ausgänge – Übergänge. Konstitutionsformen des sozialen Raums*, Würzburg 2009, 27-39 (= Sonderband Journal Phänomenologie).

Bauet aus ihm die Behausung des Menschen:
die Sprache.
Eh denn der Mensch waltet sein Wesen,
Ruft zur Geburt die reine Behausung,
ahndend die Wiege des Wohnens.
(GA 81, 205)

Hier wird die zuvor dem Stiller als Imperativ im Singular zugeschriebene bzw. von ihm wenn nicht bereits erbrachte, so doch prinzipiell erwartbare Leistung zu einem Imperativ Plural erweitert und dezidiert mit Wesen und Entstehung der Sprache in Zusammenhang gebracht. Aus dem Ungesprochenen, dem Schweigen, bauen die angesprochenen Ungenannten (von den *Beiträgen* her vielleicht konjizierbar: die Zu-künftigen) wie zuvor der Stiller die Sprache als Behausung des Menschen; bevor der Mensch Mensch ist und Sprache „hat" („sein Wesen waltet"), ergeht an ihn der Ruf der reinen Sprache, also des Schweigens, wie es andernorts die Stille selbst ist, die ruft,[5] und von der gesagt wird, daß erst in ihr und durch sie, also in der Stille und durch die Stille, die Sprache sich zur Sprache bringt.[6] Wohin ruft dieser Ruf der Stille den Menschen? Zur Geburt; der Ruf heißt ihn in die Welt kommen, in „die Wiege des Wohnens", die er – vorsprachlich – kaum noch ahnt. Ich behaupte, dass der Konnex von Sprache/Schweigen/Stille einerseits und Geburt andererseits keineswegs zufällig ist, und will diese Behauptung durch eine weitere Parallele plausibilisieren, die sich mir aufdrängt – die zwischen dem hier als Ungesprochenes firmierenden Schweigen und dem in der *Erörterung von Georg Trakls Gedicht* als Wink auf die „stillere Kindheit" gedeuteten „Ungeborenen".

5 „F: So hätte alles Anwesen seine Herkunft in der Anmut im Sinne des reinen Entzückens der rufenden Stille." (GA 12, 133).

6 Vgl. Willem van Reijen, *Heidegger*, 111.

In diesem Konnex, auf den ich gleich noch näher eingehen werde, offenbart sich der verborgene Sinn von Heideggers angesichts der sonstigen Wandlungen seines Denkens bemerkenswert konsistenten Insistenz auf der Bedeutung des Schweigens und der Stille, zumal es ja bereits in *Sein und Zeit* von ersterem geheißen hatte, es sei eine andere wesenhafte Möglichkeit des Redens (SuZ 164) und diese Möglichkeit dem Gewissen als dessen Modus der Rede zugeschrieben wurde (vgl. SuZ 273):[7] Als Schweigen ergeht der Ruf des Gewissens in einer Stille, die dieses zugleich beruhigt, es in die Ruhe stillt – die Stille, deren „Huld alle Schuld entschuldet", wie es im Gedicht *Der Stiller* heißt, ist die Antwort des Menschen auf die Not, die er angesichts des Fehls der Götter, und das heißt: des Fehlens heiliger Namen (einer reinen Sprache), empfindet. Daher kann Heidegger auch in der Auseinandersetzung mit Hölderlin gleichermaßen elliptisch wie bündig von der „Stille des Danks" reden und sie mit der „Beschweigung des Seyns" korrelieren (vgl. GA 75, 376); im selben Kontext zitiert er zustimmend Ludwig von Pigenots 1923 erschienene Hölderlin-Studie *Das Wesen und die Schau* mit der für Heidegger offenbar ganz maßgeblichen Erläuterung, dass der von Hölderlin des öfteren apostrophierte „Dank", welcher für den Dichter in sowohl wortgeschichtlichem als auch sachlichem Zusammenhang mit dem Denken, näherhin mit dem Gedächtnis (Andenken) stehe, als den Göttern abgestatteter kein anderer sei als der des Kindes an die Mutter.[8]

---

7 Vgl. Dieter Thomä, in: *Heidegger-Handbuch*, 308: „Die Formen der Sprache, die in Sein und Zeit privilegiert werden, sind das ‹Fragen› und das ‹Schweigen›."

8 Ludwig von Pigenot, *Hölderlin. Das Wesen und die Schau*, 1923, 66 f., zitiert von Heidegger in GA 75, 310 ff., hier 311. Pigenot macht a. a. O. auf die für Hölderlin als „Worte nachbarlichen Ranges" geltenden Worte Denken und Gedächtnis aufmerksam und zitiert seinerseits *Brod und Wein*: „... aber es lebt stille noch einiger Dank." (Zur Figur der Mutter wäre gesondert einiges zu sagen, wofür hier nicht der Ort ist; ich verweise nur auf die Auslegung von Hölderlins Hymne „Germanien", in der Germania ja als Mutter adressiert wird und die Flüsse als deren Söhne.)

Meines Erachtens stehen diese und sämtliche Ausführungen Heideggers zum Themenkomplex Rede/Schweigen-Sprache/Stille unter den Vorzeichen jener Konzeption ihres jeweiligen Verhältnisses, wie sie die *Beiträge zur Philosophie* im Rückblick und in Abhebung von *Sein und Zeit* einerseits sowie im Ausblick auf und Anstoß zum späteren Ereignisdenken andererseits entwickeln. Von daher gilt es, sie hier *vor* meiner angekündigten Auslegung von Heideggers *Erörterung von Trakls Gedicht* und zur Ermöglichung eines besseren Verständnisses dessen, was diese Auslegung, ihrerseits Heidegger deutend, jener *Erörterung* hinzufügt, kurz in Erinnerung zu rufen.

II.

Wenn man von den *Beiträgen* gesagt hat, in ihnen kündige sich die Kehre insofern an, als es Heidegger nun nicht mehr, wie angeblich in *Sein und Zeit*, darum gehe, das Sein vom Seienden, vom Dasein her zu denken, sondern umgekehrt das Seiende vom Sein her, so kann man gleichen Sinnes sagen, in und seit den *Beiträgen* denke Heidegger die Sprache von der Stille her und nicht mehr die Stille (Schweigen) von der Sprache (Rede),[9] oder präziser: Wie in der Kehre Sein und Dasein nicht einfach Plätze tauschen, sondern sie selbst als Figur des Bezugs von Sein und Seiendem und damit als Ort des Austrags der ontisch-ontologischen Differenz thematisch wird, so tauschen im Spätwerk mit Blick auf das Frühwerk nicht einfach Sprache und Stille die Plätze, vielmehr wird die Stille als Wesen der Sprache erkannt,

---

9 Als zusätzliches Indiz hierfür mag folgende Stelle aus dem Vortrag *Der Weg zur Sprache* von 1959 dienen: „So ist denn auch das Schweigen, das man gern dem Sprechen als dessen Ursprung unterlegt, bereits ein Entsprechen [Vgl. *Sein und Zeit.* 1927, § 34]. Das Schweigen entspricht dem lautlosen Geläut der Stille der ereignend-zeigenden Sage. Die im Ereignis beruhende Sage ist als das Zeigen die eigenste Weise des Ereignens. Das Ereignis ist sagend." (GA 12, 251)

entpuppt sich die Logik als Sigetik, zeigt sich die Tautologie als Form der Tautosigé.[10]

„Kehre ist Wider-kehre“, heißt es da (in den *Beiträgen*) etwa, und: „*Der Anruf* auf den Zu-sprung in die Ereignung ist die große Stille des verborgensten Sichkennens. Von hier [sc. aus der Stille] nimmt alle Sprache des Da-seins ihren Ursprung und ist deshalb im Wesen das Schweigen.“ (GA 65, 407 f., Hervorh. i. O.) An anderer Stelle treten „Stille und Ursprung des Wortes“ ganz unvermittelt nebeneinander (GA 65, 294), wobei in der elliptischen Form der (Aussage-)Satz nicht nur faktisch vermieden, sondern diese Vermeidung auch theoretisch begründet wird, in einer denkerischen Wendung, die explizit zur Skizzierung eines künftigen Stils des Denkens/des Stils eines künftigen Denkens überleitet:

> Die Grunderfahrung ist nicht die Aussage, der Satz, und demzufolge der Grundsatz, ... sondern das Ansichhalten der Verhaltenheit gegen das zögernde Sichversagen in der Wahrheit (Lichtung der Verbergung) der *Not*, der die Notwendigkeit der *Entscheidung* entspringt.
> Wenn diese Verhaltenheit zum *Wort* kommt, ist das Gesagte immer das Ereignis. Dieses Sagen verstehen heißt aber, den Entwurf und Einsprung des Wissens in das Ereignis vollziehen. Das Sagen als Erschweigen gründet. (...) Das Suchen als Fragen und dennoch Erschweigen. (GA 65, 80, Hervorh. i. O.)

Von dieser „Verhaltenheit“ wird nun weiter gesagt, sie sei „der Stil des anfänglichen Denkens“ als „Stil des künftigen Menschseins, des im Da-sein gegründeten“, und müsse dies werden, weil sie, die Verhaltenheit, „diese Gründung durch-

10 Ein Ausdruck, für den ich Martina Roesner zu Dank verpflichtet bin.

stimmt und trägt". Damit ist Verhaltenheit – und Heidegger wiederholt es: „als Stil" – „die Selbstgewißheit der gründenden Maßgebung ... des Daseins. Sie bestimmt den Stil, weil sie *die Grundstimmung* ist" (GA 65, 33, Hervorh. i. O.). Verhaltenheit als Grundstimmung des Daseins wird zum einen von *Sein und Zeit* her kontextualisiert und verortet, wenn Heidegger weiter ausführt, sie sei „der Grund der Sorge" (GA 65, 35),[11] zum anderen aber und im selben Gestus von dieser Bindung an *Sein und Zeit* und damit an ein in seinen Grundzügen noch isoliert-jemeiniges Dasein gelöst, indem sie zum „Ursprung der Stille" und „Gesetz der Sammlung", des Logos, und diese, „die Sammlung in der Stille", als „Bergung der Wahrheit" (GA 65, 35) bestimmt wird.

Stil des anfänglichen Denkens, des künftigen, im Dasein gegründeten Menschseins und damit Stil des Denkers Heidegger selbst als Vor-denker dieses künftigen, sprich: utopischen Menschseins ist also, mit anderen Worten und Heideggers einschlägige Ausführungen nur um ein Weniges extrapolierend gesagt, die Stille selbst, und zwar die Stille als Verhaltenheit (worin nicht zufällig die Haltung als Zurückhaltung, als Ethos des An-sich-haltens mitschwingt, wie es auch in jenem anderen Wort, der Gelassenheit, zum Ausdruck kommt), mithin nicht irgendeine – unbestimmte oder zufällige – Stille, sondern eine ge- oder bestimmte Stille (wie es im *Gespräch von der Sprache. Zwischen einem Japaner und einem Fragenden* heißt: die Stimme, die in unserem Fall die Stille selbst ist, das Wesen der Sprache; vgl. GA 12, 106), und nicht die Stille eines Einzelnen (mehr), kein individuelles Verstummen in der oder angesichts der Not des Fehlens heiliger Namen, sondern die „große Stille", als welche sich die Zusammengehörigkeit von *Verhaltenheit, Schweigen und Sprache* zeigt, die Heidegger so fügt: „Sprache und die große Stille, die einfache Nähe des Wesens

11 „Das Denken des Seyns ist die Sorge für den Sprach-gebrauch", heißt es als einer der „Winke" in GA 13, 33.

und die helle Ferne des Seienden, wenn erst das Wort wieder wirkt.“ (GA 65, 36)
Auf die daran unmittelbar anschließende Frage „Wann wird diese Zeit sein?“ (GA 65, 36) bleibt Heidegger die Antwort nicht schuldig: „Wenn uns eine Geschichte, d. h. ein Stil des Da-seins, noch geschenkt sein soll, dann *kann* dies nur die *verborgene Geschichte der großen Stille* sein, in der und als welche die Herrschaft des letzten Gottes das Seiende eröffnet und gestaltet.“ (GA 65, 34) Denn:

> Nur auf die Verhaltenheit trifft die Herrschaft des letzten Gottes; die Verhaltenheit schafft ihr, der Herrschaft, und ihm, dem letzten Gott, *die große Stille.* (...) Also muss erst die große Stille über die Welt für die Erde kommen. Diese Stille entspringt nur dem Schweigen. Und dieses Erschweigen entwächst nur der Verhaltenheit. (GA 65, 34, Hervorh. i. O.)

Daher auch ist das gesuchte „*anfängliche Denken* ... in sich *sigetisch*, in der ausdrücklichsten Besinnung gerade erschweigend“ (GA 65, 58, Hervorh. i. O.), „(vollzieht sich) der andere Anfang als *Erschweigung*“ (GA 65, 77, Hervorh. i. O.), „(entspringt d)ie Erschweigung aus dem wesenden Ursprung der Sprache selbst“ (GA 65, 79):

> *37. Das Seyn und seine Erschweigung* (die Sigetik)
>
> (...) Die Erschweigung ist die besonnene Gesetzlichkeit des Erschweigens (*sigan*). Die Erschweigung ist die „Logik“ der Philosophie, sofern diese aus dem anderen Anfang die Grundfrage fragt. (...)/Wir können das Seyn selbst, gerade wenn es im Sprung ersprungen wird, nie unmittelbar sagen. Denn jede Sage kommt aus dem Seyn her und spricht aus seiner Wahrheit. Alles Wort und somit alle Logik steht unter der Macht des Seyns. Das Wesen der „Logik“ (vgl.

> SS. 34) ist daher die Sigetik. In ihr erst wird auch das Wesen der Sprache begriffen. (GA 65, 78 f.)

Gründet die Sprache so als Grund des Da-seins im Schweigen, wie es im „*Die Sprache* (ihr Ursprung)" überschriebenen letzten Stück (Nr. 281) der *Beiträge* als prosaischem Pendant zum oben zitierten pseudo-poetischen Reimstück „Die Geburt der Sprache" heißt (vgl. GA 65, 510), so ist sie, ist die Sprache als Schweigen „das verborgenste Maß-halten", „Maß-setzung im Innersten und Weitesten" (GA 65, 510) und steht damit in einer wesensmäßigen Verbindung zum Ereignis. Als „höchste denkerische Erschweigung" „leistet" die Sprache in der Stille das „Sagen von der Wahrheit" (GA 65, 13) des Ereignisses, *in* welchem und *als* welches sich der letzte Gott als in der Wesung der Wahrheit des Seyns verbirgt (vgl. GA 65, 24). Von daher bestimmt sich wiederum der Stil des anfänglichen Denkens:

> Stil: die Selbst-gewißheit des Daseins in seiner gründenden *Gesetzgebung* ...
> Der Stil *der Verhaltenheit*, weil diese von Grund aus die Inständlichkeit durchstimmt, die erinnernde Erwartung des Ereignisses. (...)
> *Stil* ist als gewachsene Gewißheit das Vollzugsgesetz der Wahrheit im Sinne der Bergung in das Seiende. (GA 65, 69, Hervorh. i. O.)

Als solche Bergung in das Seiende ist der Stil keine dem Denken noch der Geschichte des Denkens äußerliche Form, sondern vielmehr die Erfüllung eines Auftrags. „Das [sc. der Stil als Verhaltenheit, als Schweigen, Stille] ist ... ein Ursprüngliches, die Fülle der Gewährung des Seyns in der Verweigerung. Hierin gründet der Ursprung des künftigen Stils, d. i. der Verhaltenheit in der Wahrheit des Seyns." (GA 65, 405) In der Verhaltenheit als Stil verbirgt sich nämlich die bereits erwähnte Not der Entscheidung, der eine Entschiedenheit (Selbst-gewißheit) auf Seiten des Da-seins zu entsprechen hat, muss doch „der Mensch als Gründer des Daseins zum Wächter der Stille des Vorbeigangs des letzten Gottes werden" (GA 65, 23).

„Die Entscheidung" zur Übernahme dieses Auftrags „fällt" nicht zufällig „im Stillen" (GA 65, 97), näherhin „dadurch, dass die Notwendigkeit des äußersten *Auftrags* aus der innersten Not der Seinsverlassenheit erfahren und zur bestandhaften Macht ermächtigt wird" (GA 65, 96, Hervorh. i. O.). Der Auftrag selbst aber besteht in der *„Bergung der Wahrheit des Ereignisses aus der Verhaltenheit des Daseins in die große Stille des Seyns*" (GA 65, 96, Hervorh. i. O.). Und Heidegger schließt seinen Gedankengang mit einer pointierten Reformulierung des Bezugs von Seyn und Dasein von der Stille her: „So allein wird das Seyn die Befremdung selbst, die Stille des Vorbeigangs des letzten Gottes. Das Dasein aber ist ereignet im Seyn als die Gründung der Wächterschaft dieser Stille." (GA 65, 406, Hervorh. i. O.)

Dies alles, wie gesagt, nur zur Erinnerung und als Vorbereitung zur vorläufigen Beantwortung der Frage, die sich mir und uns als entscheidende für das Verständnis nicht nur des späten Heidegger aufdrängt: Welche Utopie des zukünftigen Menschseins schwebt Heidegger vor? Um welche Stille handelt es sich hier? Was heißt Stille? Worauf zielt ein Stil, der sich der Stille wenn nicht gleich selbst verschreibt, so sie doch als Fluchtpunkt seiner selbst ansetzt? Und mit Blick auf den von Heidegger stark gemachten Zusammenhang von Stil und Verhaltenheit, Stille und Schweigen gesagt: Wird in dieser Stille etwas v/erschwiegen und womöglich anderes, als Heidegger nahelegt?

III.

Ich kehre im Ausgang von dieser Frage und den sie bestimmenden Präliminarien in den *Beiträgen* zurück zu meinem angekündigten Vorhaben einer Deutung von Heideggers

Trakl-Vortrag *Die Sprache im Gedicht* von 1952 entlang einer Parallelisierung von Ungesprochenem/Schweigen einerseits und Ungeborenem/stiller(er) Kindheit andererseits und schreibe Heideggers Ausführungen zu Stille und V/Erschweigung so in den nicht zuletzt von ihm selbst evozierten Kontext der Rede von der Geburt der Sprache ein, die allein durch den Umstand, dass Heidegger zufolge die Sprache der Grund des Daseins ist, zumindest metonymisch mit der von ihm sonst peinlich vermiedenen Thematik der Geburtlichkeit des Daseins verknüpft ist. Diese Verknüpfung, um nicht zu sagen: diese verschwiegene Bindung ist es, die Heidegger im gegenständlichen Trakl-Vortrag gleichsam nolens volens erschweigt, und dies auf sehr spezifische, vielsagende Weise.

Aus Platzgründen folge ich dabei hier nicht dem gesamten Gang des Textes, sondern konzentriere mich auf dessen zweiten Teil (GA 12, 48-73), in dem Heidegger, nachdem er im ersten Teil Trakls Vers „Es ist die Seele ein Fremdes auf Erden“ (aus dem Gedicht *Frühling der Seele*) seiner theologischen Anklänge zu entkleiden und „irdisch“ auszulegen versucht hat, so zwar, dass diese Seele als ein Fremdes „in den Untergang“ (GA 12, 47) gerufen ist, wohin ihr jene folgen sollen, die nicht dem „alten Geschlecht“ angehören, das „in die Zwietracht der Geschlechter auseinandergeschlagen ist“ (GA 12, 46), diesen Untergang als Ort des Gedichts näher zu bestimmen sucht, indem er ihn *„die Abgeschiedenheit“* (GA 12, 48, Hervorh. i. O.) nennt und fragt: „Wer ist der Abgeschiedene?“ (Ebd.) In ihm erkennt Heidegger den „Frühverstorbenen“ wieder, den Knaben Elis aus einem anderen Gedicht Trakls, den er als den „in den Untergang gerufene(n) Fremdling“ identifiziert, dessen „zarte(r) Leichnam“ „eingehüllt ist in jene Kindheit, die alles nur Brennende und Sengende der Wildnis [sprich: die Leidenschaften des Lebens, die im Erwachsenenalter das Wechselspiel der Geschlechter bestimmen] stiller verwahrt“ (GA 12, 50), weil sie noch nicht und nie in die Zwietracht der Geschlechter auseinandergeschlagen (s.o.), sondern in deren „sanfte", zuvor auch als „einfältig" apostrophierte „Zwiefalt" geborgen ist (GA 12, 51 bzw. 46).

Vor diesem Hintergrund erneuert Heidegger seine bereits aus dem früheren Trakl-Vortrag von 1950, *Die Sprache*, bekannte Auslegung des Austragens von Welt und präzisiert sie zugleich als das Austragen eines Ungeborenen. Wird das im einen wie im anderen Fall von „(u)nsere(r) alte(n) Sprache" (GA 12, 19), nur einmal vom althochdeutschen *giberan*, das andere Mal vom mittelhochdeutschen „bern, bären" hergeleitete Austragen im früheren Vortrag vom „gebären" zur Gebärde stilisiert (vgl. GA 12, 19) und damit aus dem konnotativen Umkreis von Geschlecht und Geschlechtlichkeit und Geburt zumal entfernt, so wird diese Geste nunmehr so wiederholt, dass sie zugleich ihre eigentliche Intention offenbart:

> Elis ist der Tote, der in die Frühe entwest. Dieser Fremdling entfaltet das Menschenwesen voraus in den Anbeginn dessen, was noch nicht zum Tragen (althochdeutsch *giberan*) gekommen. Jenes ruhendere und darum stillendere Unausgetragene im Wesen der Sterblichen nennt der Dichter das Ungeborne. Der in die Frühe verstorbene Fremdling ist der Ungeborene. (GA 12, 51)

Trakls Vers „Und Ungebornes pflegt der eignen Ruh" erfährt von daher folgerichtig die Auslegung: „Es [sc. das Ungeborne] hütet und wahrt die stillere Kindheit in das kommende Erwachen des Menschengeschlechts." (GA 12, 51) Der „dunklen Stille der Kindheit" des geborenen und damit schon in die Zwietracht der Geschlechter, in welcher „das Knabenhafte ... in einem Gegensatz zum Mädchenhaften" (GA 12, 51) steht, entlassenen Menschen des alten Geschlechts, kontrastiert Heidegger „die hellere, weil noch stillere und darum andere Kindheit" (GA 12, 52) des Ungebornen, deren „Frühe" „das immer noch verhüllte ursprüngliche Wesen der Zeit (verwahrt)" (GA 12, 53): Dieses „bleibt dem herrschenden Denken auch fernerhin verschlossen, solange die seit Aristoteles überall noch maßgebende Vorstellung von der Zeit in Geltung bleibt" (ebd.). „Aber die wahre Zeit ist Ankunft des Gewesenen. Dieses ist nicht das Vergangene, sondern die Versammlung des Wesenden, die aller Ankunft voraufgeht, indem sie als solche Versammlung sich in ihr je Früheres zurückbirgt" (GA 12, 53), d.h. indem sie das faktisch Gewordene ungeschehen macht, das tatsächlich Gesprochene ins Ungesagte, ins Schweigen zurückführt und so stillt (dies die Aufgabe des Stillers, des *pacifiers*, wortwörtlich: des Friedenmachers, der angelsächsische Terminus technicus für das, was wir im Deutschen als Schnuller kennen).

Daher auch sind die in Trakls letztem Gedicht *Grodek* genannten „ungebornen Enkel" für Heidegger „*keinesfalls* die ungezeugt gebliebenen Söhne der gefallenen Söhne, die dem verwesenden Geschlecht entstammten" (GA 12, 61, Hervorh. ARB), sondern die „eine(r) andere(n) Generation" Zugehörigen: „Sie ist anders, weil andersartig gemäß ihrer anderen Wesensherkunft aus der Frühe des Ungeborenen." (GA 12, 62) Der als Zwietracht diffamierten Geschlechtlichkeit der Geborenen stellt Heidegger die „in der stilleren Einfalt der Kindheit ... dorthin versammelte geschwisterliche Zwiefalt des Menschengeschlechtes" (GA 12, 63) gegenüber, in deren „Abgeschiedenheit" als dem Ort des Ungeborenen das Böse „verwandelt" (ebd.) ist: „Die Abgeschiedenheit ist die Versammlung, durch die das Menschenwesen in seine stillere Kindheit und diese in die Frühe eines anderen Anbeginns zurückgeborgen wird." (GA 12, 63) In diesem anderen Anbeginn ist das Menschenwesen ganz im Sinne der von Heidegger auch andernorts eingeforderten Besinnung „sinnender, weil stiller, stiller, weil selbst stillender" (GA 12, 51). Ich breche meine Rekonstruktion der *Erörterung von Georg Trakls Gedicht* an dieser Stelle ab (es gibt im übrigen einen etymologisch korroborierten, sachlichen Zusammenhang zwischen „stellen“ und „stillen“, dem angelegentlich von Heideggers Kritik des Ge-stells eigens nachzusinnen wäre: Still ist etwas, das und nachdem es hinge-stellt worden ist) und versuche zu einer vorläufigen Antwort auf die Frage, welche Sache des Denkens Heidegger ins Stille gedacht habe, zu gelangen.

Heideggers Utopie, das Ideal des Da-seins im anderen Anfang, jener herbeigerufene zukünftige Stil des Denkens, die Verhaltenheit als Stille, ist – in der Sprache schon der *Beiträge* gesagt – das „Weg-sein“ nicht im Sinne des Nicht-mehr-seins der Kindheit oder des Noch-nicht-seins der Zukünftigen, noch auch im Sinne einer Vorzukunft, die die Gegenwart auf die Zukunft hin aufspreizt. Das Stilideal des Denkens im anderen Anfang ist vielmehr die Stille des „Ungebornen“, jene „stillere“ Kindheit, die Heidegger mit Trakl zeichnet, die nicht vorläufige Stille der *infantia*, des noch nicht zur Sprache gekommenen geborenen Kindes ist, sondern die radikale Stille des absoluten Schweigens dessen, was – oder vielmehr: der bzw. die – niemals zur Sprache gelangen kann: die Stille des, wie die Angelsachsen sagen, *stillborn*, was nicht meint: des still oder in der bzw. in die Stille Gebor(g)enen, sondern der Totgeburt.

In einem in der Tat radikalen Sinn offenbart Heideggers Erörterung von Georg Trakls Gedicht die Wahrheit des Seyns, die sich schon in *Sein und Zeit* in der merkwürdigen Verbrämung der Geburtlichkeit des Menschen zur Geworfenheit und der mehrmals textuell inszenierten V/Erschweigung des Herlaufens des Daseins von der Geburt zugunsten der Analyse seines Vorlaufens zum Tod angekündigt hatte – Heideggers Dasein ist eine Totgeburt, sein *Ou-topos* ein Nicht-ort im Wortsinn – ein Ort, an dem das Dasein Weg-sein ist:

Die „Fülle der Gewährung des Seyns“, darin „der Ursprung des künftigen Stils (gründet)“, mithin die „Wahrheit des Seyns“ (GA 65, 405) gibt sich nur in der „Verweigerung“ desselben, in dessen „Befremdung“ (GA 65, 406), d. h. als Geburtsverweigerung. Die im Spätstil und als Stil des anderen Anfangs gesuchte Stille ist die Stille des Toten, die gegenüber dem lärmenden Geräusch des Lebendigen, als welches die Rede das Sein daran hindert, sich zu ereignen, positiv abgesetzt wird. Es geht Heidegger also nicht – um die eingangs aufgeworfene Frage nach dem möglichen Zusammenhang, einer Kontinuität zwischen seiner Konzeption der Stille einerseits und seinem befremdlichen Schweigen nach 1945 abschließend noch einmal aufzugreifen –, es geht ihm nicht, wie man mit Blick auf Paul Celan meinen könnte, um das Versagen der Sprache im Angesicht der Katastrophe, um ein Sprechenmüssen angesichts des Unsagbaren, das sich als ein Nur-noch-lallen-Können („Pallaksch pallaksch“) – sc. wie die Kinder, die *infantes* – manifestiert. Das reine Sagen des Einfachen, welches in die „große Stille des Vorbeigangs des letzten Gottes“ mündet, ist vielmehr die Apotheose eines huldvoll von aller Schuld entschuldeten, radikal unschuldigen und in diesem Sinne stillen, in die Ruhe des Seyns als Nichtseins geborgenen Ungeborenen.[12] Der Intention nach, freilich nicht der Sache nach und noch weniger aus der Sprache getilgt ist bei Heidegger also nichts geringeres als das Leben selbst, und zwar zugunsten des Todes, der sich mit zunehmender Deutlichkeit als Tod nicht eines Geborenen und insofern Sterblichen zu erkennen gibt, sondern als die radikale Utopie: das Ungeborensein eines in diesem Sinne Unsterblichen, radikal Zukünftigen, das bzw. der eo ipso im Kommen bleiben muss. In letzter Konsequenz gibt sich der späte Heidegger damit als jener

12 Sehr zutreffend beobachtet daher Hyung Kang Kim, *Ästhetik der Paradoxie. Kafka im Kontext der Philosophie der Moderne*, Würzburg 2004, 68: „Heideggers Entdeckung der Stille für die Sprache kann in Analogie mit Freuds Entdeckung des Todes im Innern des Lebenden betrachtet werden" und fügt unter Hinweis auf Gianni Vattimo hinzu: „... auf echte Weise sprechen heißt mit dem ‹Anderen des Signifikanten›, dem ‹Anderen der Sprache›, in Beziehung treten."

ins Utopische gewendete Thanatologe zu erkennen, der sich der für die abendländische Philosophie nachgerade konstitutiven Weisheit des Chores im sophokleischen *Ödipus auf Kolonos* verpflichtet weiß, die da lautet: „Nicht geboren zu sein, das geht/über alles“. (v. 1224 f.)

Theologische Perspektiven: Das Kloster als exemplarischer „Anders-Ort"

Das Reich Gottes und die heterotopische Macht der Klöster

Ein Perspektivenwechsel mit Michel Foucault

Hildegund Keul, Bonn/Würzburg

Klöster sind merkwürdige Orte. Zwar fehlt ihnen heute in Mitteleuropa der Nachwuchs, so dass ihre internen Räume wie die Klausur sich leeren.[1] Dies tut ihrer gesellschaftlichen Faszination jedoch keinen Abbruch. Auch in postsäkularer Kultur genießen sie eine Aufmerksamkeit, die ihresgleichen sucht. Klöster an traditionsträchtigen Orten wie Maria Laach und Dinklage, Himmerod und Helfta, Münsterschwarzach und Bingen ziehen religiös wie kulturell interessierte Menschen unwiderstehlich und in großer Zahl an. Die dortigen Gästezimmer sind genauso gut besucht wie die Veranstaltungen und Kurse, die die Klöster zunehmend anbieten. Und über einen Mangel an medialer Präsenz brauchen sie wahrlich nicht zu klagen. Wenn eine Nonne oder ein Mönch sich in Talkshows zu Wort melden, finden sie zwar häufig skeptische, aber meist offene Ohren. Dem „Wellness-Kloster" Arenberg haben die *Süddeutsche* genauso wie *Bahn.mobil*, die *taz* genauso wie *Tina*, das *Goldene Blatt* wie der *Anzeiger für die Seelsorge* seitenlange Auftritte[2] geboten.

---

1 Bei den Frauen zeigt es sich besonders drastisch: 1965 lebten gut 100.000 Schwestern in deutschen Ordensgemeinschaften, 2004 waren es knapp 27.000, wobei 75 % älter waren als 65 Jahre. – Zur Situation der Orden vgl. Sekretariat der Deutschen Bischofskonferenz (Hg.), *Leidenschaft für Christus – Leidenschaft für die Menschen. Ordensleben am Beginn des 21. Jahrhunderts*, Arbeitshilfen 201, Bonn 2006.

2 Die Übersicht der Presseberichte (www.kloster-arenberg.de/presseberichte.htm) zeigt auch das Interesse einer Vielzahl von Zeitungen und Zeitschriften, die katholischen Perspektiven sonst nur selten Raum geben.

Die anhaltende Anziehungskraft weist auf das hin, was Klöster immer schon waren und heute in neuen Herausforderungen sind: Heterotopien. Bereits die Etymologie des Wortes Kloster weist darauf hin, denn das lateinische „claustrum" benennt einen „ausgegrenzten Ort". Er setzt sich von anderen Orten der Gesellschaft ab, grenzt sich aus und versteht sich als „Andersort", weil hier eine andere Ordnung der Dinge herrscht. „Wir Mönche leben anders. Bei uns steht Gott im Mittelpunkt"[3] – so formuliert es Münsterschwarzach geradezu elitär. Claustrum bedeutet auch Schloss, Riegel, Schranke, Hindernis.

Wenn aber das Kloster ein „Andersort" ist, so wird eine interdisziplinäre Debatte interessant, die sich speziell mit Andersorten befasst und dabei auch Klöster thematisiert. Der französische Philosoph Michel Foucault hat diese Debatte in den sechziger Jahren des 20. Jahrhunderts angestoßen. Im Folgenden möchte ich zur Analyse des Klosters in seiner Bedeutung als Heterotopie beitragen. Ich gehe der Frage nach, inwiefern sein heterotopisches Potential zur heutigen Verortung des Klosters beitragen kann. Daher erläutere ich zunächst den Heterotopiebegriff, anschließend das Reich Gottes als zentrale Heterotopie des Christentums, um abschließend zu beleuchten, inwiefern die „Heterotopie Kloster" in postsäkularer Kultur dem Reich Gottes dient. Welche Handlungsperspektiven erschließen sich, wenn man den Ort „Kloster" als Heterotopie begreift?

---

3 http://www.abtei-muensterschwarzach.de/ams/kloster/Moench_werden/index.html eingesehen am 22.08. 2009. – Um die Gefahr des Elitären gar nicht erst aufkommen zu lassen, nennen die Oratorianer ihre Andersorte nicht Kloster, sondern schlicht und ergreifend „Haus".

1. Heterotopie als Ort, wo das Verstummte ins Wort kommen will

Mit seinen Ausführungen zur Heterotopie hat Michel Foucault sich in eine interdisziplinäre Debatte eingemischt, die sich am Utopischen orientierte.[4] Der Schlüsselbegriff „Utopie" war dort positiv konnotiert als virtuelle Realität, in der die Gewaltsamkeit gesellschaftlicher Verhältnisse überwunden ist. Dabei war immer klar, dass „Utopie" „Nicht-Ort" bedeutet oder, wie es Christa Wolf 1977 als Romantitel formulierte: „Kein Ort. Nirgends." Damit stellte sich die Frage, welche Wirkmacht Utopien haben, wenn sie zwar eine gesellschaftliche Alternative darstellen wollen, aber „ohne wirklichen Ort", also ortlos sind.

Foucault hatte sich 1966 mit Utopien zu beschäftigen, als er für France-Culture im Rahmen einer Vortragsreihe über „Utopie und Literatur" eine Radiosendung verfasste. Seinem Vortrag vom 6. Dezember gab er den Titel „Les hétérotopies" und eröffnete damit einen neuen Diskurs. Er stellte fest, dass es nicht nur Utopien als Gegenentwurf zu „allen anderen Orten" gibt, sondern auch Heterotopien. Diese charakterisiert er als „wirkliche Orte, wirksame Orte, die in die Einrichtung der Gesellschaft hineingezeichnet sind, sozusagen Gegenplatzierungen oder Widerlager, tatsächlich realisierte Utopien, in denen die wirklichen Plätze innerhalb der Kultur gleichzeitig repräsentiert, bestritten und gewendet sind, gewissermaßen Orte außerhalb aller Orte, wiewohl sie tatsächlich geortet werden können."[5]

Heterotopien sind so unterschiedliche Orte wie der Friedhof und der Zirkus, das Gefängnis und der Garten, das Bor-

---

4 Auch in Deutschland Ost und West war sie Thema, Namen wie Ernst Bloch und Ingeborg Bachmann markieren die Breite dieser Debatte

5 Michel Foucault, *Andere Räume*, in: ders., *Botschaften der Macht. Der Foucault-Reader Diskurs und Medien*, Stuttgart 1999, 145-157, hier 149. – Vgl. auch Hildegund Keul, *Heterotopie statt Utopie. Antwort auf Jürgen Bründls „Gegenwart des Geistes?"* in: Lebendige Seelsorge 56 (2005), 84-86.

dell und die Bibliothek, der Bahnhof und das Schiff. Sie lassen sich nach zwei Seiten hin abgrenzen. Zum einen unterscheiden sie sich von den Utopien, insofern sie zwar eine gesellschaftliche Alternative aufweisen, aber zugleich einen konkreten Ort verkörpern. Sie sind kein Nicht-Ort, sondern wirklich „verortet". Zum anderen stehen sie in Differenz zu den Alltagsorten, denn hier herrschen andere Gesetze, eine andere Grammatik des Lebens greift.

Alltagsorte sind diejenigen, an denen Menschen täglich leben und wo ihnen die Sprache leichtfüßig von den Lippen kommt. In der Bäckerei fällt es nicht schwer, bei der Verkäuferin acht Brötchen und ein Vollkornbrot zu kaufen. Ganz anders verhält es sich an Heterotopien, denn sie sind von Sprachlosigkeit durchzogen. Dies zeigt der Friedhof und hier besonders das offene Grab eines geliebten Menschen. Wo die Trauernden fassungslos am Grab stehen, in das der Sarg gerade hinab gelassen wird, greift die unsägliche Macht dieser Heterotopie zu. Im Alltag wird der Tod verdrängt, damit er keine zu große Macht über das Leben erlangt. Aber am offenen Grab eines geliebten Menschen ist der Tod schlicht unausweichlich. Er drängt sich auf und nimmt das Leben der Trauernden in den Griff. In anderem Kontext („Les Mots et les choses", 1966) sagt Foucault daher von den Heterotopien: Sie „trocknen das Sprechen aus, lassen die Wörter in sich selbst verharren, bestreiten bereits in der Wurzel jede Möglichkeit von Grammatik. Sie lösen die Mythen auf und schlagen den Lyrismus der Sätze mit Unfruchtbarkeit."[6]

Sprachlosigkeit begleitet Liminalitätserfahrung, z.B. auch wenn Menschen sich verlieben und einander diese Liebe „gestehen" wollen. Dies geschieht an einem konkreten Ort, an einem Hier und Jetzt, mit Körpern, die sich zu Wort melden. In der Sprachlosigkeit, die hier auftritt, zeigen sich die heftigen Brüche und Umbrüche, die Heterotopien zu ei-

6 Michel Foucault, *Die Ordnung der Dinge. Eine Archäologie der Humanwissenschaften*, Frankfurt a.M. 1974, 20.

gen sind. Sie rücken das in den Mittelpunkt, was Alltagsorte ausschließen, und bringen zur Sprache, was ansonsten verschwiegen wird. Dieses Verschwiegene ist besonders brisant, weil mit ihm zugleich Menschen ausgegrenzt werden, die für dieses Verschwiegene stehen. Wer professionell mit dem Tod zu tun hat wie Henker, Totengräber, Leichenwäscher, ist gesellschaftlich marginalisiert und ausgegrenzt. Auch der Alltagsort Bäckerei führt solche Ausschließungen durch: Wenn man das notwendige Geld nicht hat, kann man die Brötchen nicht leichtfüßig bestellen und ist im Verkaufsraum unerwünscht.

Orte sind niemals ein unbeschriebenes Blatt, sondern sie sind immer schon von vergangenen und zukünftigen Diskursen geprägt. Sie setzen Themen, konfrontieren mit Fragen, fordern Stellungnahmen ein. Befürchtungen und Hoffnungen, Drohungen und Verheißungen durchziehen den Raum und geben dem Ort sein Gepräge. Daher kann jeder Alltagsort zu einer Heterotopie werden, wenn dort persönlich oder gesellschaftlich gravierende Ereignisse geschehen. Geschieht in der Dorfbäckerei ein Mord, so ist sie postwendend eine Heterotopie. Umgekehrt kann jede Heterotopie vom Alltag so zerschlissen werden, dass sie ihre heterotopische Macht verliert. Manches Kloster hat diesen Prozess erfahren.

Weil Heterotopien es mit dem Verschwiegenen oder Unsäglichen zu tun haben, eröffnen sie die Möglichkeit, dass die Sprache einen neuen Schriftzug erlangt. Sie sind Kreuzungspunkte, an denen Sprachlosigkeit und intensive Kommunikation in geradezu zerreißender Spannung stehen. Gewohnte Denk- und Handlungsmuster brechen auf und lassen nach Alternativen suchen. Verstummen erhöht den Kommunikationsbedarf. So können gesellschaftliche Diskurse aufbrechen und eine neue Richtung nehmen.[7] An He-

7 Besonders wirkmächtig war dies am unsäglichen Friedhof des New Yorker „Ground Zero", der so viele gar nicht zu schließende Gräber birgt: er wurde zur Heterotopie sich potenzierender Gewalt.

terotopien stehen daher Handlungspotentiale zur Debatte, die entweder verschlossen oder neu eröffnet werden. Sie verweisen über die real existierenden Verhältnisse hinaus, indem sie einen Diskurs über das eröffnen, was ansonsten ausgeschlossen ist. Daher lassen Heterotopien Alternativen zum alltäglich gelebten Leben aufscheinen.

„Heterotopie“ ist ein formaler Begriff, der einer Analyse von Gesellschaft und Politik, Kunst und Kultur, Architektur und Geografie, Wissenschaft und Religion dient. Er benennt ein Anderssein, ohne selbst zu sagen, worauf sich dieses Anderssein bezieht, worin es besteht und was die Gegenplatzierung bewirkt.[8] Mit der Bezeichnung „Andersort“ ist noch keine inhaltliche Bestimmung erfolgt, sondern sie wird angestoßen. Dies ist für den Gebrauch des Begriffs im christlichen Kontext wichtig. Denn das Christentum hat es an zentralen Wendepunkten zweifellos mit Heterotopien zu tun. Die Krippe und das Kreuz, der Abendmahlssaal und das Leere Grab, das Taufbecken und der Beichtstuhl, das Kloster und die City-Kirche sind weder Alltagsorte noch Utopien, sondern jenes Dritte, sind „Widerlager“ zu den wohl gesicherten, auf Ausgrenzung bedachten Einrichtungen der Gesellschaft. Aber an welchen Kreuzungspunkten des Diskurses sie stehen und welche neuen Gravuren sie in gesellschaftliche Diskurse einschreiben, dies ist eine inhaltliche Frage, die es theologisch zu beantworten gilt. Dabei steht das was im Zentrum, was Jesus in die Mitte seines Evangeliums gerückt hat: das Reich Gottes.

---

8 Eine Heterotopie kann beispielsweise ein Andersort des Friedens sein oder ein Andersort des Krieges; ihre Wirksamkeit ist diametral, nämlich friedensstiftend bzw. kriegstreibend.

2. Das Reich Gottes – die christliche Heterotopie schlechthin

Der Begriff „Reich Gottes" benennt einen Ort, denn „Reich" bezeichnet einen konkret umrissenen Raum wie das Königreich, das durch seine Grenzen klar markiert und beschränkt ist. Auch das Reich Gottes ist ein reeller Ort. Aber er ist anders als andere Orte, denn es ist weder auf Landkarten noch in Stadtplänen verzeichnet. Im Format von mapsgoogle ist es nicht lokalisierbar. Daher gelangt man auch nicht so einfach dorthin wie an andere Orte. Man kann sich problemlos nachmittags in einem Café verabreden. Aber „Heute um 16.30 Uhr im Reich Gottes" – eine solche Verabredung funktioniert nicht.[9] Außerdem ist es leicht zu übersehen: „Amen, Amen, ich sage dir: Wenn jemand nicht von neuem geboren wird, kann er das Reich Gottes nicht sehen." (Joh 3,3) Nichts weniger als eine neue Geburt ist notwendig, damit dieser spezielle Ort in den Blick rückt.

Dennoch ist das Reich Gottes keine Utopie, die der eschatologischen Vertröstung in einem ortlosen Jenseits dient. Vielmehr ist es eine konkret verortete und sehr wirksame Realität. „Wenn ich aber die Dämonen durch den Finger Gottes austreibe, dann ist doch das Reich Gottes schon zu euch gekommen." (Lk 11,20) ‹Schon und noch nicht› heißt die Kurzformel, denn das Reich Gottes ist schon da und hat seinen Ort in der Welt. Aber weil es noch nicht vollendet ist und noch aussteht, ist es nicht überall. Im Trubel der Alltagsorte sind die Zeichen seiner Präsenz leicht zu übersehen. Jesus ist daher in Galiläa und Jerusalem unterwegs, um Menschen auf jene Zeichen aufmerksam zu machen, an denen seine Realität und Wirksamkeit erkennbar wird. „Wem ist das Reich Gottes ähnlich, womit soll ich es vergleichen? Es ist wie ein Senfkorn, das ein Mann in seinem Garten in die Erde steck-

---

9 Außer am Kreuz Jesu, wo es jedoch nicht um eine Verabredung, sondern um eine Verheißung geht, zwischen deren Einlösung der Tod steht, vgl. Lk 23,43.

te; es wuchs und wurde zu einem Baum, und die Vögel des Himmels nisteten in seinen Zweigen." (Lk 13, 18f)

Das Neue Testament folgt dieser Spur Jesu, der die Realität des Reich Gottes benennt und beharrlich auf seine Wirksamkeit hinweist. Es benennt empirische Orte, an denen das zunächst unsichtbare, aber präsente Reich Gottes sichtbar wird. Denn das Reich Gottes konstituiert mitten in der Welt eine andere Ordnung der Dinge, als sie im Normalfall unter Menschen üblich ist. Diese andere Ordnung ist nicht von dieser Welt, verändert sie aber grundlegend. Hier werden die Armen selig gepriesen, während die Reichen ein Weheruf verfolgt. Hier werden die Ersten die Letzten sein und die Letzten die Ersten (Mt 19,30; 20,16). Hier hat die Person Vorrang vor der Institution und wird vor ihrem übermächtigen Zugriff bewahrt. Und in allem werden Gottes- und Nächstenliebe untrennbar miteinander in Beziehung gesetzt. *In nuce* kommt diese andere Ordnung der Dinge zur Sprache im Magnifikat, jenem großen Gesang der Befreiung, den Maria im Angesicht der schwangeren Elisabeth singt.

Das Magnifikat (Lk 1,46-55) rückt diejenigen in den Mittelpunkt, die gesellschaftlich ganz unten platziert sind und damit erniedrigt werden. „Denn auf die Niedrigkeit [Erniedrigung] seiner Magd hat er geschaut. Siehe, von nun an preisen mich selig alle Geschlechter." (-48) Mit diesem Ausruf wird das Reich Gottes gleich zu Beginn des Lobgesangs sozial bestimmt und empirisch verortet. Die übliche Trennung von profanem Raum und heiligem Ort verliert ihre Wirksamkeit, als der Engel die junge Frau an ihrem alltäglichen Wohnort aufsucht und bei ihr eintritt. Profane und heilige Zeit, säkulare Tätigkeit und Gottesdienst verbinden sich. Gott und Welt, Gottes- und Nächstenliebe treten in ein neues Verhältnis.

Gesellschaftlich stehen die Mächtigen, Angesehenen, Reichen im Blickfeld des öffentlichen Interesses. Im Reich Gottes aber haben die Armen Vorrang. „Die Hungernden beschenkt er mit seinen Gaben und lässt die Reichen leer ausgehen.“ (-53) Dies ist das Gegenteil dessen, was normaler Weise passiert: alltäglich ist zu beobachten, wie sich auf der einen Seite der Hunger potenziert, auf der anderen Seite der Reichtum. Wer viel Geld hat, kriegt noch Zinsen dazu, erhält Steuerermäßigungen oder wird lukrativ bestochen. Wer hingegen hungert, geht leer aus. Hunger zwingt die Armen dazu, alles aufzuessen, was an Nahrung nur irgendwie verfügbar ist. Daher können Arme keine Saat aufbewahren, die in Zukunft vielfältige Frucht bringen und die Ernährung sichern. Es bleiben auch keine finanziellen Ressourcen, um Werkzeug anzuschaffen und Land zur Bebauung zu kaufen. Armut zehrt alles auf und treibt in die Verschuldung. Wer arm ist, wird ärmer; wer reich ist, wird reicher.

Das Magnifikat jedoch bestreitet und wendet diese Praxis. Es setzt mit seinem Glauben an das Reich Gottes ein Widerlager zum gesellschaftlichen Normalfall im Verhältnis von arm und reich. Damit benennt es, wo das Reich Gottes auch heute seinen Ort hat: Wo die Spirale der Armut durchbrochen wird, wo den Hungernden Reichtümer zufließen und die Reichen leer ausgehen, da ist das Reich Gottes präsent. Dieser Vorrang der Armen bestimmt die Wahrnehmung und Wertschätzung der Reich-Gottes-Praxis. Die Nachfolge Jesu bedeutet, die Botschaft des Evangeliums als eine Praxis der Befreiung zu realisieren. Wer an das Reich Gottes glaubt, führt diese andere Ordnung der Dinge in die Praxis ein. Das gelingt wahrlich nicht flächendeckend. Aber wo es gelingt, da wird der Anbruch des Gottesreiches sichtbar. Jesus geht es um den praktizierten Glauben an diese Frohe Botschaft, die den Armen, den Gefangenen, Blinden und Zerschlagenen gilt. Die Verbindung von Gottes- und Nächstenliebe ist in Theorie und Praxis christlichen Glaubens untrennbar.

Der Vorrang der Armen verändert auch den Blick auf die Hochstehenden und Herrschenden, die in der Potenzierung ihres Reichtums der Gefahr des Hochmuts erliegen. Das Magnifikat erweist Gott die Ehre, preist seine Größe und bejubelt die Rettung mit der Begründung: „Er vollbringt mit seinem Arm machtvolle Taten: Er zerstreut, die im Herzen voll Hochmut sind; er stürzt die Mächtigen vom Thron und erhöht die Niedrigen." (-51f) Die Reichen geraten keineswegs aus dem Blick, sondern von ihnen wird die Bekehrung eingefordert. Sie gelangen in das Reich Gottes, wenn sie ihre Reichtümer nicht mehr so einsetzen, dass sich die Armut der Armen potenziert, sondern so, dass die Spirale der Armut durchbrochen wird.

Die Armut gibt dem Reich Gottes einen konkreten Ort in der Geschichte der Menschheit und damit auch in der aktuellen Gegenwart. Denn Armut ist eine empirische Realität, die soziale Orte hervorbringt: die Megaslums in Megastädten, die Flüchtlingslager in Kriegsgebieten, die Notkrankenhäuser in Hungerzonen. Der Glaube an das Evangelium (vgl. Mk 1,15) erhält so konkrete Wirkungsorte. Dabei gibt es keine einfache Identität von Armut und Reich Gottes. Das Reich Gottes ereignet sich dort, wo der übermächtige Zugriff der Armut auf das Leben von Menschen gebrochen wird. Die empirischen Lebensorte der Armut und die geistige Orientierung des Evangeliums; die profane Aufgabe der Überwindung von Armut und die religiöse Aufgabe der Gottesverehrung sind weder voneinander zu trennen noch miteinander zu vermischen.

Obwohl das Reich Gottes nicht wie eine Eisdiele lokalisierbar ist, so ist es dennoch konkret verortet. Es bricht an, wo der Gewaltsamkeit der Armut Einhalt geboten wird. Diese andere Ordnung der Dinge, die das Reich Gottes Realität werden lässt, gibt dem Christentum sein Format, sein markantes, unverwechselbares Profil. Es kulminiert in der Auferstehung Jesu Christi, die im Leeren Grab seinen theologischen Ausdruck findet: An diesem Andersort Gottes wird die vorherrschende Macht des Todes entmachtet, und das Leben kommt endgültig zum Durchbruch. Diese Verheißung der Auferstehung gibt dem Reich Gottes seine Ausrichtung. Es hat durchgreifende Handlungsrelevanz: „Euch aber muss es zuerst um sein Reich und um seine Gerechtigkeit gehen; dann wird euch alles andere dazugegeben." (Mt 6,33) Es ist der Schlüssel zur Verortung des christlichen Glaubens in den Realitäten der eigenen Zeit.

3. Klöster heute – christliche Heterotopien in postsäkularer Kultur

Das Reich Gottes ist die zentrale Heterotopie des Christentums, das weitere Andersorte begründet. Man kann es daher als „Heterotopie-Begründer" des Christentums bezeichnen. Denn von ihm her bestimmen sich jene weiteren Andersorte, die auf Landkarten verzeichnet werden können und daher leichter aufzusuchen sind. Zu diesen Andersorten, die das Reich Gottes ins Leben ruft, gehören die Klöster. Als lokalisierbare, „abgegrenzte Orte" haben sie die Chance, das heterotopische Potential von Gottes Reich gesellschaftlich zum Tragen zu bringen. Denn sie sind Lebensorte, die im Dienst des Reich Gottes stehen und die ein sichtbares und wirksames Zeichen seiner verborgenen Präsenz sein wollen. Daher ist für Klöster jene Verbundenheit mit der Welt entscheidend, die in der Abgrenzung geschieht. Man will anders sein, indem man Alternativen zu gesellschaftlichen Denk-, Glaubens- und Handlungsformen aufweist. Dies ist keine leichte Sache und geschieht nicht automatisch. Es bedarf einer Wachheit für die Zeichen der Zeit, um benennen zu können, worin das Evangelium Alternativen bietet und was es in gesellschaftlich relevanten Fragen Anderes zu sagen hat.

Klöster, die heute öffentliche Aufmerksamkeit finden, aber um Nachwuchs ringen, stehen sehr konkret vor dieser Herausforderung. Sie nutzen die gegenwärtige Umbruchszeit, wenn sie ihr Profil schärfen, indem sie nach der gesellschaftlichen Bedeutung des Evangeliums an ihrem jeweiligen Ort fragen. Sie zeigen Alternativen zu gesellschaftlichen Handlungsmustern auf, wenn beispielsweise das Franziskanerinnenkloster Oberzell die Gewaltsamkeit von Migration aus christlicher Perspektive thematisiert; wenn Münsterschwarzach christliche Werte in der Arbeit von Führungskräften zu verorten sucht; wenn die Salesianer gemeinsam mit den Schwestern von der Hl. Maria Magdalena Postel mitten in Berlin-Marzahn mit den Ärmsten der Armen arbeitet.

Für Klöster ist die Abgrenzung gegenüber der Gesellschaft, allgemein der „Welt“, identitätsstiftend. Aber gerade mit dieser Abgrenzung sind sie in den Veränderungen, Brüchen und Umbrüchen von Kirche und Gesellschaft verortet. Thomas Merton, überzeugter Trappist und zugleich hellsichtiger Autor von Bestsellern, leidenschaftlicher Einsiedler und zugleich geistiger Führer der damaligen US-Friedensbewegung, schrieb 1963: „Ein Kloster ist kein Schneckenhaus, und religiöser Glaube ist keine Art geistiger Luftschutzraum, in den man untertauchen kann, um der verbrecherischen Wirklichkeit eines apokalyptischen Zeitalters zu entfliehen.“[10] Utopische Konzepte, die das Kloster außerhalb der Welt platzieren wollen, scheitern. Dass weder Weltflucht noch Weltsucht ein christlicher Weg ist, hat Merton im eigenen Leben erfahren und in seinen Schriften reflektiert.

Sehr schön wird dies an einer Anekdote deutlich, die Merton in seinem Tagebuch zur Zeit seiner Gelübde schildert: „Gestern früh habe ich mein Testament gemacht. Vor Ablegung der feierlichen Gelübde macht jeder sein Testament, um sich von allem zu lösen, als ginge es zum Sterben. Es klingt dramatischer als es wirklich ist. Tatsächlich ergab es sich, dass ich unmittelbar nach meinem Verzicht auf alle irdischen Güter zum Vater Abt gerufen wurde, der mir einen Vertrag mit Harcourt, Brace über die Veröffentlichung vom *Berg der Sieben Stufen* überreichte. Nachdem ich also mein

10 Thomas Merton, *Gewaltlosigkeit – Eine Alternative*, hg. von Gordon C. Zahn, Zürich/Köln 1986, 357

Testament gemacht hatte, setzte ich meine lebendige Unterschrift unter den Vertrag. Die Tantiemen des toten Autors werden an das Kloster gehen."[11] Dieses Buch, „Der Berg der Sieben Stufen", wurde ein äußerst lukrativer Bestseller, der viele Menschen in das Trappistenkloster „Gethsemani" zog.

Das Zeichen der Abgrenzung des Klosters ist seine Mauer, die aussperrt und einschließt. Sie versucht, Unheilvolles auszuschließen. Damit bietet sie Zuflucht und eröffnet einen geschützten Raum. Aber sie setzt die im Inneren lebenden Menschen auch besonderer Gefährdung aus: wenn Feuer oder eine ansteckende Krankheit ausbricht, kann die Abgeschlossenheit des Klosters zur tödlichen Falle werden. Dass diese Ambivalenz klösterlicher Mauern symbolische Bedeutung hat, wird heute auch in solchen Klöstern deutlich, die längst keine Mauern aus Stein und Mörtel mehr haben.

3.1 Die vagabundierenden Outsider – Klöster im Dienst des Reich Gottes

Ob ein Kloster sein heterotopisches Potential nutzt, entscheidet sich an seinem Verhältnis zur Welt. Was schließt es ein, was schließt es aus? Wo kann es im Sinn des Reich Gottes Alternativen zu gesellschaftlich vorherrschenden Denk-, Glaubens- und Lebensformen aufzuzeigen? Das Kloster ist ja kein gesellschaftlicher Ort wie alle anderen auch. Aber es ist ein gesellschaftlich *relevanter* Ort, wenn es neue Gravuren in gängige Diskurse einschreibt. Natürlich kann ein Kloster sein heterotopisches Potential verspielen oder einfach im Getriebe des Alltags verlieren. Dann steht es vor der Frage, ob es sterben wird oder ob es sich neu im Verhältnis zur Welt verortet. Heute ist es keinesfalls selbstverständlich, dass genügend Menschen in Klöster gehen und Ordensgemeinschaften beitreten. Umbrüche in der Sozialkultur sowie

11 Thomas Merton, *Das Zeichen des Jonas. Tagebücher*, Einsiedeln 1954, 33

in der gesellschaftlichen Einschätzung von Religion schlagen sich hier spürbar nieder. Die Mitgliedszahlen schwinden rapide.

Dies ist auch eine psychologische Herausforderung,[12] insofern der hohe Altersdurchschnitt und die vielen Sterbenden einer Gemeinschaft bei niedrigster Eintrittszahl die Gefahr von Resignation und Mutlosigkeit erzeugt. Mehr noch ist es jedoch eine theologische Herausforderung. Wenn täglich um neue Berufungen in den (eigenen) Orden gebetet wird, diese jedoch ausbleiben, so kann dies an der Überzeugung nagen, dass die eigene Berufung tragfähig und zukunftsweisend ist. Wie kann ein Orden das visionäre Potential wach halten, das ihm vom Reich Gottes her zukommt und das dem Leben Orientierung und Zugkraft verleiht?

Als im Herbst 2007 die Briefe und Tagebücher von Mutter Teresa, des „Engels der Armen" aus Kalkutta, publiziert wurden[13], eröffneten sie mit ihrer klaren Benennung von Erfahrungen der Gottesferne einen neuen Diskurs. Er machte deutlich, dass sich auch in Klöstern, die als geistliche Zentren ein Zeichen der Gottesnähe sind, Gottesferne zu Wort meldet. Es ist nicht nur die Suche nach Gottesnähe, sondern auch die Erfahrung der Gottesferne, die Klostermitglieder und ihre Gäste miteinander verbinden.

Solche Erfahrungen aber durchbrechen Konzepte, die eine Klosterwelt voll schöner Ideen schaffen, damit aber jene Menschen ausgrenzen, die nicht in die Utopie hineinpassen: die Gottesfernen draußen, die Gottesnahen drinnen.[14] *Wir sind ganz anders als alle anderen. Und letztlich*

---

12 Vgl. die hervorragende Studie von Katharina Kluitmann, *‹Die Letzte macht das Licht an?› Eine psychologische Untersuchung zur Situation junger Frauen in apostolisch-tätigen Ordensgemeinschaften in Deutschland*, 2. Aufl., München 2008

13 Mutter Teresa, *Komm, sei mein Licht. Tagebücher und Briefe*, hg. und kommentiert von Brian Kolodiejchuk, München 2007, 228.

14 Die oben zitierte Aussage von Münsterschwarzach „Wir Mönche leben anders. Bei uns steht Gott im Mittelpunkt" macht die Gefahr der Utopie deutlich. Was bedeutet die Aussage für Menschen außerhalb des Klosters; ist Gott dort per

können uns die anderen nicht das Wasser reichen. Ein solches Konzept scheitert bereits intern an den weltlichen Elementen des Klosters: auch Mönche haben Konflikte miteinander, auch Nonnen müssen sich um die Wirtschaftlichkeit ihres Klosters kümmern. Diese andere Seite der Andersorte ist immer präsent. Das „claustrum“ als Grenze zu verstehen, die das Kloster außerhalb der Welt verortet, ist daher nicht möglich. Was aber bedeutet dann seine Abgrenzung?

Grenzen sind nicht nur etwas Trennendes, sondern sie verbinden auch. Dies zeigen Ländergrenzen wie die zwischen Deutschland und Frankreich, die beide Länder miteinander in einer gemeinsamen, bewegten Geschichte verbinden. Genauso verbindet die Abgrenzung des Klosters dieses mit dem Außen der Gesellschaft. Eine Untersuchung zur Situation junger Frauen in apostolisch-tätigen Ordensgemeinschaften stellt die inspirierende Frage: „Die Letzte macht das Licht an?“ Entscheidend ist dabei, wem dieses Licht leuchten soll. Längst sind auch kontemplative Klöster nicht mehr *ausschließlich* der Wohn- und Lebensort von Nonnen und Mönchen. Vielmehr suchen immer mehr Menschen sie als Lebensorte auf, die ein Widerlager zum säkularen Alltag verkörpern. Was Michael Hochschild über Frankreich sagt, trifft auch auf Deutschland zu: „dass der Anteil der sonntäglich praktizierenden Christen ab- und der Anteil mehrtägiger, aber unregelmäßiger Aufenthalte neuer Pilgerbewegungen um Orte wie Citeaux zunimmt.“[15] Auf den viel begangenen Pilgerwegen erlangen Klöster neuen

---

se eine Nebensache? Und was bedeutet die These für Menschen im Kloster, die mitten in Erfahrungen der Gottesferne stecken – sind sie dann draußen? Und was bedeutet es für Gott – denn Gott lässt sich ja nicht so einfach in die Mitte stellen wie eine Blumenvase. In der Formulierung zeigt sich die Problematik eines Andersortes, der anders sein will, aber – und das ist in Münsterschwarzach programmatisch – die Bedeutung des Evangeliums auch gesellschaftlich aufweisen will.

15 Michael Hochschild, *Rendezvous mit Gott. Eine soziale Topografie des Klosters von heute*, in: ThPQ, Themenheft Klöster, 2004 Heft 2, 123

Zuspruch. Auch persönliche Bindungen zu einem bestimmten Kloster in Freundes- und Unterstützerkreisen werden intensiver. Viele Klöster werben im Internet für solche Kreise, die das spirituelle und wirtschaftliche (Über-)Leben sichern helfen.

Katholische und evangelische Gläubige nehmen sich verstärkt eine Auszeit im Kloster. Aber auch Menschen, die nicht christlich sozialisiert sind und die sich nicht eindeutig zum Glauben an Gott bekennen, nehmen die vielfältigen Angebote der Klöster wahr. Ihre Spiritualität ist gefragt. Selbst wenn sich diese Menschen nicht als religiös begreifen, erwarten sie dennoch etwas von diesem Ort, der aus anderen Orten herausfällt. Vielleicht können sich dort, an diesem besonderen Ort, auch für säkular lebende Menschen Offenbarungen ereignen? Die Metapher vom Licht, das die Letzte anzündet, stellt vor diese Frage. Auch Menschen, die gezielt in profanen Kontexten leben, haben Heilserwartungen. Dies ist allein schon an der Werbung zu sehen, die allerorten mit säkularen Heilserwartungen spielt. Die Menschen von heute haben ein offenes Ohr für Erleuchtungen aller Art. Welche Antwort finden sie in Klöstern, die sie vielleicht zufällig aufsuchen? Die christliche Offenbarung setzt ja nicht, wie häufig vermutet, utopisch an, sondern heterotopisch. Ihr geht es nicht um einen Nicht-Ort, der im idealistischen Nirgendwo platziert ist, sondern um konkrete Lebensorte, in denen das Wort Gottes eine Offenbarung darstellt und als solche wirkt.

Der Zustrom von religiös Suchenden und spirituell Vagabundierenden ist ein wichtiger Punkt, denn er markiert die Verortung von Klöstern in postsäkularer Kultur. Ins Kloster kommen aus eigenem Antrieb Menschen, die die Kirche ansonsten nicht oder nur unter großem Aufwand erreicht. Aber welcher Raum wird diesen Menschen in einem Kloster eröffnet, das bisher immer etwas für „Insider" war? Wie es mit den „Outsidern" umgeht, wird heute zur Schlüsselfrage. Man kann diesen Menschen mit religiösem Ressentiment begegnen, weil sie das Vaterunser nicht kennen, vom Kreuzzeichen verunsichert sind, den richtigen Ton im Psalmengesang nicht finden und zudem noch selbst ganz andere, z.B. esoterische Praktiken ausüben.[16] Dem Reich Gottes dient man damit jedoch nicht. Zudem schreckt man jene Gäste ab, deren Präsenz in der Kirche sehr erwünscht ist.

Die vagabundierenden Outsider weisen darauf hin, dass Klöster im Dienst des Reich Gottes stehen, wo die Letzten die Ersten sein werden. Auch im Kloster ist die christliche Gottesliebe nicht ohne die Nächstenliebe zu haben. Die Person hat Vorrang vor der Institution, die in ihrem Dienst steht. „Das Kloster ist für den Menschen da, nicht der Mensch für das Kloster" – so lässt sich der programmatische Sabbat-Satz Jesu (Mk 2,27) abwandeln. Die Outsider stellen das Verhältnis von Kloster und Welt, das in den 60er Jahren infolge des 2. Vatikanums lebhaft diskutiert wurde, erneut zur Debatte. Thomas Merton schrieb auf dem Höhepunkt des Kalten Krieges (in seinem Vorwort zur vietnamesischen Übersetzung von „Keiner ist eine Insel"): „Es ist nicht schwer, in einem stillen Kloster über Liebe, Demut, Gnade, innere Ruhe und Frieden zu meditieren. Aber eben, ‹keiner ist eine Insel›. Ein rein individualistisches Innenleben, ohne sich von den Leiden der anderen berühren zu lassen, ist nicht wirklich. Deshalb muss meine Besinnung auf Liebe und Frieden realistisch und innigst verbunden sein mit der Hitze des Krieges, dem Blutvergießen, der Zerstörung, dem Morden, das auf der anderen Seite der Erde geschieht."[17] Merton grenzt sich damit gegen eine utopische Verortung des Klosters ab, das sich selbst außerhalb und unabhängig von der Welt, also ortlos, verortet. Stattdessen

16 Selbstverständlich bedeutet dies nicht, sich den Gästen anzubiedern und deren Praktiken zu übernehmen – das würde die Differenz auslöschen und damit den Charakter der Heterotopie zerstören.

17 Merton 1986, 91

klagt er den Realismus der Meditation ein, die im Dienst an der zerbrechlichen, von Gewalt bedrohten Welt steht.

Heute spitzt sich diese Perspektive auf neue Weise zu. Was gewinnen Menschen, die aus postsäkularen Kulturen kommen und wieder dorthin zurückkehren, im Kloster? Sie erwarten kein Schneckenhaus, das sie ausgrenzt und trotz aller Gastfreundschaft letztlich außen vor lässt. Und sie brauchen keinen geistigen Luftschutzraum, der das Ressentiment gegen den eigenen Alltag weckt. Vielmehr suchen sie das Kloster in der Hoffnung auf, dass sich ihr „Leben danach" verändert. Sie hoffen auf eine Erleuchtung, die neue Gravuren in ihren Alltag einschreibt und damit ihr Leben spürbar und nachhaltig verändert. Das Kloster ist damit als Heterotopie gefragt, als Andersort, der in seiner Abgrenzung alternative Lebensweisen eröffnet.

3.2 Das heterotopische Potential nutzen, Lebensräume eröffnen – konkrete Beispiele

Die vagabundierenden Outsider in den eigenen Mauern fordern Klöster dazu heraus, das heterotopische Potential zu entdecken und zu nutzen, das ihnen im Glauben an das Reich Gottes zukommt. Worin liegt die gesellschaftliche Relevanz des Evangeliums? Diese Frage bringen die Outsider, die die Schwelle zum Kloster überschreiten, allein schon durch ihre Präsenz mit. Ein Kloster kann der Herausforderung dieser Präsenz zwar ausweichen, aber dies wäre ein theologisches Armutszeugnis. Denn hier geht es um den Realitätsgehalt des Evangeliums, das gesellschaftlich wirksam sein will. Utopien von der vollkommenen Klostergemeinschaft, die sich gegen das Außen der Gesellschaft ab- und damit die eigenen Gäste ausgrenzt, greifen hier nicht. Selbstverständlich ist ein Kloster ein Ort in der Welt und wird sogar auf Landkarten verzeichnet. Seine Stärke liegt nicht darin, dass es kein Ort, sondern dass es ein Andersort der Welt ist. Es wird zu einem „wirksamen Ort", wenn es

heterotopisch im Sinne des Reich Gottes handelt. Heterotopien aber zeichnen sich durch eine Diskursmacht aus, die das zum Thema macht, was gesellschaftlich ansonsten verschwiegen wird. Ein Kloster wird zur „Gegenplatzierung", wo es Verschwiegenes freilegt und die Engführungen überwindet, die mit diesem Verschwiegenen einhergehen. Dies eröffnet den Klöstern Handlungspotential, das in postsäkularen Kulturen greift.
Wo aber geschieht die Verortung des Reich Gottes in der Heterotopie Kloster derzeit? Auf dem Hintergrund meiner Erfahrungen in der Kooperation zwischen Frauenpastoral und Klöstern möchte ich exemplarisch drei Punkte benennen.

Die grenzüberschreitende Gemeinschaft der Klostergäste

Viele Klöster in Deutschland laden gezielt und offen Gäste ein, die bei speziellen Kursangeboten und Exerzitien mitmachen, die je nach eigener Situation am Stundengebet teilnehmen oder im „Kloster auf Zeit" die Stille dieses besonderen Ortes erhören. Dadurch erhalten die Klöster eine Polarität: es gibt eine Ordensgemeinschaft und eine Gästegemeinschaft. Beide Pole gehören zum Kloster und können sich gegenseitig bereichern oder behindern.[18] Wie sich die Ordensgemeinschaft zur Gästegemeinschaft verhält, zeigt, wie sich das Kloster im Verhältnis zur Welt begreift. Ist die durch die Gäste präsente Welt ein Störfaktor, den man aus finanziellen Gründen duldet, oder integraler Bestandteil der klösterlichen Berufung?

Die Gäste kommen ins Kloster in der Hoffnung, hier ein „Widerlager" zum eigenen Alltag zu erfahren. Sie schätzen

18 Oft merkt man schon beim Empfang, wie die Weichen vor Ort gestellt sind. Wenn Gäste in der Klosterkirche mit dem Hinweis begrüßt werden, dass sie nicht mitsingen sollen, falls sie die hohe Kunst des Chorgesanges nicht perfekt beherrschen, so werden die Gäste als Störfaktor eingeordnet und von der Klostergemeinschaft ausgeschlossen.

diesen Ort, weil er gerade in seinem Widerspruch in Verbindung zu anderen weltlichen Orten steht. Während gesellschaftlich beispielsweise Lautstärke, Schnelligkeit und Verzettlung vorherrschend sind, zählen im Kloster die Macht leiser Worte, Entschleunigung und Konzentration. Indem Gäste dies suchen, setzen sie auf die heterotopische Macht des Reich Gottes, das sich im Kloster zu verkörpern verspricht. Hierin liegt die Antriebskraft, die so viele Menschen heute ins Kloster bringt. Heilserwartungen durchziehen ihre Zeit im Kloster: „erholen – begegnen – heilen“ lautet das Motto in Arenberg. Die Erwartung, dass es im Kloster anders zugeht als im Mainstream der Gesellschaft, eröffnet neue Erfahrungsräume.

Ob ein Kloster die Chance des Heterotopischen nutzt, zeigt sich auch innerhalb der Gästegemeinschaft. Hier treffen Gläubige und Zweifelnde, religiös Verwurzelte und Vagabundierende, Entschiedene und Suchende zusammen. Menschen unterschiedlicher Herkunft und Milieus, die sonst nichts miteinander zu tun haben, können hier in Beziehung treten. Ungewöhnliche Konstellationen ergeben sich, besondere Kräfteverhältnisse werden wirksam, außerordentliche Erfahrungen ereignen sich. Der Charakter des Andersortes ist wirksam, wo soziale Schranken nicht trennen, obwohl dies gesellschaftlich der Normalfall ist. Eventuell weiß man, wer unter den Gästen in der Wirtschaft eine Schlüsselposition innehat oder im Handwerk tätig ist, wer als Professorin an einer Universität arbeitet oder Priester in einer Gemeinde ist. Aber die Bedeutung dieser Differenzen, die andernorts trennend sind und zur Abgrenzung führen, ist hier relativiert. Hier kann jede mit jedem sprechen oder auch schweigen. Die grundlegende Verbundenheit aller Menschen vor Gott bestimmt an diesem Andersort die Ordnung der Dinge, ganz anders, als dies in Machtzentren wie Aufsichtsräten oder Ordinariaten mit ihren klaren Hierarchien überhaupt möglich ist.

Das Kloster gibt den Gästen Raum, um Erfahrungen zu erzählen, die ihre Worte noch nicht gefunden haben. Wo die Wirkkraft sonst üblicher Abgrenzungen außer Kraft gesetzt sind, erhält das Verschwiegene Raum. Daher kommt im Schutz des Klosters das zur Sprache, was andernorts unsäglich, aber wirksam ist. Das Verstummte kommt zu Wort, wird der Meditation und Reflexion zugänglich gemacht und kann so auf eine neue Spur gebracht werden. Im Sprechen und Schweigen rückt vor Augen, was in den gesellschaftlich vorherrschenden Diskursen ausgeschlossen ist – sei es in den Exerzitiengesprächen, beim Mittagessen oder beim Spaziergang mit anderen Gästen. Die Zwänge des Alltags werden sichtbar, aber auch die Handlungsfreiheit, die Menschen in dieser Bedrängnis immer noch haben und welcher Wandel dennoch möglich ist. „Verrückte" Möglichkeiten zeigen sich nicht im Nirgendwo, sondern im Hier und Jetzt eines Klosters, das sein heterotopisches Potential zu nutzen versteht.

Führungskräfte ohne Thron – wo Ohnmacht zu Wort kommen kann

Eine markante Entwicklung der letzten Jahre liegt darin, dass Führungskräfte verstärkt Klöster aufsuchen und sie – anders als den Alltagsort Hotel – gezielt als Andersorte nutzen. Öffentlich wahrnehmbar ist dies in Münsterschwarzach oder im Benediktushof bei Würzburg. Aber auch das Dominikanerinnenkloster Arenberg wird von Führungskräften der katholischen und evangelischen Kirche sowie von Menschen außerhalb der Kirchen besucht. Die Rheinisch-Westfälische Kapuzinerprovinz hat in Münster eigens ein Institut für Kirche, Management und Spiritualität errichtet.

Dass Führungskräfte Klöster aufsuchen, die das Heterotopische im Verhältnis zur Welt gezielt platzieren, ist kein Zufall. Führungskräfte haben eine Machtposition inne und es wird von ihnen selbstverständlich erwartet, dass sie

Macht ausüben. Zugleich sind sie in undurchschaubaren Machtwirkungen verstrickt und machen selbst Erfahrungen von Ohnmacht. Ein Manager muss unter Umständen Menschen entlassen, denen er lieber eine bessere Position anbieten würde und obwohl er weiß, dass die Kündigung wahrscheinlich ins soziale Aus führt. Oder eine Managerin erhält die lange ersehnte Führungsposition und stellt dann fest, dass die Firma finanziell auf tönernen Füßen steht. Hier üben Manager/innen Macht aus, erfahren aber zugleich tiefgreifende Ohnmacht. Der Weheruf des Evangeliums über die Mächtigen hat sie längt erreicht. In ihrer alltäglichen Arbeit jedoch, die nach einer machtorientierten Ordnung der Dinge funktioniert, darf Ohnmacht nicht benannt werden. Eine Standardfrage im Bewerbungsverfahren von Führungskräften heißt heute: „Wieviele Mitarbeiter/innen haben Sie schon persönlich entlassen?" Wer dem Vorstand oder dem Aufsichtsrat eigene Schwächen zeigt, stellt sich selbst als Führungskraft in Frage.

Im Gegenüber zu diesen machtbesetzten Orten ist das Kloster von einer anderen Ordnung der Dinge geprägt. Für die Gäste treten Machtfragen zurück, Verstrickungen können sich lösen. Denn hier wird ein Freiraum eröffnet, wo Ohnmacht sich gefahrlos, aber nicht folgenlos zu Wort melden kann. Angesichts der Allmacht, die Gott allein zukommt, können Machtfragen im Kloster quer zu sonst vorherrschenden Denk- und Machtmustern erörtert werden. Führungskräfte erfahren, dass eine eigene Macht darin liegt, Ohnmacht zu benennen – und können mit dieser Erfahrung vielleicht auch in der eigenen Führungsarbeit anders argumentieren und agieren.

Armut bewegt – neue Kooperationen, überraschende Vernetzungen

Die Verortung von Klöstern als Andersorte in der Welt führt heute zu neuen Kooperationen und überraschenden Vernetzungen. Ideen zur kreativen Fortschreibung der je spezifischen Ordenstradition sind gefragt, und es werden Menschen auch außerhalb des Klosters gesucht, die in wegweisenden Projekten mitmachen. Ebenso führt der umgekehrte Weg: für pastorale Projekte, die in Gemeinden, Dekanaten und Bistümern durchgeführt werden, ist es ein großer Gewinn, ein Kloster zu finden, das selbst mit dem Thema verbunden und daher zur Kooperation bereit ist. So können auch andere von jenem Freiraum profitieren, den dieser Andersort eröffnet. Klöster sind ideale Orte für Pastoralteams oder Führungsgremien in Ordinariaten, die Inspiration suchen und daher die gängigen hierarchischen Machtmechanismen durchbrechen wollen. So können innovative Pilotprojekte angestoßen und gemeinsam durchgeführt werden. Wenn sich Klöster gezielt als Heterotopie des Reich Gottes verorten, werden immer mehr Kooperationspartner/innen auch von außerhalb der Kirche auf Klöster zugehen.

Eine wegweisende Spur verfolgen Klöster, die sich den aktuellen Fragen der Armut stellen. Da die Armut zu den drei evangelischen Räten gehört und schon in der Ordensgeschichte immer wieder zu Debatten, Reformen und Neuausrichtungen geführt hat, bieten Klöster traditionell einen Diskursraum für Armutsfragen. Dieser Raum kann heute, wo Armut in bedrängender Weise zunimmt und nach wie vor als verschämte Schande gilt, neu genutzt werden. Das Kloster St. Scholastika in Dinklage führt eine „Martinsscheune", wo Menschen in Bedrängnis Zuflucht finden – und die Menschen und Themen dieses Ortes wirken auf die Spiritualität des Klosters zurück, z.B. in dem täglichen Friedensgebet. Die Oberzeller Schwestern in Würzburg wenden sich im Rückblick auf ihre Gründerin Antonia Werr jenen Frauen zu, die heute unter die Räder der Wirtschaft oder in die Mühlen der Migration geraten sind. Die Missionsärztlichen Schwestern gehen in die Brennpunkte Berlins und fragen danach, wo Gott in Marzahn präsent ist und was er dort zu sagen hat. Ganz selbstverständlich kooperieren die

Ordensschwestern in diesen Projekten mit säkularen Institutionen, denn sie wissen, dass sie über Ressourcen verfügen, die z.B. ein Arbeitsamt nicht hat – und umgekehrt. Sie antworten auf die Gefahr, dass Armut sich potenziert und immer weitere Lebensbereiche antastet. Welche spirituellen Ressourcen können Klöster anbieten, damit Menschen die Spirale der Armut durchbrechen und auch in Armut nicht nur überleben, sondern wirklich leben können?

In der Frauenpastoral sind Klöster heute beliebte Kooperationspartner. Eine Befragung im Herbst 2008 hat ergeben, dass 68 % der diözesanen Stellen für Frauenseelsorge mit Klöstern kooperieren. Wallfahrten und Pilgerangebote werden gemeinsam durchgeführt, Themen wie „Kunst für Klimaschutz“ oder das Exerzitienbuch Gertruds der Großen von Helfta werden gemeinsam bearbeitet. Die Internetexerzitien der Frauenseelsorge, die seit 2003 jährlich im November durchgeführt werden, erreichen mittlerweile mehrere tausend Frauen. Selbstverständlich wirken Ordensfrauen hier in der E-Mail-Begleitung mit, auch Benediktinerinnen und eine Karmelitin. Die Exerzitandin geht virtuell ins Kloster, wenn sie eine Mail an ihre E-Mail-Begleiterin schreibt oder von ihr eine Antwort erhält. Hier kann sie bedrängende Lebensfragen besprechen, die sie sonst vielleicht niemandem anvertraut. Und ihr offenbaren sich vielleicht neue Perspektiven, die ihrem Alltag neuen Schwung verleihen.

Bei der Nutzung des heterotopischen Potentials der Klöster müssen es nicht immer große Projekte sein, die öffentliches Aufsehen erregen, sondern auch kleine Projekte können sehr wirksam sein. So führt das Kloster Himmerod die alte zisterziensische Tradition der Urbarmachung und Landpflege heute im Naturschutz fort. In Umweltprojekten zum Thema „Schmetterlinge“ schafft es den Faltern neue Lebensräume und stärkt bei den Klostergästen das Engagement für die Bewahrung der Schöpfung. Hierfür nutzen sie die Kompetenzen, aber auch die Vernetzungen, die der Bund für Umwelt und Naturschutz ihnen zur Verfügung stellt. 2009 bot der

BUND im Rahmen eines „Schmetterlingsfestes" Vorträge und Aktionen auf dem Klostergelände an – und brachte Menschen mit, die sich sonst nie in Klosterwelten bewegen.

Ein Schwerpunkt bildet sich in der Neuorientierung von Klöstern in der Bewahrung der Schöpfung heraus. Neben Himmerod ist die Benediktinerinnenabtei Kloster Engelthal hierfür ein Beispiel, das in der Presse liebevoll „Öko-Kloster" genannt wird.[19] Es investiert viele Ressourcen an Zeit, Geld und Kreativität in die Umsetzung einer nachhaltigen energetischen Neukonzeption, die „ein unter Klima- und Umweltschutzaspekten vorbildlich saniertes bzw. neu gestaltetes Kloster" zum Ziel hat. Bildungsarbeit in ökologischer Hinsicht ist dabei inklusive, denn die Gäste des Klosters (etwa 5000 Übernachtungen im Jahre) werden aktiv in das Konzept einbezogen. Der Schwesterngemeinschaft ist es wichtig, vorhandene Ressourcen nicht eigensüchtig auszubeuten, sondern sie verantwortungsvoll mit anderen zu teilen.

Mit dem Schwerpunkt in der Bewahrung der Schöpfung antworten Klöster auf eine spezifische Form der Armut. Der rücksichtslose Ressourcenverbrauch der Menschen führt zu einer Verschmutzung und Vergiftung von Wasser, Luft und Erde und setzt eine Spirale der Gewalt in Gang, die immer mehr Leben auf der Erde vernichtet. Während es mit dem rapiden Aussterben von Tieren und Pflanzen begann, sind längst Lebensräume von insbesondere armen Menschen, aber auch niedrig liegende Inseln wie die Malediven betroffen. Wenn ein Kloster in Deutschland einen ökologischen Schwerpunkt setzt, so setzt es damit ein Zeichen gegen den ausbeuterischen Zugriff von Menschen auf die Lebensressourcen der Natur, der in konsumorientierten Gesellschaften global vorherrschend ist. Es lässt sich bewegen von der Armut, den dieser Zugriff erzeugt, und zeigt zugleich, was auch Einzelpersonen und Gemeinschaften gegen die ausge-

19 Weitere Informationen unter www.abtei-kloster-engelthal.de.

löste Spirale der Gewalt tun können. Denn auch dies ist ein Vorteil von Heterotopien: sie können nicht utopisch gleich die ganze Welt verändern, aber sie tun etwas Anderes, Zuwiderlaufendes an diesem konkreten Ort.

Klöstern kommt die bemerkenswerte Eigenschaft zu, potentiell in Beziehung zu allen anderen Orten der Welt zu stehen. Entscheidend ist, wie sie sich zu ihnen verhalten in Widerspruch und Zustimmung, in Abgrenzung und Kooperation. Sie scheitern, wenn sie mit Heilsversprechen locken, die sie nicht halten können. Aber sie schreiben christliche Gravuren in die Gesellschaft ein, wenn sie ihren Charakter als Andersort in den Dienst des Reich Gottes stellen. Der derzeitige drastische Rückgang von Ordensmitgliedern ist schmerzlich. Aber auch hier gilt, was Thomas Merton sagt: „Der Todeskampf kann ein Kampf um das Leben sein, eine neue Geburt. Man könnte manchmal versucht sein, die gegenwärtige Krise als endgültige Krankheit zum Tode zu betrachten. Vieles weist tatsächlich in diese Richtung. Sie kann aber auch die Geburtswehen einer neuen Welt sein. Darauf hoffen wir."[20] Wenn es Klöstern gelingt, ihren Charakter als Andersort des Reiches Gottes zu profilieren, ohne Utopien anheim zu fallen, dann bringen sie Perspektiven des Evangeliums kirchlich und gesellschaftlich überraschend ins Spiel. Und man kann gespannt sein, welche Initiativen, Projekte und Kooperationen hieraus in den kommenden Jahren erwachsen werden.

20 Merton 1986, 307

Genius loci – oder: Vom Geist des Klosters als ganz anderem Ort

Michael Hochschild, Paris

Deutschland ist anders als Frankreich. Paris auch. Ganz Frankreich ist sein Vorort. Gehört Deutschland nun dazu – zur französischen Provinz? Oder ist es ein Unort, weil selbst die Vororte an der Grenze enden? Es ist natürlich weder ein Unort noch sein Vorort, sondern ganz einfach ein anderer Ort. Für Franzosen wie für Deutsche und für beide jeweils anders. Das ist nur ein Beispiel, im europäischen Zeitalter politisch mithin reizend nichts-mehr-sagend, dafür, dass das Verständnis von etwas an die eigene Grenze stößt und dann wie eine Spirale in sich selbst zurückläuft, ein Zentrum schafft und die Frage offen lässt, wie anders das Andere sein muss, damit es nur anders und nicht unmöglich ist. Ein unmöglicher Ort, der existiert, ist ein Unort; er ist auf seine Weise anders als ein ganz anderer Ort, nämlich vergleichbar und nicht originell, etwa keine Bedeutungskuppel oder Anspielungsgewölbe von überirdischer Schönheit, beispielsweise eine uniformierende shopping-mall oder entsprechende gläserne Transiträume (wie aktuelle Bahnhofsarchitekturen demonstrieren), seelenlos, lieblos, bestenfalls eine Perfektion des Lapidaren, keine Frage der Aufmerksamkeit. Die Kraft eines ganz anderen Ortes liegt in der Unbestechlichkeit des Auges, das wahr-nimmt, einen Erfahrungs- und Anschauungsraum gebiert,[1] so dass

1 Erkenntnistheoretisch dafür grundlegend Immanuel Kant, KrV B 38 und 323; soziologisch thematisiert von Georg Simmel, *Der Raum und die räumlichen Ordnungen der Gesellschaft*, in: ders., *Soziologie*, Frankfurt a.M. 1992, 686: „Nicht der Raum, sondern die von der Seele her erfolgende Gliederung und Zusammenfassung seiner Teile hat gesellschaftliche Bedeutung." Und a.a.O., 689f ex-

der Ort nicht von (gesellschaftlichen bis ökonomischen) Bedeutungen gefesselt, von profanen Interpretationen erdrosselt wird, sondern sich öffnen kann für eine ganz andere Erfahrung der Beheimatung – wie in einem Kloster, einem Fels im Meer der Ortlosigkeit unechter Schauplätze, ein Ort des Wissens um die conditio humana.

Wenn heute also im Blick auf spirituelle Orte von ihrer Andersheit gesprochen wird, könnte eine gewisse emblematische Zurückhaltung bezüglich des Gedankens der Heterotopie nicht schaden, weil die dafür zu unterstellende Sinnmimikry erstens im Hinblick auf den Unterschied von Unorten und ganz anderen Orten nicht zu halten und zweitens für letztere auch nicht wünschenswert ist, vereinnahmt zu werden, ihre offenen Sinnhorizonte zum Preis ihrer gesellschaftlichen Vergleichbarkeit einzuschließen.[2] Insofern ist es lohnenswert, sich zunächst einer Logik des Ortes rückzuvergewissern, um dann in einer Sozio-Logik zu sehen wie anders das Kloster als anderer Ort ist.

I. Logik des Ortes

In der Soziologie herrscht zurzeit oft die Meinung vor, die realen Räume, die realen Städte, wie wir sie bisher kannten, würden in der digitalen Moderne überflüssig werden. In ei-

plizit auf Kant beziehend. Individualisierungsspezifisch nochmals zuspitzend E., Mach, *Erkenntnis und Irrtum*, Leipzig 1917, 586: „Jeder hat seinen besonderen Anschauungsraum; der geometrische Raum ist gemeinsam. Zwischen dem auch physikalischen Erfahrungen enthaltenden metrischen Raum müssen wir scharf unterscheiden."

2 Die Idee der Heterotopie wird zur Zeit gerne zur Beförderung eines hochidentischen Ortes von Kirche im allgemeinen herangezogen, zumeist eingespeist durch eine modische Rezeption von Foucault, wie sie früher bei Habermas und Luhmann der Fall war. Man benutzt den Begriff von daher in philosophischer Lesart, achtet aber zu wenig auf seine soziologische Lesart, bei der Unorte (ohne eigene Identität) zu Recht gesellschaftliche Heterotopien genannt werden; für eine Identitätsarbeit der Kirche vor Ort kontraproduktiv. Siehe Helmut Willke, *Hetereotopie*, Frankfurt/M. 2003.

ner Welt voller Datenleitungen und Chatrooms gebe es keinen Bedarf mehr für so altmodische Dinge wie Straßen und Plätze. Es komme nicht mehr darauf an, wo sich jemand aufhalte, ob in New York oder in Timbuktu, Hauptsache, er verfüge über ein Mobiltelefon und einen Internetanschluss. Die Bedeutung des Ortes sei überwunden, und damit die Bedeutung des Raumes ebenfalls, lautet die Diagnose.

Doch das ist nur ein Teil der Wahrheit. Denn je stärker die Fliehkräfte der Gesellschaft werden, je mehr die Menschen unterwegs sind und je entwurzelter sie sich fühlen, desto stärker wird das Bedürfnis nach Bauten, die das Bedeutsame des einzelnen Ortes überdeutlich markieren und das Moment des Räumlichen kraftvoll erfahrbar machen. Seitdem das Gefühl für den realen Raum schwindet und New York und Timbuktu tatsächlich Nachbarn zu sein scheinen, kommt es vielen Menschen so vor, als würden sich die einzelnen Städte immer ähnlicher – überall dieselben Boutiquen und Kaufhäuser, dieselben auswechselbaren Fassaden. Umso größer wird das Verlangen nach dem Authentischen und Unverwechselbaren. Kurzum: nach einer Architektur, die herausragt aus dem Gleichförmigen, einem Ort der ganz anders ist, der von der Welt entrückt scheint und eigen ist. Globalisierung stellt insofern durchaus die Möglichkeit des „lokalen Einwohnens"[3] bereit.

Aber worin? Vielleicht in sich selbst – als Mensch? Ortsnah? Trotz eines nahezu vollständig homogenisierten Raumes, trotz quasi totaler Vernetzung macht das Lokale dabei sein Recht geltend. Dass das Leben sich in zunächst einmal begrenzten Räumen und Nachbarschaften abspielt, die auch die Globalisierung nicht zersetzen kann, wirkt insofern als anthropologisches Faktum: Leben lernen heißt, an Orten sein lernen. Diese elementare Situiertheit gehört zur Infrastruktur des Werdens des Menschen als sozialem We-

3 Vgl. Peter Sloterdijk, *Im Weltinnenraum des Kapitals*, Frankfurt a.M. 2005

sen. Bestenfalls kann ein Ort dann zu einer inneren Landschaft werden, damit auch die Fantasie, das Träumen und Wünschen vom Leben, diesem Ort vertraut, ihn zu seiner Bühne macht. Aber auch schlechtestenfalls wird der Ort zum Stimmungsträger, wenn nämlich an einem Unort erst gar keine aufkommt, wenn in seiner Szenerie Uniformität und Sterilität außen wie innen vorherrschen, wenn ein Ort nicht einmal zur Wunderkammer des Seltsamen (gleichsam utopisch) taugt, sondern nur noch Gemeinplatz des Banalsten ist – das er ist.[4] Das ist wenig und hat durchaus auch konzeptionelle Gründe, die für eine solche Wahrnehmung sprechen.

Jedenfalls spielte die Kategorie des „Ortes" lange keine besondere Rolle in der Entstehung der westlichen Philosophie. Verständlich, dass Kant die Kategorie „Ort" fallen ließ; die war auch in der aristotelischen Kategorientafel kein attraktiver Posten. Platon dachte den Ort sogar als irreal, als ein Nichts. Auch sonst ist der „Ort" in der Philosophie zu wenig Ansehen gekommen. Im Abendland besteht die Neigung, ihn als bessere Art von „Stelle" und zudem eher beiläufig zu behandeln. Ganz anders ist das im Konzept der Heterotopie auch nicht. Foucault zeigt erst im Rahmen seiner philosophischer Metabeobachtungen der Moderne z.B. mit dem Friedhof auf andere als gewöhnliche Orte der Lebenswelten, genauer gesagt: Gegenorte.[5] Zumindest darin verwandt mit der Utopie, für die ebenso gilt, dass die jeweilige Sinnleistung für diese Welt aus einer je anderen stammt. Vielleicht kommt von daher der aktuelle Rezeptionserfolg dieses philosophischen Konzeptes der Heterotopie in Bereichen der theologischen Diskurse: es reagiert zwar auf das Säkularisierungsbewußtsein, die Entleerung aller utopischen Vorstellungskräfte, aber verleiht dem faktischen

4 So Marc Augé, *Non-Lieux*, Paris 1992.

5 Vgl. Michel Foucault, *Dits et écrits*, t IV, «Des espaces autres», n° 360, 752-762, Paris 1994.

Ort (der Kirche) ganz nebenbei seine frühere Bedeutung als Gegenwelt. Gewiss gibt es Orte, die aus der Differenz in dieser Welt zu ihr zu verstehen sind, wenn z.B. auf öffentlichen Marktplätzen demonstriert wird. Aber deshalb wird man nicht im Sinne dieser Logik des Ortes eine Benediktinerabtei mit einer gesellschaftlichen Protestbewegung zum Erhalt des arbeitsfreien Sonntags vergleichen oder sie gar als solche beschreiben wollen und Umgekehrtes schon erst recht nicht. Es bleibt eine Restdifferenz zwischen anderen Orten und ganz anderen Orten, schon innerhalb dieser Ortslogik. Diesem ganz anderen Ort widmet sich insbesondere der Begründer der modernen japanischen Philosohpie Kitaro Nishida auf philosophische Weise, sozusagen noch diesseits aller soziologischen Lebensweltanalysen solcher Orte, die hier im anschließenden Kapitel folgen. Für ihn ist der Ort als Ort der erste und letzte Ort, der Ort des Erlebnisses selbst, der Ort, der allem Seienden seine Existenz gewährt, kurzum: der Ort, der auf einen religiösen Ursprung der Wirklichkeit hinausweist.[6] Solchen Orten schreibt Nishida eine „eschatologische Alltäglichkeit“ zu, eine besondere Art Realität (als intentionaler Gegenstand des Wahrnehmungsaktes), deren Ziele im Unendlichen liegen,[7] die das eingeschlossene Sein zerbricht,[8] anders ausgedrückt: Orte, mit der Fähigkeit Sinnhorizonte zu öffnen („Ideen aufzunehmen“), ohne die Lebenswelt dafür fliehen zu müssen. Orte, an denen Geschichte, Zeit und die (Mit)Welt erlebbar, die ganzen Veränderungen des Lebens gesehen werden – als Ort der (eigenen) Wahrheit, der sich mit seiner Wahrnehmung selbst erfüllt.[9] Für den einen oder anderen Zeitgenossen wird der Friedhof vielleicht ein solcher Ort sein. Wer aber glaubt, dort

---

6 Siehe Kitaro Nishida, *Logik des Ortes*, Darmstadt 1999, 72-139.

7 Vgl. a.a.O., 114.

8 Vgl. a.a.O., 125.

9 Vgl. a.a.O., 82.

leben zu sollen, hat mindestens etwas falsch gemacht. Er verwechselt die Welt und täuscht sich im Leben. In einem Kloster ist das schon ganz anders. Erst recht heute.

II. Sozio-Logik des Klosters als ganz anderem Ort[10]

1. Vor Ort im Kloster von heute

Die Welt ist kein Kloster.[11] Dass es aber im Kloster von heute mitunter weltlich zugeht, dass z.B. (Aus-)Bildung und (Gast-)Wirtschaft betrieben werden, dass das Zusammenleben auch diesseits geistlicher Lebensordnungen vom Gruppenverhalten untereinander entscheidend abhängt, ist weder völlig neu noch angesichts der personellen wie wirtschaftlichen Überlebensfragen des jeweiligen Klosters unproblematischer als früher. Neu ist nicht, dass die Welt kein Kloster ist, aber die Klosterwelt erneuert sich heute – von innen und von außen. Deshalb muss man die soziale Topographie des Klosters zunächst einmal aktualisieren und dabei darauf achten, dass die neue Karte auch neue Wegeskizzen enthält, vor allem ihre Legende dazu passt. In diesem Sinne entsteht das Kartenmaterial auf Grundlage einer fürs Kloster eher ungewöhnlichen Unterscheidung zwischen der Evidenz des Expliziten und der Evidenz des Impliziten,[12] des

---

10 Siehe ausführlicher Michael Hochschild, *NeuZeit der Orden. Kursbuch für Himmelsstürmer*, Münster 2005.

11 Heutzutage eine beinahe banale Erkenntnis, die je nach Akzent mehr für das eine oder mehr für das andere spricht. Ausreichende Distanz zu diesem fragwürdigen Allgemeinplatz gewinnt man erst, indem man bei dieser Beobachtung nicht stehen bleibt, sondern von ihr ausgeht und beides im Blick behält. Man kann sich mit dieser aktuellen Forderung, angemessen zu beobachten, sogar auf historische Vorläufer berufen. Theodor Fontane, *Der Stechlin*, Stuttgart 1898, 586: „Aber unser Kloster ist nicht so aus der Welt, dass wir nicht auch Bescheid wüßten."

12 Diese Unterscheidung entstammt der zeitdiagnostischen Feder von Paul Virilio, *Der negative Horizont*, Frankfurt a.M. 1995, 15f und geht schon dort über die eingeschliffenen Sehen-und-Versteck-Spiele vermeintlicher Aufklärung hinaus.

ausdrücklich Religiösen und des dementsprechend beiläufigen. Weil heute beides offen zu Tage tritt, sich sozusagen die Klostertouristen weder vor den Exerzitiengruppen verstecken müssen noch hinter ihnen verbergen lassen, ist von Evidenz die Rede.

2. *Die veränderte religiöse Weltkarte: vom apostolischen zum kontemplativen Mehrwert des Christentums*

Neu ist heute nicht nur die Religionslandschaft unterschiedlichster, aber nahe beieinander liegender Anbaugebiete religiöser Sinnangebote, sondern das fundamentale Erleben dieser Raumaufteilung in der Welt – und nicht abgetrennt davon.[13] Neu ist, welchen Anlauf der Unterschied von Welt und Kloster nimmt und wie er sich anschließend auswirkt. Er entsteht im Zuge eines veränderten (Wahrnehmungs-) Schemas von Welt und Religion und wirkt von dort aus in die Welt des Klosters, vor allem des christlichen. Wenn Welt nicht mehr (als Ganze) in der Religion vorkommt,[14] sondern Religion sich unter den heutigen Bedingungen anhaltender Säkularisierung in der Welt ereignet, dann erklärt das en passant warum kontemplative Orden und Klöster heute eher Zulauf verzeichnen und apostolische stärker in die Krise geraten. Denn dann bedarf es in dieser Welt keiner

---

13 Grundlegend Jean-Pierre Bastian, Françoise Champion, Kathy Rousselet (Hgg.), *La globalisation du religieux*, Paris 2001. Bezüglich des veränderten Erlebens von Religion innerhalb der Welt geht es also um etwas Grundlegendes und nicht um die Frage, welchen Stellenwert nunmehr das Kloster in der sogenannten Erlebnisgesellschaft einnimmt. Es wäre uninteressant, wenn man wüßte zu welchem ästhetischen Rabatt die eine oder andere Ordensgemeinschaft bereit wäre, um ihr Überleben zu sichern. So könnte man sich nur darüber informieren, wie und wie lange (noch) diese Selbstentfremdung als religiöse Lebenslüge funktioniert. Man würde das schwache Ereignis Religion auch dort in den Blick nehmen, wo das Kloster heute als starkes Ereignis gefragt ist, als eigensinniges Erleben der außeralltäglichen Art.

14 Symptomatisch dafür Danièle Hervieu-Léger, *Catholicisme. La fin d'un monde*, Paris 2003.

qualifizierten religiösen Praxis, weil das ohnehin religiöser Normalfall ist. Entweder ist man religiös, dann praktiziert man seine Religiosität automatisch in der Welt –oder man ist es nicht, dann bedarf es auch keiner gesteigerten Qualifikation. An die Stelle des apostolischen Mehrwertes christlicher Religion tritt der kontemplative: Ich suche mir meine Welt (meinen Orden, mein Kloster auf Dauer oder Zeit oder nur zum anspruchsvollen Kurzbesuch), in der Religion vorkommt und überblende den Rest. Kontemplation gerät zur religiösen Nische von Weltrang. Die einstweiligen Folgen sind paradox: apostolische Orden besinnen sich auf ihr spirituelles Erbe, kontemplative Orden unterhalten Gästehäuser und verzeichnen diesbezüglich ein reges Interesse an sämtlichen Fragen zur modernen Lebensführung.

In der Welt des Klosters von heute kommt es – sozusagen von Außen, also gesellschaftsbedingt – zur Neuauflage von „ora et labora", jedoch unabhängig von dieser traditionsreichen Ordensregel und auch außerhalb ihres angestammten benediktinischen Wirkkreises. Interessant ist, dass man heute nicht das eine tun und das andere unterlassen kann, dass die religiöse Öffnung nach außen eine Identitätsvergewisserung nach innen voraussetzt und ohne spirituelles Zentrum religiöser Virtuosen keine soziale Peripherie entsteht, mit der man vielleicht zusammen betet, auf jeden Fall aber sich für sie öffnet und zur weltlichen Mehrarbeit im Zeichen des geistlichen Mehrwertes bereit ist. So entsteht mit dem Kloster von heute die Öffnung eines einstmals geschlossenen Raumes, der nun zur „Weltanverwandlung",[15] genauer gesagt: zur nicht-irreversiblen Interpretation von Welt und damit zur zeitabhängigen Perspektivveränderung taugt und in dieser Weise zunehmend genutzt wird, sei es vorübergehend oder dauerhaft, sei es explizit in der „Neigung zum Unendlichen" oder sei es implizit in Form eines

15 Eine begriffliche Leihgabe der Lyrik von Friederike Mayröcker, *Mein Arbeitstirol*, Frankfurt/M. 2003.

sanften Religionstourismus. Im Kloster von heute verlaufen mehrere Spuren nebeneinander und kreuzen sich bisweilen. Deswegen lohnt es sich zunächst die Spur der Spur möglichst breit aufzunehmen, um von dort die Öffnung der Sinnhorizonte ins Auge zu fassen, die das Kloster alten wie neuen Sinnsuchern bietet. Weil sich für sie sozusagen der Himmel auf unterschiedliche Weise auftut, werden Verabredungen mit Gott zwar wahrscheinlicher, aber zumindest zum Teil wahrscheinlich auch unkonventioneller, insgesamt gesehen: persönlicher, interessanter – kurzum: anspruchsvoller als an herkömmlichen Orten des christlichen Gemeindelebens, wo man wechselseitig weiß, was man voneinander erwartet: wenig. Im Kloster von heute muss man daher beim Rendezvous mit Gott immer auch mit einem blind date rechnen. Das führt automatisch zu diesbezüglich gesteigerter Aufmerksamkeit, bei dem der sich verabredet, aber auch dem, der ihn (als Theoretiker z.B. durch die Brille seiner Kirchensoziologie wie in diesem Fall) beobachtet, um zu sehen, wie man sehen muss, wenn man es dort tut. Was daraus wird, entscheidet sich wie immer beim Rendezvous erst im Anschluss: dann, wenn sich beim Betreffenden Religion als Passion ereignet statt für ihn zur Mission zu geraten. Diese Folgen des Rendezvous werden hier jedoch noch nicht fokussiert. Der Blick richtet sich auf dessen Entstehungszusammenhang.

3. Der Accesoiremaximalismus: eine kleine Phänomenologie des Seelenstaus

Das Wort Kloster und seine Entsprechungen im Latein und in den jeweiligen Volkssprachen wurde im ganzen Mittelalter und wird vielfach auch in der Gegenwart sehr unscharf angewandt. Gemeint sein kann ein klösterlicher Gebäudekomplex, ein Kirchenbau, aber auch eine klösterliche Gemeinschaft; kurzum: Architektur (beziehungsweise Kunst), Religion oder Geselligkeit (beziehungsweise deren Askese). Der Terminus garantiert eine Mehrdeutigkeit in der Sache, die der Vieldeutigkeit seiner heutigen Resonanz entgegenkommt. Ins Kloster zu gehen ist nicht mehr zwingend gleichbedeutend mit dem rigorosen Auszug aus der Welt,[16] seine Besucher schätzen es z.B. nicht nur aus streng religiösen Motiven, sondern auch aus künstlerisch-architektonischen und nicht zuletzt wegen seiner familiären Atmosphäre der jeweiligen Gemeinschaft aus sozialen Motiven.

Wen was in welches Kloster wie lange führt, kann höchst unterschiedlich sein, ohne unmittelbar im Miteinander vor Ort problematisch zu werden. Dafür sorgt die in Stein und Schrift verfaßte Ordnung des Klosters, das nach einem Modell konzentrischer Kreise zugleich ausreichend Nähe und Distanz im Umgang miteinander schafft. Unstrittig ist sein Rang als geistliches Zentrum für religiös Musikalische, deren hohe Repräsentanten als Mönche oder Nonnen im Zentrum des Klosters nach eigenen Regeln leben und denen, die sich bei entsprechenden Gelegenheiten dazu gesellen wollen, die Möglichkeit geben, ohne denen, die anderes im Sinn haben, dieselben Regeln aufzuerlegen. Je nachdem, wer was im Kloster sucht, findet in der vorgegebenen Ordnung einen Orientierungsrahmen, der von der Tisch- über die Gebets- bis zur Lebensgemeinschaft reicht und der jeweiligen persönlichen Entscheidung und Gestaltung obliegt. So kommt es zur unterschiedlichen symbolischen Aufladung des Klosters. Was für den einen Nebensache ist (etwa die Kunst, die Stille oder der Nahkontakt mit den jeweiligen Ordensangehörigen), gehört für den anderen zur Hauptsache. Der unterschiedliche Zugang bestimmt unterschiedliche Wertigkeiten – und umgekehrt. Auf einen Begriff gebracht: es

---

16 Insofern kann sich eine aktuelle Religionskritik zumindest im Blick auf das Kloster nicht mehr auf Karl Marx, *Die heilige Familie oder Kritik der kritischen Kritik*, Frankfurt/M. 1845, 364 berufen, wo dieser mit Beispielen und in Bezug auf Goethe deutlich machte, dass ins Kloster zu gehen nur bedeutete, der Welt abzusterben.

herrscht Accesoiremaximalismus. Und zwar nebeneinander wie untereinander. Im jeweiligen Klosteraccesoire, der für den Betreffenden schönsten Nebensache dieser Welt, steckt sein accès, der persönliche Zugang zum Kloster als Erinnerungsort seiner selbst.[17] In diesem Sinne sucht z.B. der künstlerisch Interessierte nach der Befriedung seines ästhetischen Gemüts und der religiös Motivierte nach intensiver Begegnung mit dem Göttlichen. So gesehen ist das Kloster mehr als ein künstlerischer Erinnerungsort für die einen und ein religiöses Gedächtniszentrum für die anderen (oder Familienersatz für dritte), selbst wenn es das immer auch schon ist. Es ist ein Ort der Begegnung mit sich selbst und will heute auch zunehmend so verstanden werden.

Dass solche Orte der unprätentiösen und soliden Selbsterfahrung genauso rar wie nötig sind, erklärt die Rückkehr des Verdrängten: der öffentlichen Wahrnehmung des Klosters, ja seiner wiederentdeckten Faszinationskraft. Denn dass man dem Kloster künstlerisch interessiert begegnen kann, erklärt ja noch nicht hinreichend, wie man überhaupt darauf aufmerksam wird. Kunsttheoretisch ambitionierte Klosterführer gab es auch in der vorangegangen Zeit, in der man seine ästhetischen Ansprüche andersartig befriedigte, z.B. aus Burgund nach Paris fuhr, um sich im „Musé Cluny" seine heimatliche Sakralkunst anzuschauen. Weil daraus mittlerweile Sinnansprüche geworden sind,[18] ist das Kloster sozusagen von doppeltem Interesse. Man kann sich dann auf diskrete Weise mit sich beschäftigen, ohne es sich (oder anderen) eingestehen zu müssen und erst recht ohne wie

---

17 Eine Spur für diese Thematisierung findet sich bei Heinz-Dieter Heimann, *Brandenburgische Zisterzienserklöster als „Erinnerungsorte" heute: Bemerkungen und Perspektiven zum Umgang mit nicht nur mittelalterlicher Kloster-, Ordens- und Kirchengeschichte*, in: Das geistliche Erbe (2003) 109-126.

18 In seiner im Stile der negativen Theologie gehaltenen Sakramententheologie weist Hans-Joachim Höhn, *spüren. Die ästhetische Kraft der Sakramente*, Würzburg 2002, 29-42 auf diesen wiedergewonnenen Sinnzusammenhang deutlich hin.

üblich dabei unter Druck zu geraten, für Selbsterkenntnisse zunächst zu sorgen und sie dann entsprechend der eigenen Formatierungsgewohnheiten verwerten zu müssen. Die beiläufige Selbstbegegnung entlastet von solchen Problemen herkömmlichen – und das heißt nicht zufällig: alltäglichen Selbstentwurfs und macht z.B. Kunst auf außeralltägliche Art zum hochpersönlichen Ereignis.

Die ganze Psychologie der (Wieder-)Annäherung an das Kloster folgt einer verborgenen Logik der „unsichtbaren Sammlung",[19] der man mittels einer kleinen Phänomenologie des alltäglichen Steckenbleibens näherkommen kann. Denn das dazugehörige Phänomen betrifft die alltäglichen Staumeldungen eines verzweckten Daseins und lautet folgendermaßen: Man steckt mit anderen im Seelenstau, bemerkt es tagein tagaus an den unvermeidlichen Rollenkonflikten enerviert und versucht seither vergeblich erfolgreich die Spur zu wechseln.[20]

Die entscheidende Frage lautet deshalb: Wohin ausweichen? Jeder weiß, dass im Alltagsstau Entlastungsstraßen nicht halten, was sie von ihrem Namen her versprechen, weil sich alle das Gleiche davon erwarten und man sich unversehens auf neuen Straßen mit den alten Problemen konfrontiert sieht, sich nämlich mit seiner neu gewählten Teilidentität nur ein weiterer Schauplatz des Rollenkonflikts

---

19 Nicht im Sinne des Themas der Leidenschaft eines blinden Kunstliebhabers für seine inexistente Bildersammlung, sondern seiner Psychologie der eindrücklichen Selbsterfahrung des mit der Sammlung und ihrem Sammler konfrontierten Gastes von Stefan Zweig, *Die unsichtbare Sammlung*, Leipzig 1977.

20 Im Ereignis eines Geburtstages verpackt Ingeborg Bachmann, *Das dreißigste Jahr*, in: dies., *Sämtliche Erzählungen*, München 2003, 98 einen diesbezüglich schonungslosen Staubericht: „Man geht, sowie man eine zeitlang an einem Ort ist, in zu vielen Gestalten, Gerüchtgestalten, um und hat immer weniger Recht, sich auf sich selbst zu berufen. Darum möchte er sich [das Geburtstagskind; Anm. d. V.] von nun an und für immer, in seiner wirklichen Gestalt zeigen. Hier, wo er seit langem seßhaft ist, kann er nicht damit beginnen, aber dort wird er es tun, wo er frei sein wird."

eröffnet.[21] Wohin immer man gerade ausweicht, bildet der Stau unvermittelt einen neuen Zwangsstillstand aus und schließt mich ein. Raserei und Stau sind die beiden gewöhnlichen Aggregatzustände der mobilen Gesellschaft und ihrer Mitglieder. Der Stauerfahrene weiß insofern, dass sein Alltagsschicksal kein Ergebnis von psychosozialer Übermotorisierung oder besonders dichtem Verkehrsaufkommen ist. Im Gegenteil: Es wird vor allem durch unvermeidliche Bauarbeiten (an den sogenannten Lebenswenden und Untiefen der Existenz) ausgelöst. Und er weiß auch, was passiert, sobald er in einem Stau steckt. Im ersten Augenblick der erzwungenen Ruhe verlagert sich die Bewegung nach innen – leider nur nicht weit genug; man probt den Spurwechsel und wird angesichts der Aussichtslosigkeit des Unternehmens und des beibehaltenen Fahrtzieles und Termindrucks zunehmend nervös. So hechelt man von einem (künstlerischen, gesellschaftlichen, mithin sogar religiös-kirchlichem o.a.) event zum nächsten und entspannt sich erst, wenn man im zweiten Augenblick die Alternative für sich entdeckt: die aufgezwungene Ruhe als neues Lebensgefühl zu kultivieren und an einem dafür besonders verheißungsvollen Ort z.B. eines Klosters mit allen Sinnen seine Lebenskunst zu kultivieren oder mindestens Existenzzeichen dafür einzusammeln.[22] Statt die Spur und damit nur die Rolle zu wechseln, führt das dazu, dass man vom Alltag ins Au-

---

21 Eine unvermeidliche Problemanzeige: Von Seele zu reden ist heute wissenschaftlich ungebräuchlich, allenfalls historisch, vielleicht noch theologisch zulässig. An seine Stelle ist nicht zufällig ein Differenzierungsvokabular von Geist, Körper, Rolle, etc. getreten. Seitdem die moderne Bewußtseinsindustrie die dementsprechende Kontrolle über die inneren Erfahrungsräume ausübt, sind nicht nur die Träume heimatlos (weil zum Selbsterforschungsgegenstand) geworden, sondern auch die Zerstückelungsfantasien des Ich und seines Erlebens erschreckend vorangekommen.

22 Es geht freilich auch anders. Gottfried Keller, *Die Leute von Seldwyla*, Stuttgart 1874, 864 kannte drei Varianten, um „sich aus dem Staub des gemeinen Lebens zu erheben": ins Kloster oder zu den Freimaurern zu gehen oder in einen sonstigen Verein einzutreten. Heute versucht sich die Freizeitgesellschaft ohne Un-

ßeralltägliche ausschert, die Spur verlässt, um in der Regel zu einem späteren Zeitpunkt seine Reise fortzusetzen und geschickt wiedereinzufädeln. So verwundert es nicht, dass die religiösen Virtuosen des Klosters mithin zu Stauberatern werden und für diese Fälle auf das spirituelle Gedächtnis und das robuste Weisheitswissen ihrer angestammten (Ordens-)Tradition zurückgreifen, ja sogar mehr oder weniger ausdrücklich darum gebeten werden.[23] Weil das gleichermaßen für die besonders religiösen wie weniger religiösen Neigungsgruppen in der Peripherie des Klosters gilt, öffnen sich die Sinnhorizonte für die Unterschiedlichen auf unterschiedliche Weise an unterschiedlichen Stellen, letztlich jedoch mit gleichem Ergebnis: der Himmel tut sich ihnen auf. Genauer gesagt: die Himmel.[24]

4. „Die Himmel"

4.1. Von der Neigung zum Unendlichen: die Evidenz des Expliziten

Um im Kloster anzukommen, muss man nicht in die Kirche gehen – weder baulich noch sprichwörtlich gesehen. Was auch immer das Kloster für den einen wie den anderen bedeutet, es ist nicht-identisch mit der Kirche, ohne nicht Kir-

---

terlass an diesbezüglichen Ablenkungsmanövern von sich selbst und organisiert dabei doch nur sich selbst.

23 Exemplarisch siehe Leo Fijen, *Wie werde ich glücklich? Lebensweisheit aus dem Kloster*, Freiburg 2003.

24 Die Semantik des Himmels signalisiert an dieser Stelle mehr als eine poetische Steillage. Nach Charles Baudelaire, *Les paradis artificiels*, Paris 1961, 108 ist der Himmel der Ort aller Verwandlung; das heißt auch der der Öffnung der Sinnhorizonte wahrnehmbaren Weltanverwandlung. In seiner religiösen Bedeutung vom Himmel in der Mehrzahl zu sprechen ist im romanischen Sprachgebrauch üblich und im Hinblick auf die Erwartungshaltungen der verschiedenen Sinnsucher sogar realistisch. Dazu Johannes Pausch, *Such dir deinen Himmel: Auszeit im Kloster*, München 2003; für einen entsprechenden (am Plural orientierten) semantischen Wechsel in der Kirchensoziologie plädiert schon früh Friedrich Heer, *Christsein ist kein Hobby*, Freiburg 1959, 124ff.

che zu sein. Das Kloster ist keine Kirche und richtet sich erst recht nicht nach Maßgabe des Gemeindelebens einer Pfarrei aus. Es ist anders, ohne völlig fremd zu werden. Darauf kommt es bei den religiösen Neigungsgruppen an.

Als geistliches Zentrum ist sein religiöser Grundton freilich nicht zu überhören. Aber die Tonlage ist von Kloster zu Kloster, allgemeiner gesprochen: von Orden zu Orden verschieden. Das gibt ihm (und der christlichen Botschaft) Profil und führt natürlich zu unterschiedlichen Resonanzen. Wer z.B. heute als religiös Musikalischer für benediktinische Tonlagen empfänglich ist, stellt selten zugleich eine carmelitische Resonanzfähigkeit bei sich fest – und umgekehrt. Um ein Kloster religiös besonders Musikalischer entstehen Neigungsgruppen bestimmter Tonlagen. Sie sind in der Lage und willens auf der Wellenlänge zu empfangen, auf der dort gesendet wird. Dieser Sachverhalt markiert in mehrfacher Hinsicht den Unterschied zwischen klösterlichem und kirchlichem, genauer: pfarrlichem Gemeindeleben. Hier gibt es Sender und Empfänger, in der Regel zwar nur auf einer Frequenz aber dafür im Weltformat (einer Ordensgemeinschaft und ihrer oftmals von weither angereisten Sympathisanten). Dort gibt es Weltempfänger mit andauerndem Sendersuchlauf;[25] will sagen: wie eine Gemeinde auf einer Breitbandfrequenz zu senden, garantiert keinen besseren Empfang, ja nicht einmal eine größere Empfängerreichweite. Empfangsstörungen nehmen auch nicht dadurch ab, dass man – um im Bild zu bleiben – das Trägersignal zeitlich befristet, also die Sendezeit festlegt und begrenzt. In Frankreich deutet sich beispielsweise seit einiger Zeit eine massive Umverteilung zwischen neuen und alten

25 Auffällig ist, dass sich das bekannte Problem der pastoral versorgten, aber damit unzufriedenen Gemeinden im Kloster nicht wiederholt, obwohl zwischen Empfänger und Sender deutlich unterschieden wird. Liegt das etwa daran, dass eine Selbstinitiation (des Empfängers) in die entsprechenden Strukturen des Senders ein neues Gleichgewicht der jeweiligen Verantwortungsbereiche und -ansprüche schafft? Und wie sähe eine Selbstinitiation bei den Gemeinden dann aus?

Sinnsuchern auch insofern an, dass der Anteil der sonntäglich praktizierenden Christen ab- und der Anteil mehrtägiger, aber unregelmäßiger Aufenthalte neuer Pilgerbewegungen um Orte wie Citeaux zunimmt. Die Sendeleistung eines Klosters richtet sich zwar nicht nach dem Empfänger, aber sie kommt ihm entgegen, weil er sicher sein kann, dass, sobald er auf Empfang geht, gesendet wird – und sei auch nur in der Form beredten Schweigens (anstelle des hilflosen Schweigens vor leeren Kirchenbänken). Für die religiös musikalischen Neigungsgruppen wird das Stundengebet der Klostergemeinschaft insofern nicht nur als hochwillkommene Bereicherung ihrer gesteigerten Sinn- und Heilsansprüche in Anspruch genommen, nach denen sie (in Form und Zeit) im pfarrlichen Gemeindeleben oft vergeblich suchen, sondern es ist für sie auch ein Mittel zur Synchronisierung zweier unterschiedlicher Rhythmen: des eigenen und des klösterlichen. Man kann am selben Tag mehrmals ein- und ausscheren und sicher sein, dass gesendet wird, wenn man auf Empfang ist. Ansprüche aus den Empfangsleistungen ergeben sich daraus jedoch nicht. Wer wiederkommt, ist gerne gesehen – nicht mehr und nicht weniger. Seine Abwesenheit stört nicht während seine Anwesenheit als Bereicherung gilt. Das ist Freiheit, wie sie sich die Kinder dieser heutigen Zeit – auch die Christen – wünschen, um sich kennen zu lernen.

Und selbst in den Zwischenzeiten, ob nun zwischen den Stundengebeten vor Ort oder dem letzten und nächsten Klosterbesuch, es entstehen keine dürren Empfangspausen. Denn geistliche Kommunikation zu betreiben, ist die Lebensform der religiösen Virtuosen. Sie sind nicht auf reguläre Büro- und Sprechzeiten festgelegt und wo sie diese aufgrund ihrer klosterinternen Aufgaben doch kennen, greift die Klostergemeinschaft in der Regel zur diesbezüglichen Selbstverpflichtung und stellt dafür einen Ansprechpartner zur Verfügung (zumeist der Gastpater beziehungsweise die Schwester). Nicht zu unterschätzen ist auch die oftmals landschaftlich reizvolle Lage und ehrwürdige Architektur gerade traditionsreicher Klöster. Ihre Signalwirkung geht auch an denen, die in erster Linie der Religion wegen gekommen sind, nicht vorbei, sondern verhilft ihnen im Angesicht der übergroßen Tradition mehr, ja anders zu empfangen als sie zu hören gewohnt sind. Sie bereitet ihnen auf selbstverständliche Weise den Vorhof des Schweigens, durch den die meisten Neigungsgruppen nur allzu gerne in den Innenhof treten, um ihrer Neigung zum Unendlichen endlich freien Lauf zu lassen. In ihren geistlichen (Einzel- oder Gruppen-)Exerzitien machen sie sich auf die Suche, Gott in allen Dingen ihres Lebens zu finden, mit anderen Worten: auf die Öffnung ihrer Sinnhorizonte zu achten und z.B. im Angesichte des anderen himmelwärts zu schauen. Das macht sie übrigens zu Seelenverwandten derer, die aus weniger religiösen Motiven ins Kloster kommen. Für beide gilt, dass ihr Blick das Wohlwollen ihrer Seele ankündigt und von (momentaner) innerer Freiheit zeugt. Wenn man davon ausgehen möchte, dass dies mehr als die soziale Folge bestimmter Individuen im öffentlichen Austausch miteinander ist, dass es nämlich als „Beziehungszeichen“[26] zwischen entschiedenen und verschütteten Christen, zwischen religiös Musikalischen und Unmusikalischen in Frage kommt, müsste man der Frage nachgehen, wofür dieses Zeichen steht. Und dann könnte man überraschend zur Einsicht gelangen, dass die verschiedenen Bedeutungen des Einen geeignet sind der Kirche ihre stete Furcht um den Verlust ihrer Mitte auszutreiben.[27]

---

26 Ein grundlegender Modus der Interaktionsordnung moderner Gesellschaften nach Goffman, *Relations in Public*, New York 1971.

27 Womit sich Rickerts Fundamentalphilosophem vom differenten Sinn des Einen in Praktische Theologie übersetzen, ja sogar in pastorale Handlungsformate umsetzen ließe. Vgl. Heinrich Rickert, *Das Eine, die Einheit und die Eins*, Tübingen 1924.

Für das Ensemble seiner Lebens- und Kommunikationsbedingungen wird das Kloster auch dort geschätzt, wo es nicht aus primär religiösen Motiven um eine Selbsterfahrung des gehaltvollen Schweigens und Redens geht, nämlich im Umfeld jenes sanften Religionstourismus, der sich neuerdings bei Klöstern einstellt.

4.2. Naherholung im Fernen: die Evidenz des Impliziten

Man kann keine Kirche bauen, wenn man Gott nicht kennt. Die aktuellen Agenturen der gesellschaftlichen Wiederverzauberungsindustrien tun insofern gut, ihre Tempel beim Namen zu nennen: die gläserne „Autostadt" Wolfsburg (VW), „Kinopolis" oder noch anders. Ihre Verzauberungen sind kurzatmig und durch den Zweck diskreditiert, so erscheint es heute einer zunehmend größeren und diesbezüglich erfahrungsgesättigten Öffentlichkeit, die sich von ihren unheiligen Experimenten der 90er Jahre allmählich wieder distanziert. Sie weiß heute, was sie unter diesen Etiketten erwarten darf – und was nicht: Statt Wahrhaftigkeit zählt dort Professionalität. Wahr ist, was wirkt. Gefühlskalkül ersetzt Schöpfung. Markenzeichen schlägt Sinnzeichen. Was das Leben bereichern soll, wird zur Ideologie seiner Abwesenheit. Die profanen Weltfluchten sind mittlerweile durchbuchstabiert, ein zweiter Anlauf unergiebig.[28] Eine Weile konnte man die feil gebotene Leere für Tiefe halten. Heute gelingt das zunehmend schlechter. Denn die zwanghafte Jagd nach dem Lebendigen hat bei diesen Sinnsuchern oftmals nichts als das tote Innenleben hinterlassen.

Aber auf der Asche ihrer ausgebrannten Sinngebung entzündet sich das Feuer ihrer Sinnsuche von neuem. Eine Hinwendung zu bewährten, insbesondere christlich-

---

28 Jean Cocteau, *Die Schwierigkeit, zu sein*, Frankfurt a.M. 1988, 131 berichtet von einer heutigen „Welt, die durch Theater, Kinos und Luxuszeitschriften für die Weltflucht ebenso reichlich ausgestattet ist wie für den Wintersport."

kirchlichen Sinnangeboten ist zwar nicht ausgeschlossen, aber auch kein unmittelbares Ziel dieser Suche.[29] Die Reise beginnt unauffälliger, in religiöser Weise anspruchsloser, nämlich: nicht selten mit einer Reise und dementsprechenden Erwartungen. Der Urlaub, die Freizeit bekommen einen anderen, noch höheren Stellenwert als früher. Mit der Reise, dem Ausflug will man dem Alltag entfliehen. Die Reise ins Außeralltägliche beginnt unmerklich bei der Suche nach exotischen Reisezielen, letztlich nicht nur, um anderes zu sehen, sondern sich selbst anders zu erleben. In diesem Punkt sind Klöster jedem Reiseveranstalter konkurrenzlos überlegen. In einer grenzenlosen Weltgesellschaft kann es auf Dauer kein Fernweh, keine unbekannte Trekking-Route mehr geben. Mit den einschlägigen Erfahrungen gerät jede inszenierte Exotik näher an die Grenzen des Weltinnenraums. Interessant wird, was jenseits liegt. Kein Reiseziel ist noch so außergewöhnlich, dass ich mich nicht bei meinem Nachbarn oder aus den Alltagsmedien darüber informieren könnte – nichts, außer der Reise ins Ich, wie es ein Klosteraufenthalt diesen Sinnsuchern verheißt, ohne es so nennen zu müssen.[30] Denn das Urlaubs-, Ausflugs- oder Besuchsprogramm kann ganz anders, ja unbesorgt klingen: Entspannung oder Sightseeing beispielsweise. Als Urlaubsdevise führt Erholung jedoch nicht nur vordergründige Ansprüche mit, allgemein gesprochen: die unterschiedlichen Wünsche nach Entschleunigung des rasanten Stillstands im Alltag,[31] sondern auch hintergründige. Erholung an Körper

29 So Judith Könemann, *„Ich wünschte, ich wäre gläubig, glaub' ich"*, Opladen 2002.

30 Aber mit welcher Motivation auch immer diese Reise ins Ich angetreten wird, nach einem Bonmot von Madeleine Delbrel ist sie auch in religiöser Hinsicht besonders wertvoll: „Si tu vas au bout du monde, tu y trouveras des traces de Dieu. Si tu vas au fond de toi, tu trouveras Dieu lui-même." Vgl. Madeleine Delbrêl, *Missionaires sans bateau*, Saint-Maur 2000, 16.

31 So z.B. die Ergebnisse der Reiseanalysen der Hamburger Forschungsgemeinschaft Urlaub und Reisen für den Zeitraum 1996-1999 und im Blick auf den Trend zum Klosterurlaub bestätigend R. Bretschneider vom Wiener Marktfor-

und Geist, seelische Erholung zielt auf die Wiederherstellung der Unschuld. Der Urlaub wird so gesehen zur Zeit der legitimen wie unaufgeregten Selbstaufmerksamkeit abseits alltäglicher Selbstwahrnehmungsmuster. Das Kloster ist der naheliegende Ort, die Askese die verheißungsvolle Technik für das Urlaubsprogramm einer Seinsverbesserung. Dass die entsprechende Klostergemeinschaft diesbezüglich als Sinnbild und nicht wie bei den religiösen Neigungsgruppen als Vorbild genutzt wird, liegt an den unterschiedlichen Zielen und Motiven, mit denen die einen wie die anderen ihren Weg ins Kloster finden. Es liegt aber auch daran, dass die Sendesignale des Klosters erfreulich doppeldeutig sind, sie nicht nur binnenreligiös empfangen und verwertet werden können, sondern auch von denen, die als Individualreisende nach Strategien ihrer Selbstermächtigung suchen und in der monastischen Lebenskunst danach Ausschau halten.[32] Für sie gerinnt die Askese zur wachen Bereitschaft, ihr Leben zu führen, anstatt es einfach vergehen zu lassen. Das macht sie nicht zu Kostverächtern, sondern zu Solidargenossen (aber nicht wie bei den religiösen Neigungsgruppen zu Geistesverwandten) der Mönche und Nonnen vor Ort. Wie bei diesen bezieht sich ihr Fasten auf die Welt, aber so, wie sie sie kennen und lieben (wollen). Das mehr oder weniger versteckte Lernziel ist keine Gotteserfahrung – zumindest nicht

---

schungsinstitut Fessel-GfK in einer Studie „Tourism and Life Style in Austria 2001". Das trifft nicht in ein klösterliches Vakuum. Man kann das Stundengebet durchaus als typische Entschleunigungsform im kirchlichen Tagesrhythmus ansehen. Vgl. Corinna Dahlgrün, *Zeit aus der Zeit genommen: zur Theologie des Stundengebets*, in: Jahrbuch der Europäischen Gesellschaft für Theologische Forschung von Frauen 7 (1999), 117-122.

32 Grundlegend: Michel Foucault, *Histoire de la sexualité II: L'usage des plaisirs*, Paris 1984, geht bei der Suche der Selbstermächtigung des Subjekts bekanntlich noch vor die monastische Tradition ins Griechenland des vierten vorchristlichen Jahrhunderts zurück. Bis zu seinem Ziel, einer modernen Sorge um sich selbst, unterschlägt er aber auch nicht die Fortentwicklungen, die später diesbezüglich im Kloster stattgefunden haben. Praxisrelevant: Odilo Lechner, *Weite dein Herz: Lebenskunst aus dem Kloster*, München 2002.

unmittelbar. Ihre Begrenzung bis hin zur Entsagung von der angestammten Welt ist ihnen ein Signum der Selbstmächtigkeit; die ersehnte Schlüsselerfahrung: es hängt vom Selbst ab, die Grenzen aufrechtzuhalten, sie durchlässig zu gestalten, aufzulösen oder anders zu ziehen.[33] Dass, wenn sich die Selbstbegrenzungen verschieben, auch das Andere, ja der Ganz-Andere einen anderen Stellenwert bekommt, ist vielleicht naheliegend, aber für ein diesbezügliches Verständnis im kirchlichen Sinne keineswegs zwingend.

Der Kontakt, der zwischen dem Kloster und seiner gesellschaftlichen Umwelt neuer Sinnsucher entsteht, mag innerkirchlich als Seelsorge gewertet werden, die es nie nur um den Preis der Kirchenmitgliedschaft gibt. Seine Chancen gehen jedoch über den seelsorglichen Einzelfall ins Strukturelle hinaus. In einer nachchristentümlichen Gesellschaft bietet sich das Kloster als identitätsbewußte und zugleich offene Gelegenheitsstruktur an, miteinander wieder ins Gespräch und in Berührung zu kommen. Ohne den kirchlichen Ausverkauf zu betreiben einerseits und ohne die Sympathisanten dabei zu vereinnahmen andererseits. Es signalisiert, dass mit dem Christentum ein attraktiver Lebensstil verbunden ist, dessen Vielfarbigkeit die moderne Freiheit des Selbst nicht nur herausfordert, sondern im Sinne der Lebenskunst krönt. Gelingen kann dies nur, wenn das Kloster im Kontakt mit diesen Sinnsuchern auch die Verantwortung und Pflicht zur Selbstaktualisierung seines spirituellen Gedächtnisses und Erfahrungsschatzes in der Welt von heute erkennt und wahrnimmt. Die gesellschaftliche Suche nach monastischer Lebenskunst sollte innerhalb des Klosters eigentlich hochwillkommen sein. Sie verschafft Gelegenheit das „Leben in Fülle“ nicht in den Vokabeln und Beispielen von gestern herbeizureden, sondern im heute mitzugestal-

33 Bestätigend W. Schmid, *Was ist und zu welchem Zweck betreibt man Askese?*, in: Neue Rundschau 111/4 (2000) 13.

ten. Nur so erweist sich ein Orden als rechtmäßiger Erbe seines robusten Weisheitswissens.

Zwar kann man keine Kirche bauen, wenn man Gott nicht kennt, aber man kann sie *für* diejenigen bauen, die ihn nicht kennen – in der Hoffnung, dass sie ihn so kennenlernen. Soziologisch gesehen, ist das Haus der Stille in Meschede sein solcher Versuch des klösterlichen renouveau. Es ist gebaute Konzentration, ein Werk der Architektur-Avantgarde, beseelt mit Mönchs-Tradition. Gemeinsam haben die Benediktiner der Abtei Königsmünster und der Architekt Peter Kulka dieses Experiment gemeistert. Die für alle gleichlautende Kernbotschaft des in Form gegossenen Undings lautet: Ruhe. Die Mönche, indem sie den Gast in aller Stille teilhaben lassen an ihrem Leben, Kulka, indem er auf alles Unnötige verzichtete. 20 Einzelzimmer hat das Haus der Stille. Ein Bett, ein Tisch, ein Stuhl. Eichenparkett und Sichtbetonwände. Lediglich das Raster der Schalungslöcher erinnert an ein Ornament. So asketisch (und ästhetisch) lebt heute kaum ein Mönch. Der Architekt hat ein Kloster im Kloster (quasi eine doppelte Hausgemeinschaft)[34] geschaffen, für Menschen, die kaum noch in die Kirche gehen, reduziert auf den reinen Kern monastischen Lebensraums: Mönchszelle, Kapelle, Kreuzgang und Refektorium. Wenn – im Sinne des Klosterurlaubes – das Gefühl „angekommen zu sein", ein gutes Hotel ausmacht, dann ist dieses Haus vermutlich ein sehr gutes Hotel. Weil man nicht einfach nur an einem Ort ankommt, sondern mit dem dort ortsüblichen Sinn für Geduld auch bei sich selbst, vielleicht sogar noch anderes, überraschend Religiöses, ja Sympathi-

34 Was wechselseitige Abschließung, etwa gegenüber religiöser Vereinnahmung seitens der Mönche, unauffällig in Kraft setzt. Wer will, kann also seine profanen Weltfluchten auch im Kloster unter dem Dach der Kirche fortsetzen. In der Tat eigenen sich Einkehrtage entgegen ihrem Sinn auch als monastische event-Messen.

sches (wieder-)entdeckt.[35] Die Mönche liefern das dazugehörige Sinnbild: Gott kann warten, weil er ewig ist. Ein Kloster, das macht dieses Beispiel deutlich, erneuert sich heute von innen und durch außen, indem es mittels traditionsreicher Formen seine Bewegungsfreiheit zugunsten aller auszunutzen versteht. Es entsteht ein offener, weil einladender Raum, der weder zulasten des in seinem Kern abgeschlossenen geistlichen Zentrums religiöser Virtuosen noch zulasten des Dunstkreises religiös eher unmusikalischerer Gäste geht. Der Grund dafür liegt in der klösterlichen Lebenshygiene, deren Modellcharakter für Fragen des modernen Zusammenlebens zurecht bereits über die christlich-kirchlichen Grenzen hinaus Beachtung gefunden hat, nicht zuletzt als Allgemeinplatz im laizistischen Frankreich von heute und dort sogar bis in seine intellektuelle Hochburg, dem Collège de France in Paris bei einem seiner intellektuellen Leistungsträger, Roland Barthes.

5. *Die Kinematik des offenen Raums: über klösterliche Lebenshygiene*

In einer offenen Gesellschaft sollten offene Räume, an denen man sich über die engen Grenzen des jeweiligen Miteinanders hinweg begegnet, keine Mangelware sein. Das kann man in der Tat für die moderne Gesellschaft von heute auch nicht behaupten. Mit Bahnhöfen, Flughäfen, Parkplätzen und anderen Palästen entgrenzter Öffentlichkeit fehlt es dem hochmobilen Gemeinwesen keineswegs an unumgänglichen Tummelplätzen. Das ist auch nicht das Problem, aber es wird zu einem. Denn leider hilft diese Feststellung der Zwangsbegegnung in der Sache der eigenen seelischen Obdachlosigkeit wenig. Sie verschärft sie nur, wie Supervielle Anfang des 20. Jahrhunderts immer wieder zu Beden-

35 So ein einschlägiger Erfahrungsbericht von J. Weiß, *Eine verblüffende Offenheit*, in: Junge Kirche 62/5 (2001) 48-50.

ken gegeben hat: Zuviel Raum beengt uns sehr viel mehr als wenn nicht genug Raum da ist.[36] Denn dann prallen, so sein Argument, innere Unermeßlichkeit und äußerer Taumel noch schärfer aufeinander. Das bleibt nicht ohne Folgen und führt zur bedrückenden Alltagserfahrung der Atopie, einer Gesellschaftsordnung, in der der Ort keine Rolle mehr spielt, weil sich die Orte aneinander angleichen, Städte oder Bahnhöfe sich dieselbe Außenfassade und das gleiche Binnenleben aus shopping-Arkaden und Reisezentrum zulegen. Nicht Raumknappheit lautet das Problem, sondern das Überangebot an indifferenten Räumen.[37] Um so mehr sind identitätsstiftende Räume und authentische Orte gesucht. Dass die unbändige Öffnung nach außen widerwillen zur inneren Abriegelung führt, weiß man heute und sucht nach Formen dafür, wie es umgekehrt möglich wäre, wie Abgeschlossenheit – sprich: Identität – Offenheit produziert.

Vor diesem Hintergrund bietet das heutige Kloster mit seiner Dialektik von Drinnen und Draußen eine Alternative. Es reagiert darauf, dass sich das unbändige Fernweh von heute als in dieser Welt unstillbares Heimweh herausgestellt hat, indem es durch die Begrenzung des Raums größtmögliche Bewegungsfreiheit verschafft. Darin besteht die Kinematik des offenen Klosterraums. In diesem bekommt die Dialektik des Drinnen und Draußen ihre heilsame, weil ordnende Kraft durch die Konzentration in dem engsten Innenraum. Die Intimität der Mönchszelle wird zur Erfahrung tiefgreifender Innerlichkeit. Wie es dazu kommt ist kein Geheimnis, sondern elementarer Bestandteil der klösterlichen Lebensordnung, mithin Kennzeichen einer Lebenshygiene, um die sich die Gesellschaft auch jenseits des Klosters bemüht.

---

36 So Jules Supervielle, *Gravitations*, Paris 1925.

37 So ausführlich Gaston Bachelard, *La poétique de l'espace*, Paris 1957, 206f.

Roland Barthes hat in seiner Inauguralvorlesung vom 7. Januar 1977 am Collège de France nachdrücklich darauf aufmerksam gemacht, dass sich keine Gesellschaft auf Dauer der Frage entziehen kann, wie sie gut und lebensfördernd zusammenleben wolle.[38] Allen gemeinsam stelle sich die Herausforderung nach einer „Idiorhythmie“[39] im Sinne des monastischen Grundprinzips des Athanasius; gemeint ist der fruchtbare Wechsel von gemeinsamer Nähe und wechselseitiger Distanz, von gebotener Übereinstimmung und notwendiger Abweichung. Das Kloster ist ein prototypischer Lernort dafür und zwar sowohl mit wie ohne direkten Bezug auf Religion. Barthes hat nicht nur daran erinnert, sondern zugleich die Richtung gewiesen, in der eine Antwort auf die Frage nach dem gedeihlichen Zusammenleben zu suchen ist. Man kann das im Anschluss an ihn die klösterliche Lebenshygiene nennen und als Phänomen folgendermaßen umschreiben.

Einsamkeiten gibt es viele. Manche sind schrecklich und abgründig, und andere köstlich und wohltuend. Im Kloster gibt es beides, dicht an dicht, und nicht aus hinnehmbarem Zufall, sondern mit erwünschter Notwendigkeit: der Konzentration aufs Wesentliche. Die Antwort auf die Frage, was das Wesentliche ist, verändert sich im Verlaufe der Geschichte eigentlich nicht. Nach wie vor geht es um die Erfahrung Gottes. Aber die dazu nötigen Konzentrationsübungen wandeln sich drinnen mit Bedacht, wo sie von außen angefragt sind. Aus dem religiösen Binnenraum wird eine offene Klosterwelt; einladend, aber, besser gesagt: *weil*

38 Siehe dazu Roland Barthes, *Comment vivre ensemble. Cours et séminaires au Collège de France (1976-1977)*, Paris 2002, 19-28. Im Rahmen einer fast vergessenen Tradition der Soziologie heute zumindest wiederentdeckt von Karl-Heinz Hillmann, Georg W. Oesterdiekhoff (Hgg.), *Die Verbesserung des menschlichen Zusammenlebens*, Opladen 2003.

39 So die Suche von Roland Barthes, *Comment vivre ensemble*, Paris 2002, 36-42 nach Synchronisationsmustern und -instanzen von gesellschaftlichen und individuellen Rhythmen.

mit sich selbst als gepriesenem Ort der Suche nach den Spuren Gottes identisch. Historisch gesehen beginnt das Kloster als claustrum, als abgeschlossener Lebensraum von Angehörigen eines Ordens zum Zwecke der ausschließlicheren Begegnung mit Gott im Zeichen der jeweiligen Ordensregel und den entsprechenden Konstitutionen. Das Kloster ist ein gemeinsamer Lebensraum mit uniformer Lebensordnung – so will es noch immer scheinen. Das ist zwar nicht falsch, aber bei weitem nicht alles, erst recht heute nicht. Der kollektive Lebensrhythmus trennt bereits am Anfang der Klostergeschichte fein säuberlich zwischen gemeinschaftlichen und individuellen Aspekten, weist z.B. mit dem Stundengebet gemeinschaftliche Gebetszeiten aus, kennt aber neben Gemeinschaftsveranstaltungen und Gemeinschaftsräumen wie dem Refektorium und der Kapelle auch die individuelle Hütte der Kontemplation: die Mönchszelle als einem Ort der „metaphysischen Einsamkeit des Individuums"[40]. Auf diesen Wechsel von hochgradiger, weil bedeutungsschwerer Individualisierung und solider Vergemeinschaftung kommt es beim klösterlichen Lebensrhythmus an. Andauernd, Tür an Tür mit dem anderen zwischen Nähe und Distanz zu changieren, macht einen beachtlichen Teil der monastischen Lebenskunst diesseits des Spirituellen aus. Von den Schwierigkeiten, den richtigen Takt dabei zu finden, entlastet ihn zumindest in formaler Hinsicht der strukturierte Tagesablauf. Dieser macht seine persönlichen Erwartungen an sich und die Gemeinschaft für ihn wiederum zeitlich erwartbarer, kurzum: durchsichtig, mithin sogar handhabbarer, ja planbarer. Vom noch genaueren Hinhören auf den jeweils angemessenen Takt im alltäglichen Miteinander befreit es ihn aber nicht. Im Gegenteil. Weil er aufgefordert ist, auch das Revierverhalten seines Mitbruders zu respektieren, muss er es kennen und sich darum bemühen. Das Maßnehmen in

40 Georg Simmel, *Aufsätze und Abhandlungen 1909-1918*, Frankfurt/M. 2001, 47

den großen wie in den kleinen Dingen wird für ihn zur persönlichen Lebensmaxime.[41]

Vor allem in den Augen seiner Außenwelt ist der homo clausus daher kein Insasse eines geistlichen Gefängnisses, sondern er steigt mittels dieses wechselnden Rhythmus (von Individualisierung und Vergemeinschaftung) zum Meister seines selbst auf, der weder sich noch die anderen vergißt.[42] Es ist die Selbstbeherrschung, die Gott und seiner Gemeinschaft geopferte Selbstlosigkeit, mit einem Wort: seine Selbstdisziplin, die ihn gerade in den Augen heutiger Sinnsucher auszeichnet. Für sie repräsentiert er die je größere Freiheit, nach der sie sich sehnen. Als Kinder ihrer Zeit kennen sie die Freiheit der Entscheidung von der modernen Gesellschaft über das wohltuende Maß hinaus und suchen für sich nach der Freiheit der Entschiedenheit. Anders gesagt: die eigenen Regeln zu kennen und sich daran zu halten. In Frankreich bezeichnet man das noch heute gemeinhin als „hygiène de vie". Das Schlagwort handelt von der Frage nach einem tragfähigen Lebenskonzept jenseits der üblichen Ratgeberpraxis, aber mit all ihren Fragen nach festem Tagesrhythmus, Anspannung und Entspannung, Ernährung und Gesundheit an Leib und Seele.[43] Ob diese Fragen im Kloster direkt und unmittelbar angesprochen werden, ist nicht entscheidend. Lernen findet auch beobachtend statt – nur viel diskreter, nicht nur auf die eine, sondern auch

---

41 Inklusive zur notgedrungenen Überlebensstrategie zu werden. Auf beiderlei anspielend Karl Löster, *Im Kloster über Leben lernen*, in: Lebendige Seelsorge 52/2 (2001), 122-125.

42 Vom homo clausus spricht in dieser Weise auch Norbert Elias, *Was ist Soziologie?*, München 1996, 128f.

43 Rein empirisch (quantitativ) nicht einmal abwegig wie deutlich wird im Beleg unterschiedlicher Lebenserwartungen in einer Studie des Bundesinstituts für Bevölkerungsforschung von Marc Luy, *Warum Frauen länger leben: Erkenntnisse aus einem Vergleich von Kloster- und Allgemeinbevölkerung*, Wiesbaden 2002.

für die andere Seite.[44] Dafür reicht ein Besuch in der Frommagerie von Citeaux oder ein Ausflug zum Kloster Melk.

III. Fazit: Heterotopia – vor Ort oder ohne Ort

Die Welt ist kein Kloster. Das macht die Klosterwelt von heute jedoch nicht eintöniger. In ihr gibt es durchaus verschiedene Tonträger (Klöster und Klostergemeinschaften unterschiedlichster spiritueller wie sozialer Prägung) und Tonspuren (mehr oder weniger religiöser Art). Und selbst ihr religiöser Grundton ist nicht nur von Orden zu Orden, sondern in seinen Ober- und Untertönen sogar auch von Kloster zu Kloster unterschiedlich. Wo nicht jeder das Gleiche macht, haben es alle leichter den richtigen Ton zu treffen. Sender wie Empfänger. Soziologisch erfüllt das den Tatbestand der geistlichen Arbeitsteilung zum größeren Wohle aller Beteiligten.

Aber nicht nur in der religiösen beziehungsweise kirchlichen Landschaft von heute kommt es auf Vielfalt an. Die Weltgesellschaft probt schon seit einiger Zeit den Übergang zur Heterotopia, das heißt in ihrem Fall: den Neuentwurf einer ortsungebundenen Lebensordnung.[45] Aber während sie diesbezüglich regelmäßig daran scheitert, ihren Übergang von unmöglicher Ordnung zu möglicher Unordnung als vor Ort notwendig plausibel zu machen, praktiziert das Kloster die Alternative: den „genius loci"[46]. Im Zeichen seiner re-

---

44 So besagt es die psychologische Lerntheorie im allgemeinen (vgl. Robert Mowrer, *Handbook of contemporary learning theories*, o.O. 2001) und bestätigt es die Religionspädagogik im besonderen (vgl. Klaus Kießling, *Religiöses Lernen*, Frankfurt a.M. 2003).

45 So die argumentative Trilogie von der Atopia über die Dystopia zur Heterotopia bei Helmut Willke, *Atopia*, Frankfurt a.M. 2001 sowie ders., *Dystopia*, Frankfurt a.M. 2002 und ders., *Heterotopia*, Frankfurt a.M. 2003.

46 Mit diesem Begriff wird angegeben, dass die Aura eines Ortes seine jeweiligen Subjekte affiziert, sogar entrückt. Die Tradition des Begriffs reicht bis in die Romantik zurück und erlebt heute seitens der postmodernen Literaturwissenschaft eine beeindruckende Renaissance. In der Aufzählung des Ortsgeistes wurde bis-

ligiösen Grundordnung gestaltet es seine heutige Umordnung und das heißt, sie verschafft all denen Lebensraum, deren Sinn nach Weltanverwandlung steht – ob dauerhaft oder vorübergehend. An keinem von ihnen zieht die Stabilitätserfahrung des Ortes spurlos vorüber. Die einen werden seßhaft, die anderen bodenständig.[47] Zum Originalton der stabilitas loci gesellt sich ihr Kammerton. Das Kloster hat heute anscheinend Sinn für Doppelsinn. Es wäre Leichtsinn, ihn nicht zu kultivieren. An je anderen Orten. In Frankreich. Und in Deutschland.

---

her das Kloster jedoch unterschlagen. Vgl. Helmut Meter., Pierre Glaudes (Hgg.), *Le Génie du lieu*, Münster 2003.

47 In dieses Doppelschema ordnet Heidegger seine Selbsterfahrungen im und mit dem Kloster Beuron. Vgl. als Überblick Alfred Denker, *„Ein Samenkorn für etwas Wesentliches". Martin Heidegger und die Erzabtei Beuron*, in: EuA 79 (2003) 91-106 sowie seine Eigenaussagen in *Martin Heidegger – Elisabeth Blochmann, Briefwechsel 1918-1969*, hg. v. Joachim W. Storck, Marbach a.N. 1989, 43f.

„Anders-Orte"
in Literatur und Kunst

„Anders-Orte" (in) der Literatur

Literatur als Heterotopie?

Jörg Seip, Bad Lippspringe

„Theater hat keine Kategorien, es handelt vom Leben. Das ist sein einziger Ausgangspunkt, nichts anderes ist wirklich grundlegend. Theater ist Leben. Gleichzeitig kann man aber nicht sagen, es bestünde kein Unterschied zwischen Leben und Theater."[1]

Das schreibt der Regisseur und Theaterwissenschaftler Peter Brook. Damit legt er nicht nur für das Theater, sondern nebenbei implizit auch für die Literatur eine erste, sehr weite Definition vor: *Literatur geht es um Leben.* Hakt man weiter nach, dann stellt sich die Frage, wie die Kopula „ist" bzw. jenes „geht es um" zu deuten wäre. Bildet Literatur Leben ab oder verdoppelt sie es, widerfährt dem Leben im Modus der Literatur etwas? Und überhaupt – was ist Literatur? Gibt es sie denn, im Singular einer allseitigen Bestimmung,[2] oder werden nicht immer zugleich verschiedene Literaturen praktiziert?[3]

Der Schauspieler Paul Scofield spielte in den 1950er Jahren gleichzeitig eine Rolle in einem Shakespearestück und in einem Rock-Musical und zog damit von mancher

---

1 Vgl. Peter Brook, *Das offene Geheimnis. Gedanken über Schauspielerei und Theater* (1993). Aus dem Englischen von Frank Heibert, Frankfurt ³2001, 15-18, hier: 18. Sagte man den umgekehrten Satz „Das ganze Leben ist Theater", höbe das die Kunst auf.

2 Vgl. Gérard Genette, *Fiktion und Diktion* (1991). Aus dem Französischen von Heinz Jatho, München 1992, 11: „‹Was ist Literatur?› [...] auf eine dumme Frage keine Antwort; wirklich weise wäre es wohl, die Frage nicht zu stellen."

3 Zur Frage der Funktion von Literatur siehe Jörg Seip, *Die Bibel im Spannungsverhältnis objektiver und persönlicher Lektüren. Ein didaktischer Quergang* (im Druck 2010).

Seite Unmut auf sich. Peter Brook, der diese Begebenheit erzählt, argumentiert so: Nicht um die Unterscheidung in E- oder U-Kultur geht es, sondern um die zwischen Theater und Leben, zwischen Literatur und Leben. Literatur ist Leben, aber Leben ist deshalb nicht schon Literatur. Oder mit Michel Foucault gesagt: „Wir leben, wir sterben und wir lieben nicht auf einem rechteckigen Blatt Papier"[4].

Am ehesten einsichtig scheint mir darum folgender Definitionsversuch: *Literatur ist in Form gebrachte Deutung von Wirklichkeit.* Das sagt zunächst zweierlei: es geht um eine Form-Inhalt-Einheit. Und zum zweiten wehrt diese Definition die Dichotomisierung in Hoch- und Trivialliteratur ab. Wer liest, taucht in ein anderes Leben ab. Dabei spielt es keine Rolle, ob ich sogenannte „Belletristik" lese oder sogenannte „Klassiker". Ein drittes wäre aber zu bedenken: Welchen Ort hat die Literatur? Ist sie bloß Papier oder nicht vielmehr ein Spiegel? Trifft letzteres zu, ist Literatur dann nicht ein Gegenort?

Das ist die Frage dieses Beitrages: *In welcher Weise ist die Literatur ein „Anders-Ort"?* Michel Foucault nennt den Anders-Ort „Heterotopie".[5] Darunter versteht er „Gegenplat-

---

4 Michel Foucault, *Die Heterotopien. Der utopische Körper. Zwei Radiovorträge*, Zweisprachige Ausgabe. Übersetzt von Michael Bischoff. Mit einem Nachwort von Daniel Defert, Frankfurt a.M. 2005, 9.

5 Dieser Beitrag greift auf die analytische Begrifflichkeit Foucaults zurück und spart den Diskurs des mit Namen wie Michel de Certeau, Marc Augé oder Edward W. Soja verbundenen *spatial turn* aus. Vgl. neben den erschließenden Beiträgen im ersten Teil des Bandes: Michel Foucault, *Von anderen Räumen* (1967/1984), in: ders., *Schriften in vier Bänden – Dits et Ecrits*, Bd. IV: 1980-1988, hg. von Daniel Defert und François Ewald, Frankfurt 2005, 931-942, hier: 936-941. Tobias Klass, *Heterotopie*, in: Clemens Kammler/Rolf Parr/Ulrich Johannes Schneider (Hgg.), *Foucault-Handbuch. Leben – Werk – Wirkung*, Stuttgart/Weimar 2008, 263-266. Marvin Chlada, *Heterotopie und Erfahrung. Abriss der Heterotopologie nach Michel Foucault*, Aschaffenburg 2005. Christian Bauer, *Kritik der Pastoraltheologie. Nicht-Orte und Anders-Räume nach Michel de Certeau und Michel Foucault*, in: ders./Michael Hölzl (Hgg.), *Gottes und des Menschen Tod? Die Theologie vor der Herausforderung Michel Foucaults*, Mainz

zierungen“ bzw. „Gegenorte“. Das „sind gleichsam Orte, die außerhalb aller Orte liegen, obwohl sie sich durchaus lokalisieren lassen.“[6] Gemeint sind jene Orte bzw. Platzierungen, „denen die merkwürdige Eigenschaft zukommt, in Beziehung mit allen anderen Orten [Platzierungen, J.S.] zu stehen, aber so, dass sie alle Beziehungen [...] suspendieren, neutralisieren oder in ihr Gegenteil verkehren.“[7] Heterotopien nehmen also eine bestimmte Funktion ein, haben für die Gesellschaft einen genau angebbaren Sinn, gehen darin aber nicht auf und produzieren so unerwartete Effekte.

Solche Räume, die sich allen anderen Räumen widersetzen, sind „Gegenräume“, sind „lokalisierte Utopien“, sind „vollkommen andere Räume“ oder Anders-Orte. Kindern sind sie längst bekannt, der Garten etwa oder der Dachboden oder das Ehebett der Eltern. Foucault ergänzt dies: auch der Friedhof, das Kino, die Bibliothek, das Fest oder das Schiff, „die Heterotopie *par excellence*“,[8] sind Heterotopien. Alle diese Orte bringen – noch einmal Foucault – „an ein und demselben Ort mehrere Räume zusammen, die eigentlich unvereinbar sind.“[9] Das Wesen der Heterotopien besteht darin, auf zweierlei Weise alle anderen Räume in Frage zu stellen: entweder „indem sie eine Illusion schaffen, welche die gesamte übrige Realität als Illusion entlarvt, oder indem sie ganz real einen anderen realen Raum schaffen, der im

2003, 181-216. Zur Auseinandersetzung mit der Literatur siehe: Achim Geisenhanslüke, *Gegendiskurse. Literatur und Diskursanalyse bei Michel Foucault*, Heidelberg 2007.

6 Foucault, *Von anderen Räumen*, 935. Die Lokalisierung unterscheidet sie von der Utopie.

7 Foucault, *Von anderen Räumen*, 934-935.

8 Foucault, *Die Heterotopien*, 21-22. Ders., *Von anderen Räumen*, 942. Auch die „Universität" als eine „Ansammlung von Fremden", „die von überallher an einem Ort zusammengekommen sind" (John H. Newman, *Abendländische Bildung*, Wien 1949, 9.), könnte als Heterotopie gedacht werden.

9 Foucault, *Die Heterotopien*, 14. Vgl. Foucault, *Von anderen Räumen*, 931-932.

Gegensatz zur wirren Unordnung unseres Raumes eine vollkommene Ordnung aufweist."[10]

Wie wäre das auf die Literatur zu übertragen? Den gerade genannten Gegensatz zwischen der illusionsenttarnenden Illusion und dem realen Raum neuer Ordnung halten nach dem Literaturwissenschaftler Johannes Anderegg *literarische Fiktionen* offen, die er wie folgt bestimmt: „Fiktionen sind uns als das, was sie sind, als Vorstellungen, genug. Bei Vorstellungen, die wir als fiktional begreifen, verweilen wir so, *als ob* wir mit ihnen schon das Eigentliche, das Ganze, das Wirkliche hätten [...] innerhalb der Grenzen des Als-ob wird die Reflexion auf den Status des Als-ob suspendiert". „Wir *können* in der Fiktion verweilen, insofern sie Mimesis von Wirklichem ist. Aber wir *wollen* in ihr verweilen, weil sie anders ist als das Wirkliche, weil sie *Gegenwelt* zu unserem Wirklichen ist."[11]

Diese Gegenwelt der Literatur könnten wir nun, vorerst hermeneutisch, als Heterotopie, als Gegenraum, als anderen Raum, als Anders-Ort bestimmen: Literatur ist zugleich Ausdruck von Wirklichem, schafft also bzw. spiegelt[12] „ganz real einen anderen realen Raum", *und* sie ist Gegenwelt zum Wirklichen, enttarnt das Wirkliche als Illusion.

In drei Schritten gehe ich dem nach: es geht um den Ort der Lektüre (1.), um Orte in der Literatur (2.) und um den Ort der Literatur (3.).

10 Foucault, *Die Heterotopien*, 19-20. Die Wissenschaft, „deren Gegenstand diese verschiedenen Räume wären, diese anderen Orte, diese mystischen oder realen Negationen des Raumes, in dem wir leben" (ebd., 11.), hieße Heterotopologie.

11 Johannes Anderegg, *Sprache und Verwandlung. Zur literarischen Ästhetik*, Göttingen 1985, 110, 112.

12 Zum „Spiegel" als Utopie und Heterotopie: Foucault, *Von anderen Räumen*, 935-936.

Leseorte als Anders-Orte

Wer heute noch gerne liest, hat meist in der Kindheit damit angefangen. Alle Lesergeschichten beginnen in der Kindheit. Unter der Bettdecke und mit Taschenlampe las man bis weit nach Mitternacht Abenteuergeschichten, Aventiuren und spielte in diesen eine der Hauptrollen immerzu mit, bangte, ängstigte sich und gewann am Ende doch. Da war es schon gegen 4 Uhr, so man unentdeckt blieb. Das eigene Kinderbett des Nachts war jene Heterotopie, die einen aus der vermeintlichen Wirklichkeit in eine andere Wirklichkeit riß. Später dann änderten sich die Lesegewohnheiten bloß, die Zeiten und Orte, aber immer schuf man sich eine Höhle, aus leiser Musik, einem Glas Rotwein auf der Couch, was auch immer. Oder man las und liest noch immer mit *dem* Zeichen des Intellektuellen, also mit einem Bleistift[13] und streicht im Buch einzelne Worte oder ganze Abschnitte an, die einen Jahre später erstaunen oder erröten lassen: Wie konntest du nur? Graphologische Lesegeschichten und Lesebiographien rekonstruieren sich vor dem eigenen Auge in jenen fernen, nahen Kommentarschichten. Besonders auffällig ist dann ein Wechsel in den Lektüren: waren es am Anfang noch Aventiuren der Ritter oder der „Fünf Freunde",[14] sind es später möglicherweise Biographien oder Gedichte. Selbst da geht es wahrscheinlich um Aventiuren. Nicht selten ergibt sich eine wiederholende Lektüre: für diese Stimmung ist gerade dieses Buch das rechte. Manchmal bahnt sich gar eine laute Lektüre an, bei Gedichten etwa,

13 Vgl. George Steiner, *Der ungewöhnliche Leser*, in: ders., *Der Garten des Archimedes. Essays* (1996). Aus dem Englischen von Michael Müller, München/Wien 1997, 9-36, hier: 20: „Ein Intellektueller ist ganz einfach jemand, Mann oder Frau, der beim Lesen eines Buches einen Stift in der Hand hält."

14 Fast alle Kinder haben in den 1970ern Enid Blyton gelesen und lesen sie noch heute, etwa einen der 22 Bände der *Famous Five Series* (Fünf Freunde) oder einen der acht Bände der *Adventure Series* (Insel der Abenteuer usw.).

die auf dem Papier ihre Wirkung verbergen und eines Hallraums bedürfen.

In ihrem Roman „Das Blütenstaubzimmer" ruft Zoë Jenny eine Leseszene auf. Im Wirklichen geht es um ein anderes Wirkliches, das nicht unwirklicher ist als das sogenannte Wirkliche:

> „Aus dem Nachbardorf sind wieder die Preßlufthämmer zu hören. Solche Geräusche erschöpfen mich, auch die Vorstellung, dass gerade unmittelbar in meiner Nähe Erde aufgerissen und eifrig gebaut und gearbeitet wird. Es gab eine Zeit, da hätte mir das nichts ausgemacht. Ich wäre nicht hier im Bett gelegen, verdrossen und diesen groben Geräuschen ausgeliefert, nein, damals hätte ich ein Buch gelesen und nichts von all dem bemerkt. Diese Geräusche wären gar nicht erst so weit vorgedrungen, dass ich sie gehört hätte. Ich hätte sie weggelesen, sie wären hinter der Wand aus Wörtern zurückgeblieben, die ich, seit ich mich erinnern kann, durch das Lesen zu schaffen vermochte. Eine Wand aus Wörtern, die mich umgab und schützte, solange ich las, und ich tat nichts anderes. Im Gedächtnis konnte ich jederzeit die Figuren abrufen, die in den Geschichten vorkamen, und mich mit ihnen unterhalten. Ich habe Tausende solcher Unterhaltungen geführt, während ich stumm und artig auf der Schulbank saß."[15]

Solche Unterhaltungen, die zugleich Kurzweil verbreiten als auch einen Unterhalt, einen Halt bedeuten, machen mitten im Wirklichen etwas Anderes auf, einen Anders-Ort. Unter der Bettdecke, auf der Couch oder am Tisch mit stumpfem

---

15 Zoë Jenny, *Das Blütenstaubzimmer*. Roman (1997), [Frankfurt] 1999, 42.

Bleistift. Ich lese das Wirkliche, all die Geräusche der Preßlufthämmer, einfach weg und gehe in ein anderes Land. Das nennt man Lesen.

Im Roman „Pigafetta" von Felicitas Hoppe heißt es:

> „Denn dies ist sein schönster, mein größter Gedanke auf See, ein eigenes Bett zwischen den Wellen, weißes Leinen auf blauem Grund, Flagge des Schlafs und Fahne der Träume über dem Abgrund unter den hohen Rippenbögen im Innern eines Walfischbauchs, wo wir im Licht der langsam verlöschenden Kerze und unter dem Duft frisch gebügelter Wäsche gemeinsam die Bibel lesen."[16]

Eine Einhöhlung, das Begehen eines Schutzraums auf Hoher See, das Verweilen im Bauch. Das geschieht bei der Lektüre – so wie Anderegg sie beschreibt: ich gehe in eine Gegenwelt, die immer noch Welt ist, weil sie Wirkliches beinhaltet. Aber dieser Inhalt kommt auf mich in einer bestimmten Situation: Wo lese ich? Dies ist eine nicht unwesentliche Frage. Der Ort der Lektüre wirkt auf die Lektüre selbst. Indem ich mich zurückziehe, indem ich den einen Ort umgehe und einen anderen Ort reserviere für die Lektüre, schaffe ich mir ein Exil, einen Anders-Ort, eine Höhle. Bibliotheken sind Archen. Oder wie Alexander Kluge in einem Interview sagt: „Die Literatur ist eigentlich eine Arche Noah".[17] Und andernorts schreibt er, die Arche Noah ist eine „TRUHE MIT BÜCHERN".[18]

Insofern kann mir der Ort der Lektüre eine Heterotopie sein, unabhängig davon, was die Lektüre mir bietet: „eine

16 Felicitas Hoppe, *Pigafetta.* Roman, Reinbek 1999, 142.

17 Iris Radisch/Ulrich Greiner, *Der Friedensstifter. Interview mit Alexander Kluge*, in: Die Zeit Nr. 44 vom 23.10.2003.

18 Alexander Kluge, *Tür an Tür mit einem anderen Leben. 350 neue Geschichten*, Frankfurt 2006, 154.

Wand aus Wörtern, die mich umgab und schützte“ (Jenny) „über dem Abgrund“ (Hoppe). Die Lektüre ist so etwas wie das Betreten eines Schiffes: sie ist „ein Stück schwimmenden Raumes“, ein Ort ohne Ort, „das größte Reservoir für die Fantasie“.[19]

Die sechs Grundsätze[20], mit denen Foucault die Heterotopien zu bestimmen sucht, helfen zur Klärung dieses Bildes, denn Foucault sagt explizit nichts zur Literatur als einer möglichen Heterotopie:
(1) Jede Kultur kennt Heterotopien. Zu den beiden Hauptgruppen zählen die Krisenheterotopien, das sind privilegierte, heilige oder verborgene Orte, etwa Heranwachsende, Frauen im Kindbett oder Greise. Diese sind heute im Verschwinden begriffen und werden ersetzt durch Abweichungsheterotopien, d.h. durch Orte, an denen man Menschen unterbringt, die von der geforderten Norm abweichen, etwa Sanatorien oder Psychiatrien.
(2) Eine Gesellschaft kann Heterotopien im Laufe ihrer Geschichte in ganz anderer Weise fortbestehen lassen, kann sie transformieren. Als Beispiel nennt Foucault die Entwicklung der Friedhöfe, einst um Kirchen gelegen, im 19. Jh. allerdings an den Stadtrand verlegt.
(3) Heterotopien stellen mehrere reale Räume bzw. Orte, die eigentlich nicht miteinander verträglich sind, an einem einzigen Ort nebeneinander (z.B. Kino, Theater, Garten).
(4) Schließlich stehen Heterotopien oft in Verbindung mit zeitlichen Brüchen: sie haben einen Bezug zu Heterochronien (z.B. Museum, Fest, Jahrmarkt).
(5) Heterotopien setzen ein System der Öffnung und Abschließung voraus. Man wird entweder gezwungen, eine Heterotopie zu betreten (z.B. Gefängnis, Kaserne, Schule),

19 Michel Foucault, *Von anderen Räumen*, 942.

20 Im folgenden Michel Foucault, *Von anderen Räumen*, 936-941.

oder man muss Eingangs- und Reinigungsrituale absolvieren, also eine Reihe von Gesten ausführen, um sie zu betreten (z.B. Hammam, Sauna). Andere Heterotopien hingegen wirken vollkommen offen, was letztlich nur Illusion ist: man glaubt, den Ort zu betreten „und ist gerade deshalb schon ausgeschlossen" (z.B. die Kammer in großen Landgütern in Brasilien, bedingt auch das amerikanische Motel). (6) Heterotopien üben gegenüber dem übrigen Raum die Funktion aus, entweder einen illusionären Raum zu schaffen, der den realen Raum als noch größere Illusion entlarvt (illusorische Kritik). Oder sie schaffen einen realen Raum, der eine vollkommene Ordnung aufweist (kompensatorisches Ideal).

Die Literatur bzw. Lektüre ist mit diesen sechs Grundsätzen verlesbar, ich deute das kurz an. Der Beginn des Lesens in der Kindheit oder Pubertät kann als Krisenheterotopie bestimmt werden. Mithilfe des Lesens suche ich eine Schwelle zu überschreiten in einen anderen, noch nicht näher bestimmten Raum. So wird die Lektüre zu einem Schwellenzustand und kommt dem nahe, was Victor Turner als Liminalität bezeichnet.[21] Der Wirklichkeit und Fiktion durcheinanderbringende Vielleser schließlich wäre eine Abweichungsheterotopie, als klassisches Beispiel in der Literatur kann hier die Figur des Don Quijote dienen.[22] Lektüren sind sodann im Laufe ihrer Geschichte einem Wandel unterworfen: die leise Lektüre verdrängt die laute, die Lektüre in Klosterstuben wird gestreut auf Lesezirkel, zu denen mehr und

21 Vgl. Victor Turner, *Das Ritual. Struktur und Anti-Struktur* (1969). Aus dem Englischen und mit einem Nachwort von Sylvia M. Schomburg-Scherff, Frankfurt/New York 2000, bes. 94-127. Heterotopien als „liminale Räume" liest Regina Bormann, *Raum, Zeit, Identität. Sozialtheoretische Verortungen kultureller Prozesse*, Opladen 2001.

22 Vgl. dazu die Auslegung von Michel Foucault, *Ordnung der Dinge. Eine Archäologie der Humanwissenschaften* (1966). Aus dem Französischen von Ulrich Köppen, Frankfurt 1971, 78-82.

mehr auch Frauen zählen.[23] Der Ort der Lektüre – ob Sofa, Bett, Balkon, Garten, Bibliothek, U-Bahn oder Floß – bringt mehrere reale Räume an einem einzigen Ort zusammen. Schließlich muss man das Buch auch betreten: die ersten 30, 40 Seiten entscheiden darüber, ob ich den Roman weiterlese, ob ich in seine Welt eintrete: das Sich-Durchbeißen etwa durch einen Roman Samuel Becketts oder Elfriede Jelineks hat etwas von einem Eingangsritual.[24] Das Verkünden des Evangeliums im Gottesdienst ist neben anderem auch ein Reinigungsritual.[25] Und jede Lektüre hat eine illusorische wie kompensatorische Funktion, nämlich Kritik und Idealbildung zugleich: im Zustand des Als-ob bin ich der Held (oder der Schurke) und brauche dennoch nicht zu erleiden, was er (oder sie) erleidet – das Reale wird illusionär und das Imaginäre ordnet das Reale.[26]

Der Ort der Lektüre kann also ein Anders-Ort sein: das Lesen schafft einen anderen Raum nicht bloß im Kopf des Lesers (Imagination), sondern es schafft einen anderen Raum im realen Raum: eine Ausgrenzung. Ob dieser Anders-Ort im Sinne Foucaults eine Heterotopie ist, wäre noch die Frage: im Sinne der allgemeinen Definition von Heterotopie als Zusammenbringen mehrerer, miteinander unvereinbarer Räume an einem Ort geht das auf. Der Ort der Lektüre, das Kinderbett oder der Sessel, bringt an diesem einen Ort das Kinder- oder Wohnzimmer (das ja immer noch da ist) und

23 Vgl. Harald Weinrich, *Die Leser des Don Quijote*, in: LiLi 15 (1985) 52-66.

24 Dies gilt auch für biblische Schriften, z.B. kann man Mk 1,2 als ein Eingangsritual lesen: „wie es beim Propheten Jesaja steht".

25 Vgl. die Anweisungen im Missale Romanum vom 26. März 1970: vor dem Lesen des Evangeliums in der Eucharistiefeier betet der Priester: „Heiliger Gott, reinige mein Herz und meine Lippen, damit ich dein Evangelium würdig verkünde." und nach dem Verlesen des Evangeliums küsst er (bzw. der Diakon) das Buch und spricht abermals leise: „Herr durch dein Evangelium nimm hinweg unsere Sünden."

26 Ausführlicher hierzu Jörg Seip, *Einen Himmel aufspannen. Bausteine hermeneutischer Theorien der Fiktionalität*, in: ThGl 98 (2008) 164-178.

zugleich die Orte, die in der Lektüre aufgerufen werden, zusammen und verschränkt damit verschiedene Räume zu einem neuen Raum, einem Anders-Ort. Niemand kann mich stören, während ich lese, denn ich bin – obschon für andere im selben Raum – an einem Anders-Ort abgetaucht und reise über Meere, Gebirge und Landstraßen aus lauter Buchstaben. Ich halte als erstes Fazit fest:

Der Lektüreort ist ein Anders-Ort, mehr noch: im selben Raum bringt er verschiedene Räume zusammen und qualifiziert einen Raum, nämlich den Raum, in dem sich die Lektüre vollzieht, zu einer Heterotopie.

Nun steht die Frage an: Welche Anders-Orte bringt die Literatur hervor? Ich werde sie in zwei Schritten angehen: zunächst geht es um Anders-Orte in der Literatur (2.) und schließlich darum, ob Literatur ein Anders-Ort ist (3.).

Anders-Orte in der Literatur

Beim Lesen begegne ich fernen Inseln und fremden Ländern ebenso wie den Häusern und Straßen meiner Umgebung. Beidseits, im Fremden wie Nahen, erfahre ich von glückenden und mißglückenden Abenteuern, von glückender und mißglückender Liebe, von glückenden und mißglückenden Revolten u.a.m. Die fernen und nahen Orte, die unbekannten und vertrauten Orte zeigen sich während des Lesens, im Lesen, unter dem lesenden Gehen als Anders-Orte und zwar zweifach: zum einen rufen die Lektüreinhalte einen solchen auf, sie lassen die Leserinnen und Leser Anders-Orte imaginieren (*Heterotopie in der Literatur*): die unbekannten, fernen, weil vieles unvertraut und unbekannt, und die nahen, bekannten, weil auch das scheinbar Bekannte und Nahe etwas Anderes von sich entbirgt. Zum anderen – vorweg als noch zu befragende These formuliert, die im nächsten Kapitel ansteht – ist das, was Literatur *macht*, ein Anders-Ort (*Literatur als Heterotopie*). Denn das Imaginieren selbst ist „besetzt" etwa durch die vorgängige Perspektivierung des

Lektürestoffes, durch die Kritikfähigkeit der Leser und nicht zuletzt durch die Bedingtheiten der Zeit, in der Autoren wie Leser das Werk entstehen lassen.

Ein Katalog ließe sich nun leicht abarbeiten über inhaltliche Schnittmengen: so könnten die von Foucault genannten Heterotopien, der Garten etwa oder der Dachboden oder das Ehebett der Eltern, der Friedhof, das Kino, die Bibliothek, das Fest oder das Schiff leicht in der klassischen wie populären Literatur aufgewiesen werden.[27] Es gibt sogar einen Roman, der als ganzer einen Anders-Ort schildert: der fahrende Ritter Don Quijote scheitert, weil er die gelesene Welt für die wirkliche hält. Ständig verwechselt er die Wirklichkeit mit seinen Lektüren. Die Figur des fahrenden Ritters bringt also einen Ort hervor, der anders ist: die Figur repräsentiert ein Zwischen. Der fahrende Ritter liest in der beginnenden Moderne, die Worte und Dinge voneinander trennt, noch im alten Format der Analogie. Das macht sein Verrücktsein aus, er ist in seiner Wahrnehmung und Deutung der Wirklichkeit am falschen, am anderen Ort. Der Roman von Cervantes – nach Meinung vieler der erste Roman in der Geschichte überhaupt – zeigt in dem fahrenden Paar aus Ritter und Knappe zwei Menschen, die in einer Heterotopie leben. Windmühlen sind beides: eben Windmühlen und Riesen. Und die Barbierschüssel ist beides: eben eine Barbierschüssel und der goldene Helm des Mambrin. Und in der Lektüre der Leser ist es noch ganz anderes.

27 Kurz deute ich inhaltliche Fährten an: zur Bibliothek: Elias Canetti, *Die Blendung*; Jorge Luis Borges, *Die Bibliothek zu Babel*; zum Schiff: Umberto Eco, *Die Insel des vorigen Tages*; Sebastian Brant, *Das Narrenschiff*; Felicitas Hoppe, *Pigafetta*; zum Friedhof: Josef Winkler, *Friedhof der bitteren Orangen*; zum Kino: Patrick Roth, *Die Nacht der Zeitlosen*; Alexander Kluge, *Geschichten vom Kino*; zum Garten: Gen 2-3; Claude Simon, *Jardin des Plantes*; Anton Tschechow, *Der Kirschgarten*; zum Fest: Edgar Allen Poe, *Die Maske des roten Todes*.

Die folgenden Illustrationen zu Anders-Orten in der Literatur verstehen sich mehr als Assoziationshilfe denn als Paradigma.

Nehmen wir die Fantasy-Bestseller. Die Harry-Potter-Romane von Joanne K. Rowling, die Tintenwelt-Trilogie von Cornelia Funke oder die Bis(s)-Reihe von Stephenie Meyer haben Kinder wieder ans Lesen und damit auch an Leseorte gebracht. Ob es das Begehren ist, die Entzauberung der Wirklichkeit für einen Moment rückgängig zu machen und auf Zeit in eine andere Welt, eine Parallel-Welt abzutauchen, muss hier nicht geklärt werden. Auf jeden Fall führen obige Romane an imaginäre Anders-Orte, im Falle Harry Potters an Anders-Orte mit ähnlichen Regeln wie denen der Wirklichkeit (in der Hogwarts-Schule gelten die Internatsregeln Englands), aber – und das ist entscheidend und macht einen Anders-Ort – mit anderen Möglichkeiten.

Anders-Orte kennt auch die Bibel und die gottesdienstliche Verkündigung. Einen Kirchbau allein auf ein Dispositiv zu reduzieren, übersieht seine Heterotopie. Lese ich „Ägypten" oder „Jerusalem", stehen diese realen Orte für mehr. Schon die allegorische Auslegung der Schriftsinne in den ersten Jahrhunderten hat diese Orte mit anderen Orten überlagert: Jerusalem ist nicht bloß die Hauptstadt des Südreiches Juda, sondern eine Stadt aus zwölf Toren, in den Himmel gebaut. Ägypten ist nicht nur das Land des Pharaos, sondern zugleich jenes des Exils. Orte überlagern sich, schaffen Anders-Orte. In der realen Stadt Jerusalem kann ich in Ägypten sein, auch wenn das kein Falk-Plan verzeichnet. Das Land, in dem Milch und Honig fließen – wo ist es? So fragt die Bibel und schlägt Orte vor: Kanaan ja, aber ein Kanaan, in dem Witwen und Waisen ihr Recht bekommen. Insofern kann jeder Ort Kanaan werden. Die neutestamentliche Heterotopie schlechthin ist das „Reich Gottes", das noch aussteht und dennoch schon da ist. Im realen Raum ist ein anderer Raum eingezogen: Wer hören kann, horche. Und auch die Auferstehung Jesu kann ich als Heterotopie lesen: Er ist nicht hier, er geht euch voraus nach Galiläa. Am engen Ort der Trauer scheint der andere Ort, scheinen jene weiten Felder der Aussaat auf. Und wer etwa im Gottesdienst Jesu erste Predigt hört und ihr nachgeht, „Kehrt um. Glaubt an das Evangelium.“ (Mk 1,15), kann sogar eine Änderung, eine Änderung des bisherigen bewirken.[28]

Bei alledem ist die diskursive Praktik – hier der Einheitsübersetzung – selber noch einmal zu befragen: denn eine andere sprachliche Praktik, eine andere, eine geanderte (d.i. Alterität zulassende) Übersetzung bringt andere nicht-sprachliche Praktiken, andere Orte hervor: „Denk neu. Trau dieser Erzählung.“ Es macht einen Unterschied, ob ich Basileia mit „Reich Gottes“ oder mit „Welt Gottes“ übersetze. Sprache bringt Räume hervor. Die Bibel erzählt davon. Als ferne Reminiszenz wirkmächtigen Sprechens gilt der erste biblische Schöpfungsbericht mit der wiederholenden Formel: „Gott sprach ... Es geschah.“ (Gen 1,3.6-7.9.11.14-15.24). Dies ist allerdings nochmals zu umkreisen: denn die Aussage, dass Gottes Sprechen einen realen Raum hervorgebracht hat, bringt ja nochmals etwas hervor: den Raum einer Weltdeutung, die auf Sprache vertraut. Heute gelesen ziehe ich in die reale Welt, die jenes Vertrauens verlustig gegangen ist, diesen anderen Raum ein. Die Liturgie begeht diesen Raum.[29]

Auch das Theater ist eine Heterotopie, unabhängig von dem, was gerade gespielt wird. Für einen Abend bringt es auf der Bühne und im Zuschauerraum verschiedene Orte und Zeiten zusammen. Wie verhält es sich etwa mit Samuel

---

28 Hier setzt, methodisch divergierend, der pastoralästhetische Ansatz Ende der 1990er Jahre an: vgl. Walter Fürst, Nachfolge – Nachahmung – Verähnlichung. Formen figuraler Mimesis und die entscheidende Stilfrage der Glaubensüberlieferung. Pastoral-theologische Perspektiven, in: Rudolf Englert/Ursula Frost/ Bernd Lutz (Hgg.), *Christlicher Glaube als Lebensstil*, Stuttgart/Berlin/Köln 1996, 45-73.

29 Die Liturgie ist eine Heterotopie und sie zeigt das sehr deutlich am Gründonnerstag im Hochgebet-Einschub: „das ist heute“. Das „Heute“ wird hier expliziert (oder verdoppelt) und ist doch stets da.

Becketts „Warten auf Godot"? Wladimir und Estragon warten auf einer Hochebene auf einen Mann namens Godot. Dieser kommt nicht, ein Kind entschuldigt ihn am Ende eines jeden der beiden Akte. Stattdessen betritt ein anderes Paar die Bühne, Pozzo und Lucky, ein Herr und sein Knecht. Dieses Stück hat viele Deutungen erfahren: die metaphysische Dimension des im Nichts stehenden Menschen, die religiöse Dimension eines möglicherweise ankommenden Erlösergottes, die existentialistische Dimension der Einsamkeit und Absurdität des menschlichen Daseins und auch die biblische Dimension, nämlich eine Spiegelung der Emmausgeschichte (Lk 24). Gemeinsam ist diesen Deutungen, dass sie keinen realen Ort suchen oder angeben, sondern auf die dargestellte Überzeitlichkeit abheben. Es geht um eine allerorten gültige Beschreibung der conditio humana. Aufmerksamkeit erhielt im Jahr 2002 eine historisch-verortete Auslegung: Warten auf Godot – so Valentin Temkine[30] – ist all dies nicht, sondern ist genau zu orten und präzise zu datieren. Es ist ein Stück der Résistance und spielt im Frühjahr 1943. Wladimir und Estragon sind jüdische Flüchtlinge, die einen Unterschlupf vor den Nazis suchen, Pozzo ist ein pétainistischer Landbesitzer mit seinem Knecht und Godot meint nicht eine mystische Figur oder gar Gott, sondern schlichtweg einen „Berufsschleuser". Zwei Flüchtlinge warten auf ihren Schleuser, der sie in Freiheit bringt vor den Besatzern. Beckett – so Temkine – macht das Judesein Wladimirs und Estragons unsichtbar und stellt den Menschen vor Augen.

Angesichts dieser (Be-)Deutungsvielfalt kann „Warten auf Godot" nicht auf eine Aussage hin liniert werden. Es geht hier nicht um die Details der Auslegung Temkines, sondern darum, dass er in seiner Deutung ein Überall und

30 Vgl. Pierre Temkine u.a., *Warten auf Godot. Das Absurde und die Geschichte*, hg. von Denis Thouard und Tim Trzaskalik. Aus dem Französischen von Tim Trzaskalik, Berlin 2008.

Allezeit in ein Hier und Jetzt hinübergeführt hat.[31] Während „wir über God in *Godot* spekulieren, über Sinn und Unsinn, passierten zwei Flüchtlinge incognito unsere mentalen Schranken."[32] Dies ist ein spannender Ortswechsel.

Mehrere Orte an einem realen Ort bringt auch Josef Winkler in seinem Roman „Der Ackermann aus Kärnten" zusammen:

> „Die geographische Anatomie unseres Dorfes lässt sich mit einem Kruzifix vergleichen. Von der Dorfstraße, zu deren linker und rechter Hand Häuser stehen, strecken sich im oberen Teil zwei Arme, auf die die Bauernhäuser wie die Knorpel eines Rosenkranzes aufgefädelt sind. Ganz links, auf der angepflockten Hand stockt das Blut des ersten Hauses. Das Zimmer der verstorbenen Mutter ist rot austapeziert. Am letzten Haus des rechten Armes steht ein roter Kalbstrick für den Nagel, der die rechte Hand des Kruzifix hochhält. Den Kopf dieses Kruzifix bilden Pfarrhof und Heustadel, in dem sich die beiden siebzehnjährigen Lehrlinge umbrachten. Zu Füßen dieses Dorfkruzifix stehen Friedhof und Kirche. In der Mitte, wo sich senkrechter und lotrechter Balken treffen, ist das Herz des Kruzifix, der Knotenpunkt meines Romans, mein elterliches Bauernhaus."[33]

---

31 Überall/Hier und Allezeit/Jetzt – diese Polung auszuhalten zeigt auch die biblische Rede von Ägypten oder Jerusalem. Ägypten meint sowohl die historisch-ortbare Knechtschaft als auch jenes Allezeit, das die Propheten anmahnen und im Exil endet oder das in der chassidischen Auslegung dazu führt: „An jedem Tag soll der Mensch aus Ägypten gehn." (Martin Buber, *Die Erzählungen der Chassidim*, Zürich ⁹1984, 444.)

32 Pierre Temkine, *Was es macht, nichts zu sagen*, in: ders. u.a., *Warten auf Godot*, 107.

33 Josef Winkler, *Der Ackermann aus Kärnten*. Roman (1980), St. Pölten/Salzburg 2005, 12-13. – Nebenbei: Ein Architekt wies mich auf die Redundanz von senkrechtem und lotrechtem Balken hin, die ich bis dahin immer überlas.

Beschrieben wird hier der Raum eines Dorfes. Das Dorf mit seinen Dorfstraßen und Bauernhäusern als der reale Ort wird überzogen und verlesen mit einem anderen Raum, den eines Kreuzes: ein zweiter Ort. Insofern ist das Dorf zugleich „Ort körperlichen Schmerzes, der Folter und des Todes, der Gang durchs Dorf wird zur Passion."[34] Das Dorf wird so zu einem Anders-Ort, in ihm kommen mehrere Orte zusammen.

Soweit einige Beispiele zu Anders-Orten in der Literatur. Ich gehe nun einen Schritt weiter, denn ich meine, dass eine solche Schnittmengenbildung nicht weit genug führt, da sie der eigentlich stellenswerten Frage, was denn Literatur *macht*, ausweicht. Denn ein Garten, ein Kino, eine Bibliothek in der Literatur sind Repräsentationen von Anders-Orten und nicht reale Anders-Orte. Es sind imaginierte Anders-Orte, die allerdings ihre berechtigte Funktion haben: sie locken mich, die realen Orte anders zu sehen. Literatur wäre darum eine Sehschule oder – zwei Gedanken Foucaults aufgreifend – auf der einen Seite illusorische Kritik und auf der anderen Seite kompensatorische Idealbildung.

Literatur als Anders-Ort

Im vorigen Kapitel habe ich nach der *Heterotopie in der Literatur* gefragt: es ging dabei um die instrumentelle Frage nach Orten, die mir in der Lektüre begegnen. Nun widme ich mich der *Literatur als Heterotopie*, d.h. der epistemischen Frage nach der Repräsentation jener Orte. Das ist die Frage, was Literatur macht. Ihr geht es um den Anders-Ort nicht *in*, sondern *der* Literatur.

Um mich dem zu nähern, wähle ich ein Beispiel, das die Erwartungen mancher Leserinnen und Leser thematisiert. Eine

34 Brigitte Schwens-Harrant, *„Alles, was ich beschreibe, wird neu". Ein literarisches Portrait des Georg-Büchner-Preisträgers Josef Winkler*, in: HK 62 (2008) 531-535, hier: 534.

Erwartung beim Lesen historischer Romane oder von Biographien etwa ist es, etwas über die vergangene Zeit oder die besagten Personen zu erfahren: „Da lerne ich etwas über jene Zeit oder diese Person." Eine solche Aussage ist problematisch, denn mir scheint hier ein naives Verständnis von dem zugrunde zu liegen, was Literatur macht. Die Voraussetzung einer solchen Lesererwartung ist es, dass Literatur einfach so Leben abbildet, dass sie es „1 : 1" wiederholt und redupliziert.[35] Weder gibt mir aber der historische Roman ein Wissen über die Historie noch die Biographie ein Wissen über eine Person. Ein Verständnis von Literatur, das auf Abbildung reduziert ist, reduziert Literatur auf nur *einen* Raum, den der *einen* Wirklichkeit, von der berichtet wird: etwa der Zeit des 12. Jahrhunderts oder einer Person des 18. Jahrhunderts. Aber das macht noch keinen Anders-Ort. Und es wäre ein Verkennen dessen, dass Literatur Repräsentationen macht, aber nicht Wiederspiegelungen der Wirklichkeit. Hier wären es Repräsentationen eines Autors, der sich das 12. oder 18. Jahrhundert so denkt, selbst wenn er, wie man zur Zeit gerne sagt, das alles „recherchiert" hat. Das ändert jedoch nichts daran, dass er, sagen wir der Autor des 21. Jahrhunderts, seinen Blick der Vergangenheit einträgt: ich bekomme also mehr Gegenwart mit als eigentlich versprochen ist.

Ein Anders-Ort entsteht nicht dann, wenn ein Raum einfach nur abgebildet wird, sondern wenn Perspektiven, also mehrere Räume an einem Ort – hier dem der Literatur, vorausgesetzt, dass Literatur ein Ort ist – zusammengebracht werden. Es geht der Literatur nicht um Wissen, das sie ab-

35 Das ruft die zum Diktum gewordene hermeneutische Naivität auf, jene von Leopold von Ranke gestellte Frage, „wie es eigentlich gewesen" ist. Vgl. Leopold von Ranke, *Geschichten der romanischen und germanischen Völker von 1494 bis 1514. Zur Kritik neuerer Geschichtsschreiber* (Sämmtliche Werke Bd. 33/34), Leipzig [3]1885, 7: „Man hat der Historie das Amt, die Vergangenheit zu richten, die Mitwelt zum Nutzen zukünftiger Jahre zu belehren, beigemessen: so hoher Aemter unterwindet sich gegenwärtiger Versuch nicht: er will blos zeigen, wie es eigentlich gewesen."

bildet, sondern um die Repräsentation des Wissens und um die Perspektivierung des Abbildens. Auch wenn dies nicht minder normativ ist als obige Leseerwartung, spricht einiges für diese Position des Nichtabbildens.[36]

Im Essay „Von historischen Stoffen" hat die Schriftstellerin Felicitas Hoppe diese Position vertreten. Unter anderem kommentiert sie darin ihren kurz zuvor erschienenen Roman „Johanna".[37] Hoppe entledigt sich in „Johanna" keineswegs des historischen Stoffes, sondern der Abbildung dieses Stoffes.[38] Dadurch erst ergibt und eröffnet sich die Frage, wer denn Johanna von Orleans war. Der Roman bemächtigt sich der Historie nicht, sondern transformiert einen historischen Stoff, bringt ihn an einen anderen Ort, in eine andere Zeit, hier in die Gegenwart einer universitären Prüfung. Der literarische Diskurs (um es einmal so zu formulieren) verschiebt die Koordinaten. Während die Historie Johanna bemeistern will, wohnt dem Roman die Fähigkeit inne, mithilfe eines historischen Stoffes das Bemeistern selbst zu befragen. Solche Fragen klingen bei Hoppe so:

> „Wie bringt man Kopf und Krone zur Deckung, ohne dass einer zu Schaden kommt? Kurz: Wie krönt man richtig?"[39]

Es geht dabei dann weniger um die Frage, ob Literatur historisch ist, vereinfacht gesagt: ob sie an historische Orte

---

36 Weiterführend hierzu Raymond Federman, *Surfiction: Der Weg der Literatur. Hamburger Poetik-Lektionen* (1991). Aus dem Amerikanischen von Peter Torberg, Frankfurt 1992.

37 Felicitas Hoppe, *Auge in Auge. Über den Umgang mit historischen Stoffen*, in: NR 118 (2007) 56-69. Dies., *Johanna. Roman*, Frankfurt 2006.

38 In Interviews hat Felicitas Hoppe auf eigene Recherchen verwiesen, aber diese zugleich relativiert! Vgl. die Prozessakten in: Ruth Schirmer-Imhoff (Hg.), *Der Prozeß Jeanne d'Arc. Akten und Protokolle. 1431-1456*, München 1963; Georges Duby/Andrée Duby, *Die Prozesse der Jeanne d'Arc*, Berlin 1973.

39 Felicitas Hoppe, *Johanna*, 32.

führt oder die Historie rekonstruiert, sondern es stände vielmehr die andere Frage an, ob nicht die historische Forschung selbst literarisch wäre.[40]

Was also macht Literatur? Bislang habe ich „Heterotopie" und „Anders-Ort" synonym verwendet. Im folgenden unterscheide ich den mit strengen Kriterien versehenen Begriff Foucaults von dem offenen, metaphorischen Leitbegriff dieses Buches.

Was macht Literatur? Sie verdoppelt die Wirklichkeit nicht, sie bildet Wirklichkeit nicht ab (ob gelungen oder mißlungen, spielt dabei keine Rolle), sondern sie schafft einen Zugang zur Wirklichkeit über eine Wirklichkeitsbildung mittels Sprache, kurz: sie repräsentiert Wirklichkeit. Sprache bildet nicht ab, sondern stellt etwas anderes dar, das sie eigentlich gar nicht darstellen kann. Ich schlage vor, die Frage von literarischen Kriterien (Ist nur eine bestimmten Kriterien genügende Literatur eine Heterotopie?) hin zur epistemischen Frage zu verschieben, was Literatur macht (Ist Literatur als solche eine Heterotopie?). Paradox und nachmodern zugleich formuliert: es kommt der Literatur nicht zu, „*Wirklichkeit zu liefern*, sondern Anspielungen auf ein Denkbares zu erfinden, das nicht dargestellt werden kann."[41] Paradox ist diese Aussage, insofern Literatur ja doch etwas darstellt, aber sie erschöpft sich nicht im Dargestellten. Nachmodern ist die Aussage, weil Wirklichkeit wenig wirklich ist.

---

40 Beispielsweise würden dekonstruktive Verfahren (Jacques Derrida, Paul de Man) „eine prinzipielle Differenz zwischen philosophischen und literarischen Texten verneinen": vgl. Bettine Menke, *Dekonstruktion – Lektüre: Derrida literaturtheoretisch*, in: Klaus-Michael Bogdal (Hg.), *Neue Literaturtheorien. Eine Einführung*, Göttingen ³2005, 242-273. Ähnliches kann für historische Texte ausgemacht werden: vgl. Hans-Jürgen Goertz, *Unsichere Geschichte. Zur Theorie historischer Referentialität*, Stuttgart 2001.

41 Jean-François Lyotard, *Postmoderne für Kinder. Briefe aus den Jahren 1982-1985*, hg. von Peter Engelmann. Übersetzt von Dorothea Schmidt, Wien 1987, 30. Im Kontext des Zitats geht es Lyotard nicht um Literatur, sondern um jegliches Weltverhalten in der Nachmoderne.

Vom Standpunkt der Intertextualität aus besehen, wie Michail Bachtin und Julia Kristeva[42] ihn vorgeschlagen haben, kann dies mithilfe eines Beispiels verdeutlicht werden. Bachtin und Kristeva gehen davon aus, dass jeder Text auf einen anderen Text verweist. Jedes Wort ist längst schon besiedelt und kommt immer schon als Besiedeltes zu uns. Dies gilt nicht nur für das horizontale Verhältnis zwischen dem abwesenden Autor und dem anwesenden Leser, also für den Lektüreakt, sondern es gilt zudem – und das ist der Clou – als vertikales Verhältnis zwischen Texten, zwischen der gegenwärtigen eigenen und den vorangegangenen Lektüren anderer: die Texte überschreiben sich im Laufe ihrer Rezeption und Tradierung und kommen nicht unschuldig oder blind oder leer zu uns. Das merke ich etwa dann, wenn sich während des Lesens frühere Auslegungen, seien es im Gespräch oder in vorangegangenen Lektüren erlebte, dazwischen mischen.[43]

Lese ich beispielsweise in der Bibel, dann rufe ich an einem Ort verschiedene Orte auf, die zuvor nichts miteinander zu tun hatten: das sind zunächst (a) die Orte der biblischen Erzählungen, dann (b) die Orte, an denen vor mir die Bibel von anderen gelesen und ausgelegt wurde, bis hin zu (c) dem Ort, an dem ich gerade sitze, stehe oder gehe und in der Bibel lese.

Schon der Bibel sind solche vertikale Lektüren eingeschrieben. Ich verweise auf die Relektüre des Jakobskampfes (Gen 32,23-33) im Hoseabuch: „Er wurde Herr über den Engel und siegte" (Hos 12,5). Nun erzählt Gen 32 aber von keinem Engel, dieser kommt erst hier, also viel später in einer Überschreibung hinzu und ihm widerfährt in der spä-

42 Dargestellt sind die Ansätze in: Jörg Seip, *Einander die Wahrheit hinüberreichen. Kriteriologische Verhältnisbestimmung von Literatur und Verkündigung*, Würzburg 2002, 398-405 (Lit.).

43 Damit ist die Kommentierung angesprochen: vgl. Markus Krajewski/Cornelia Vismann, *Kommentar, Code und Kodifikation*, in: ZfG 3 (2009) Heft III/1, 5-16.

teren Ikonographie eine beträchtliche Wirkungsgeschichte. Nebenbei gesagt und die Frage der Repräsentation nochmals aufgreifend: Wer hat einen Engel je gesehen? Also was wird hier mit „Engel" in der biblischen Literatur repräsentiert? Literatur zu einer Abbildung zu verkürzen, stellt vor die oben angesprochenen Probleme: das Dass der Repräsentation, das Repräsentiertsein wird hierbei ausgeblendet.

Die Bibel überschreibt in Hos 12,5 einen älteren Text und solche Überschreibungen werden in späteren Lektüren abermals überschrieben. Darin liegt die Potenz der Literatur, auch der biblischen: eine solche Art der Lektüre, die nicht abbildend verkürzt oder gar fundamentalistisch ausweicht, schafft einen Anders-Ort. Dieser Ort verschiebt sich ständig. Aber ist der sich ständig verschiebende Ort ein realer, also eine Heterotopie im eigentlichen Sinne?

Das Buch ist ein realer Ort. Es bringt verschiedene Orte (mindestens zwei: der Ort, von dem die Lektüre mir erzählt und der Ort meiner Lektüre) und unterschiedliche Zeiten (zurückliegende eigene Leseerfahrungen und Lektüren anderer vor mir) an ein und demselben Ort zusammen, nämlich in meiner Imagination am Ort meiner Lektüre. Insofern ist das Buch ein Anders-Ort dank seines Kontextes bzw. nur dank seines Kontextes.

Wie aber steht es um die Heterotopie? Macht die Literatur eine Heterotopie *oder* macht lediglich der Lektüreort eine Heterotopie, wie im ersten Teil des Beitrags gezeigt? Da es sich nach Foucault um einen *realen* Ort handeln muss, ist die Imagination nicht hinreichend: ein gefühlter Anders-Ort ist keine Heterotopie. Einfach zu sagen, das entscheidet sich am Ort meiner Lektüre, also durch nicht-diskursive Praktiken, schöpft die Suche einer Antwort m.E. aber nicht aus. Was bringt eine Heterotopie hervor und was einen Anders-Ort? Erstere verschränkt oder überschreibt reale Räume. Letzterer macht mittels Imagination einen Ausstieg aus der vermeintlich wirklichen Wirklichkeit.

Als Ausblick auf weitere Fragen weise ich auf die Sprache hin. Sprache ist eine diskursive Praktik, d.h. sie bringt erst hervor, wovon sie spricht. Wenn Foucault in einem Beitrag über den Schriftsteller Raymond Roussel auf das Verhältnis zwischen der Sprache und den Dingen, m.a.W. auf die Repräsentationen von Literatur aufmerksam macht, kann man das nachträglich zwar als Beschreibung des Lektüreaktes lesen, es impliziert aber mehr:

> „Bei Roussel [...] ist die Beschreibung keineswegs die Treue der Sprache zum Gegenstand, sondern die ständig erneuerte Geburt eines unendlichen Bezugs zwischen den Wörtern und den Dingen. Sich vorwagend schafft die Sprache unaufhörlich neue Gegenstände, ruft Licht und Schatten hervor, lässt die Oberfläche zerbersten und bringt die Zeilen durcheinander. Sie gehorcht nicht den Wahrnehmungen, sie zieht ihnen eine Bahn, und in ihrem wieder stumm gewordenen Kielwasser beginnen die Dinge dann, für sich zu schwimmen, und vergessen dabei, dass sie, zuvor, ‹gesprochen› wurden."[44]

Beim Schreiben und Lesen gehen die Dinge durch die Sprache hindurch – die Sprache schafft Dinge und durchbricht mit ihnen verbundene Erwartbarkeiten, sie selbst verschwindet dann im Kielwasser und lässt wiederum Dinge zurück.

Doch eine reine Sprache gibt es nicht: auch die Sprache, die Dinge schafft, ist schon besetzt und durch den Diskurs formatiert.

---

44 Michel Foucault, *Warum gibt man das Werk von Raymond Roussel wieder heraus? Ein Vorläufer unserer modernen Literatur* (1964), in: ders., *Dits et Ecrits*, Schriften in vier Bänden. Erster Band.1954-1969, hg. von Daniel Defert und François Ewald unter Mitarbeit von Jacques Lagrange. Aus dem Französischen von Michael Bischoff, Hans-Dieter Gondek und Hermann Kocyba, Frankfurt 2001, 551-554, hier: 552-553.

Immerhin, indem Sprache Wörter und Dinge zusammenbringt, schafft sie einen anderen Raum, bringt ihn hervor. So könnten wir die Sprache möglicherweise selbst als eine Heterotopie bezeichnen, die einerseits ständig ihre Koordinaten, ihre Raumvektoren verschiebt, andererseits ständig Dinge produziert.

Das ist nun nicht die Deutung Foucaults, aber ein hilfreiches Bild: Sprache verschiebt den Raum zwischen Wörtern und Dingen ständig: macht sie das zu einer Heterotopie?

Kirchen und Kunst als „Anders-Orte"

Jürgen Lenssen, Würzburg

Der Rückblick auf die Geschichte des Menschen lässt ab den frühesten Zeugnissen seiner Gestaltung durch Wandmalereien und plastische Werke der von ihm zunächst in Höhlen gewählten Lebensräume erkennen, dass sich der Mensch nicht mit seiner Endlichkeit und seinem irdischen Umfeld sowie mit dem Maß seiner eigenen Kräfte begnügen wollte und konnte. Seine Ausschau danach, die empfundenen und erfahrbaren Begrenztheiten zu überwinden, ließen ihn neben den Wohnbezirken für das religiöse Ritual, für die Verehrung seines Gottes vorbehaltene Raumbereiche schaffen. Was in den Höhlensystemen mit räumlichen Ausgrenzungen und Malereien primitiv begann, vervollkommnete sich mit Steigerung der Kultur und künstlerischen Fertigkeiten in den Tempelbauten, in seinen Gotteshäusern.

Mögen die Sakralbauten und -räume auch in ihrer Form und Ausstattung an Qualität gewinnen, das Motiv ihrer Errichtung bleibt gleich. Es drängt den Menschen danach, innerhalb seines Lebensumfeldes Räume festzulegen, zu umgrenzen und durch Bildprogramme klar zu definieren, die er einer überirdischen Welt, einem göttlichen Wesen zuweist und überlässt, um in ihnen diesem Mysterium begegnen und dadurch gedanklich die Grenzen der Welt überschreiten zu können. Wie er sich um seinen Wohnplatz sorgt, so bereitet er auch seinem Gott eine Wohnstätte, damit er mit Gott und in dessen Gegenwart sowie erhoffter Hilfe lebt. Es drängt den Menschen, an heiliger Stätte zu wohnen bzw. seinen Wohnplatz durch ein Gotteshaus zu heiligen, um dadurch sowohl in seiner irdischen Welt als auch in einer anderen – seiner Vorstellung entzogenen und deshalb nur mit Bildschöpfungen zu erfassenden – zu leben, in der die irdischen Grenzziehungen und persönlichen Begrenztheiten aufgehoben sind.

Die Festlegung eines besonderen Platzes, eines markanten Berges, eines Haines, eines abgegrenzten Bezirks – so etwa durch einen ausgelegten Steinkreis wie bei den Beduinen – oder eines errichteten Gebäudes als Stätte Gottes ist zum einen eine Versicherung der göttlichen Gegenwart und somit des göttlichen Schutzes. Zum anderen aber auch eine Eingrenzung Gottes auf den ihm zugewiesenen Raum. Der Unfassbare, Unbegreifliche, Allgegenwärtige, dem der Mensch klein, fassungslos (im wortwörtlichen Sinn: Er kann Gott nicht erfassen) und abhängig gegenübersteht, wird durch jene „Verörtlichung" und seiner menschlichen Vorstellung entsprechenden Bildprogramme in die weltlichen Lebensfelder eingebunden, was zugleich die Begierde weckt, diesen Gott in einem gewissen Maße verfügbar zu machen, über ihn verfügen zu können.

Was als Eingrenzung des Heiligen, als Stätte Gottes umfriedet wird, schließt diesen sakralen Raum zugleich vom nicht-sakralen ab. Das Ergebnis ist der Gegenüberstand von Fanum, dem Raum, in dem sich Himmel und Erde verbinden und Gott seine Wohnung in dieser Welt nimmt, und dem Profanum, jenem dem heiligen Ort vorgelagerten oder ihn umschließenden Raum. Beide Räume werden vom Menschen entweder als einander durchdringende oder voneinander strikt getrennte Lebensräume gesehen, in wechselnder Weise davon abhängig, ob der Mensch seine Ziele jeweils mit oder ohne Gott zu verwirklichen sucht. Immer aber sieht der Mensch, der vornehmlich seine Lebensvollzüge im profanen Bereich ausübt, sich und seine weltbezogenen Aktivitäten im Gegenüber zum Fanum.

Die entstandene Polarisierung zwischen sakralem und säkularem Bereich beschwor die Gefahr, Gott auf seinen zugewiesenen Platz zurückzudrängen und ihn dadurch von den „Geschäften", vom „weltlichen Ding" auszuschließen, außer man bedurfte seiner direkten Hilfe und rief sie am heiligen Ort an. Soweit man aber der genannten Gefahr erlag, wurde die Begegnungsmöglichkeit mit Gott und dessen Erscheinen vor den Menschen auf den Sakralraum beschränkt. Die Vielzahl heiliger Orte täuscht nicht darüber hinweg, dass mit der Verörtlichung göttlicher Gegenwart und Beschränkung auf das Fanum die Säkularisierung des profanen Raumes voranschreitet und sich zunehmend „die Welt" der Stätte Gottes gegenüberstellt.

Diese Entwicklung wurde durch die immer prachtvolleren Gottesbauten verstärkt; die Kluft zwischen Fanum und Profanum vertiefte sich. Je mehr die Stätte Gottes auf geschaffene Sakralräume eingegrenzt und in ihrer Gestaltung von den Architektur- und Bildprogrammen der profanen Lebensbereiche abgesondert wurde, desto weniger wurde der profane Raum als Wirk- und Begegnungsort Gottes gesehen, dafür um so mehr als das Lebensfeld, auf dem der Mensch in angestrebter höchst möglichen Freiheit und Unabhängigkeit von Gott agieren kann.

Diese Situation, die Jesus vorfand, änderte sich durch ihn. Er hob jene Trennung auf. Suchte er auch den Tempel auf, um dort zu beten oder zu wirken, lehrte er auch in den Synagogen (da diese aber mehr Lehrstätten waren, genossen sie deshalb weniger die Wertung einer heiligen Stätte), so schränkte er sein Gebet und sein Heilshandeln nicht darauf ein. Vielmehr wirkt er überwiegend außerhalb des Tempels, verkündet seine Botschaft vorn Reich Gottes auf Straßen, an Berghängen und in den Orten und Wohnhäusern, kurz: überall und ohne Grenzen.

Indem er in seine Tätigkeit und seine Verkündigung unterschiedslos das gesamte Umfeld des Menschen, alle seine Lebensorte miteinbezog, indem er die Welt insgesamt mit seinem Wort und Handeln erfüllte und in ihr die Begegnung wie Offenbarung Gottes so ermöglichte, sakralisierte er die Welt. Kein Ort der Schöpfung Gottes ist ausgenommen vom Heilshandeln Gottes an den Menschen, von seiner Verheißung kommender Herrlichkeit. Alles wird zur Stätte Gottes, an der er zugegen ist. Die Welt, die gesamte Schöpfung wird zum Sakralraum.

Dieses durch das Handeln Jesu grundgelegte Verständnis führt bei der jungen Christengemeinde zunächst nicht zur Bildung neuer und eigener Sakralbauten und -räume. Sie suchte weiterhin den Tempel auf, nicht um in eine Rückkehr der Trennung von Fanum und Profanum zu verfallen, vielmehr aus dem Verständnis, dass der Tempel als Teil der Welt von jenem gesamtweltlichen Sakralraum nicht ausgeschlossen ist. Nach ihrer Vertreibung aus dem Tempel vollzieht sie ihre Riten zunächst in profanen Räumen, denn ihr Tempel ist gemäß dem Wort Jesu und somit in ihrem Selbstverständnis die lebendige Gemeinde. Nachweisbar ab dem 3. Jahrhundert entstehen wohl mit der Entwicklung liturgischer Rituale Hauskirchen durch die Abtrennung von einzig für den rituellen Gebrauch bestimmter Räume von den anderen Nutzräumen innerhalb eines Hauses.

Wenn es also vom Ende des dritten Jahrhunderts an trotz der anfänglich empfundenen und gelebten Unabhängigkeit vom Tempel und seinem Kult zur Ausbildung von Räumen innerhalb der Wohnhäuser kommt, die allein der rituellen Nutzung vorbehalten sind, dann wohl auch deshalb, weil der Mensch eine sakralisierte Welt nicht aushält. Zu viele Erfahrungen, in denen sich das Böse äußert, stehen diesem ganzheitlichen Verständnis entgegen.

Erlebt die junge Kirche in der Welt Verfolgung, Unterdrückung und Martyrium, erschwert diese Lebenssituation der Bedrohung, die Welt als Sakralraum zu sehen, so erklärt sich nur zu leicht, dass der „Rückzug“ in den Gegenüberstand von Fanum – Profanum angetreten wird. Wer sich einer Feindlichkeit und Lebensgefährdung ausgesetzt sieht, wird das Bestreben haben, sich Räume zu schaffen, an denen er sich seines Gottes sicher weiß, an denen er sich in der Gemeinschaft der Mitglaubenden (und Mitverfolgten) geborgen fühlen kann. In einer bedrohlichen Umwelt wächst der Wunsch nach einem geistlichen Refugium, nach einer „göttlichen Enklave".

Dieses Sicherheitsbedürfnis, das der sakrale Raum zu stillen vermag, schlägt mit der konstantinischen Wende um in eine Demonstration der Kirche, des Sieges über den Unglauben. In allen nachfolgenden Sakralbauten äußert sich der kirchliche Anspruch, im Besitz der Wahrheit und Gnade, der Orthodoxie und der geistlichen (zuweilen auch weltlichen) Macht zu sein.

Wohl mehr unbewusst wird damit an das vorchristliche Sakralraumverständnis, an den nichtchristlichen Tempel angeknüpft, wie es sich im Würzburger Dom durch die beiden namentlich in Jerusalemer Tempeltradition mit „Booz" und „Jachim" bezeichneten Knotensäulen dokumentiert. Mit der Wiederbelebung dieses Verständnisses wird zugleich die in Jesus gelebte Wirklichkeit einer sakralisierten Welt aufgegeben und der Sakralraum bzw. -bau zumindest in der erklärten Absicht seiner Errichtung von der profanen Welt geschieden.

Diese Abgrenzung ist aber nicht durchgängig eindeutig. Denn dass der Gott und seiner ihn liturgisch verehrenden Gemeinde zugewiesene Bau und Raum zugleich auch eine Demonstration profaner Interessen sein kann, beispielsweise die politische Macht oder die wirtschaftliche Potenz zu präsentieren, lässt sich an den sog. Kaiserdomen oder an den Bürgerkirchen der Hansestädte ablesen. Hier findet eine Instrumentalisierung Gottes zugunsten der Einforderung von Ergebenheit und Bestaunen der finanziellen Möglichkeiten beredten Ausdruck.

So vordergründig diese Absichten auch das Erscheinungsbild samt Dimension den Sakralbau bestimmen mögen, letztendlich ist gerade das jede Funktionalität und räumliche sowie liturgische Notwendigkeit sprengende Ausmaß zugleich eine Ehrerbietung Gott gegenüber und eine von der baulichen Umgebung sich abhebenden und aus ihr herausragenden Unterstreichung des Fanums in dieser profanen Welt.

Der so wiedergewonnene Gegenüberstand von Fanum und Profanum im Kirchenbau ist trotz mancher gegenläufiger Bemühungen der nachkonziliaren Zeit des 20. Jahrhunderts in seinem Kirchenbauprogramm der 70er Jahre mit der Verwirklichung von sog. Mehrzweckkirchen, die allerdings bis in die Anfangsjahre des 21. Jahrhunderts größtenteils zum eindeutigen und allein der liturgischen Nutzung vorbehaltenen Sakralraum umgestaltet wurden, wieder unsere Situation.

Mögen die oben entfalteten Gedanken auch unausgegoren oder provokant erscheinen, spekulativ oder unsachgemäß, so drängen sie sich mir doch auf und wecken die Fragen, ob die Zeit des Kirchenbaues im Blick auf das Verständnis Jesu nicht ein Ende gefunden haben muss? Sind Kirchenbauten nicht Anachronismen? Oder, ob ein Kirchenbau der Botschaft Jesu sowie dem Charakter einer christlichen Gemeinde und der ihr von Jesus und den Apostelbriefen zugesprochenen Wertigkeit nicht geradezu im Wege steht?

Die Antwort auf diese Fragestellungen kann sowohl in ein Ja als auch in ein Nein münden. Dann nämlich ist ein Kirchenbau der Verkündigung Jesu ein Hindernis und stellt sich seinem Werk der Sakralisierung der Welt entgegen, wenn mit dem Bau des Sakralraumes der Welt ein „Terrain Gottes" entrissen werden soll, wenn der Bau eine Flucht aus der profanen Welt signalisiert und zu ihr einladen soll, wenn der Sakralraum gleichsam als Tabernaculum das Heilige einschließt, vor der Welt verborgen hält und jeder Durchdringung wehrt und wenn er baulicher Ausdruck eines Machtanspruchs ist.

Sollen die aufgeworfenen Fragen verneint werden, dann hat der Kirchenbau seinen Platz „mitten in der Welt" einzunehmen, d.h. er sondert sich nicht aus, sondern versteht sich als Zeichen für das räumlich unbegrenzte Heilshandeln Gottes am Menschen; er vereinigt in seinen vier Wänden als „kleine Welt", was in der großen und für sie Gültigkeit hat. Der Kirchenbau hat dann seine Berechtigung, wenn er Mahnzeichen für den in die Entscheidung für oder gegen Gott gestellten Menschen ist und wenn er darin Hilfestellung bietet als baulicher Ausdruck göttlicher Verheißung und Zusage.

Dieses Kirchenbauverständnis begründet sich nicht allein von seiner Architektur her. Vorrangig ist das in ihm vollzogene Geschehen, das zugesprochene Wort Gottes, der in ihm angestimmte Lobpreis, das im Gedächtnis Jesu gefeierte Mahl in seiner Gegenwart, das Geschenk der Stille und des Innehaltens in der Geschäftigkeit des Tages, die Gemeinschaft der Glaubenden als Abbild der Liebe Gottes zu uns und seines Bundes mit uns.

Der christliche Sakralraum ist dann notwendig und notwendend, wenn er wie ein Sauerteig mit den in ihm versammelten Menschen die Welt durchdringt und den eschatologischen Ausblick vermittelt, dass das in ihm Wirklichkeit Werdende einmal allumfassend erlebbare neue Welt sein wird. Jeder Kirchenraum hat mit der in ihm versammelten Gottesdienstgemeinschaft im Heute Zeichen des endzeitlich Kommenden zu sein. Im Sakralraum bündelt sich die Zeit und wird die gegenwärtige Welt durch die heilsame Erinnerung an das heilsgeschichtliche Geschehen und Handeln Gottes in ihre zukünftige Herrlichkeit ausgerichtet.

Dieser Zeichencharakter des Sakralbaus wird geradezu auch durch die Wahl seines Ortes auf einer Anhöhe, zu der die Menschen aufblicken, oder in der Mitte eines Ortes, die dadurch auch zur ideellen Mitte wird, betont und sichtbar. Diese örtliche und geistliche Markierung ist für alle, die sich auf Gott ausrichten und sich seiner in ihrem Lebensumfeld und -vollzug vergewissern wollen, Erinnerung an unseren gegenwärtigen und handelnden Herrn und Gott. Sowohl die Lage des Sakralbaus wie auch seine Architektur lassen an das Haus Gottes auf seinem heiligen Berg, an den Tempel denken.

Die Zentrierung auf den Altar im Innern des „heiligen Gevierts" versinnbildlicht die Mitte, die der Herr ist. Diese Komposition des Raumes verweist auf die Mitte, die der Herr im Leben eines jeden Glaubenden inne hat, ohne diese aber auf den Sakralraum allein zu beschränken. Der Kirchenbau beansprucht also keine Ausschließlichkeit, ist vielmehr „Wegzeichen" für alle, die in ihm als „Vorübergehende" sich in ihrer Versenkung in das Mysterium Gottes, in ihrer Zuflucht zur Fürbitte sowie zum Lobpreis Gottes auf die endzeitliche Herrlichkeit ausrichten, die sie im Heute als das begonnene Gottesreich glaubend schauen und dessen endgültigen Bestand sie erwarten.

Mit der Architektur und dem Ausstattungskonzept wird an die Glaubenstradition des alt- und des neutestamentlichen Volkes Gottes angeknüpft und der zeitliche Bogen einer auf Zukunft ausgerichteten Heilsgeschichte gespannt. Ebenso wird aber auch der Bogen sowohl in Architektur und Bildprogramm als auch in Gebet und Verkündigung wie in dem Dienst, der aus der privaten Frömmigkeitsübung der Gottesdienstfeier erwächst, zur gegenwärtigen Welt in ihren Zu- und Umständen geschlagen, ohne die der Kirchenbau nicht denkbar wäre, ist er doch geradezu immer Bau und Raum gewordene Reaktion auf die in ihr und durch sie erfahrbaren Bemessenheiten und dadurch ausgelösten Ängsten und Sehnsüchten.

Der Sakralbau ist also kein Zielpunkt irgendeiner Weltflucht, sondern Ausgangspunkt für die Gestaltung und Ausrichtung der Welt auf das im Herrn angebrochene und in seiner Vollendung zu erwartende Gottesreich. Hier ist ein sichtbarer Ort für die Verheißung Gottes, die überall und auch unabhängig von ihm an den Menschen ergeht. Hier ist der „Sammelplatz" der Glaubenden, die kommen und gehen, um die Welt wie ein Sauerteig von neuem mit der Botschaft Christi in der Gewissheit zu durchdringen, dass der Herr mit ihnen ist und sie begleitet.

Die Frage, ob die Zeit für einen Kirchenbau und -raum ihr Ende gefunden hat, muss mit Nein beantwortet werden. Denn das Angebot der Sakralbauten und -räume macht deutlich, dass der Mensch um der „Sakralisierung" der Welt willen auf solche Stätten angewiesen ist, um zu erkennen, dass die Welt und die Zeit sich nicht selbst genügen, und um zu erfahren, dass Gott nach seiner Begegnung mit dem Menschen trachtet und dass der Mensch von ihm her beauftragt ist, der Welt jene Ausrichtung auf eine Vollendung zu geben, für die durch den Sakralraum schon eine Spur ausgelegt wird.

Der vom Menschen ausgewiesene ihm heilige und von Gott geheiligte Ort ist so materialisierte Zusage, dass die unablässige Hoffnung des Menschen auf Heil nicht nur bildlichen Ausdruck, vielmehr ihre Erfüllung zu finden vermag. Der durch die Zeiten ausgestoßene Hilfeschrei des Menschen hallt von den lebendigen Mauern des Sakralbaues der in ihm gesammelten Menschen als Verheißungswort und frohe Botschaft wider, schenkt die Antwort des Glaubens und bewahrt so davor, sich im Gegenwärtigen zu verlieren.

Wie die durch Jesus geübte „Sakralisierung" der Welt endzeitliche Züge trägt und vorwegnimmt, was der Herr für seine Schöpfung bereithält, bezeugt auch jeder Sakralbau und -raum jenes Kommende, das die Geheime Offenbarung des Johannes in das Bildwort vom himmlischen Jerusalem kleidet. Vielleicht ist für diese Verheißung der schon angesprochene Anklang an den Jerusalemer Tempel beim Betrachten der Architektur geradezu eine Bestärkung.

Was von diesem in der reichen Bildsprache der Apokalypse zum Ausdruck gebrachten am Ende der Zeit zu Erwartenden erhofft werden darf, das alles in der Zeit Existierende und auch alle menschlichen Vorstellungen vom Kommenden weit übersteigt, ihnen in seiner Andersartigkeit sich völlig entzieht, verlangt gleichsam als Vorbote auch das Anderssein des Ortes, des Baues und des Raumes, die von diesem Kommenden künden und es schon erspürbar machen wollen.

Dieses Anderssein stellt sich im Gegenüber der Architektursprache und der künstlerischen Innenausstattung sowie vielfach auch im Bauvolumen und im Höhenmaß zu der den Sakralbau umgebenden Bebauung vor Augen. Baulich wird der Mensch durch die Übersteigerung der gewohnten und von der Funktion bestimmten Kubaturen auf das Größere, das die Grenzen des sich von der Notwendigkeit leitenden Irdischen Sprengende verwiesen. Die von der überirdischen Welt erwartete Fülle findet in der entwickelten Fantasie und in den aufgebrachten handwerklichen, künstlerischen und auch wirtschaftlichen Kraftanstrengungen ihre Entsprechung.

Dadurch gelang es, in den Lebensraum des Menschen, in seine Bemühungen um seine Lebensgestaltung hinein die Spur einer Wirklichkeit auszulegen, die ihm eine Lebensausrichtung ermöglicht, die sich nicht auf den irdischen Raum und die Zeit beschränkt, deren Grenzziehungen vielmehr überschreitet. In seinem Anderssein werden der Sakralbau und -raum zu Zeugen einer transzendenten Wirklichkeit, die ihrerseits danach drängt, durch das Bemühen des Menschen um diesen Anders-Ort in der irdischen Welt partikulär erspürbar und sogar schaubar zu werden.

Solange die Gesellschaft sich in ihrer Lebens- und Weltsicht noch von religiösen Inhalten und Ausrichtungen leiten ließ, entsprachen die sakralen Bauten dieser Grundhaltung als deren Spiegelbild. Städtebaulich und seitens der Architektur waren sowohl die Bezugnahme als auch der Gegenüberstand zum Sakralbau eindeutig von der Absicht festgelegt, in ihm die Mitte des Lebensumfeldes zu sehen. Die profane Welt definierte sich in ihrer baulichen Gestaltnahme vom Fanum ab. Diese Abhängigkeit war und ist noch heute in den historischen Ortsbildern klar ablesbar.

Wenn aber, wie vor allem ab dem ausklingenden 18. Jahrhundert und mit dem Prozess der Säkularisierung unserer Zeit in sich steigernder Weise, die Welt sich selbst genügt und sich nicht mehr als Profanum mit der sich darin äußernden Verwiesenheit auf das Fanum versteht, dann wird dieses zum denkmalgeschützten historischen Erbe ohne Sitz im Leben, vor allem ohne Verörtlichung menschlicher Sehnsucht und Zukunftsaussicht des Menschen. Sein Anderssein besteht dann eben allein darin, dem Feld menschlicher Lebensvollzüge nicht mehr zuzugehören. Dafür muss es allein als Zeugnis einer längst überwundenen Zeit und Welt- wie auch Lebenssicht herhalten. Von der säkularisierten Gesellschaft her gesehen wird der Sakralbau so zur Trophäe eines über die religiöse Lebensprägung des Menschen errungenen Sieges.

Geschichtliches oder ästhetisches Denken trägt dabei noch zum Erhalt des sakralen Bauwerks, vor allem im Blick auf seine Außenhaut, bei, soweit es historisch ist, drängt aber vielfach nach Umnutzung, um nach der ursprünglichen und verloren gegangenen Einbindung in die örtlichen Lebensvollzüge als Fanum durch eine umgewandelte Verwendung als Museum, als Konzertraum, als Bibliothek, als Wohnbau oder Festsaal vor der säkularisierten Gesellschaft das Bemühen um den Fortbestand des Gebäudes rechtfertigen zu können. Dadurch wird der Sakralbau allein – und nicht selten aus Überlegungen bezüglich eines touristischen Anreizes heraus – von seiner für ein Ortsbild entscheidenden Bedeutsamkeit gesehen, aber geradezu entgegengesetzt zu der Intention, die ihn entstehen ließ, in die Autonomiebestrebungen einer religiös entwurzelten Gesellschaft eingebunden. Hierfür lassen sich in unserem Land und nicht allein in städtischen Ballungsräumen zahlreiche Beispiele anführen. Ich denke – wahllos aus den überaus zahlreichen Belegen herausgegriffen – beispielsweise an Kirchen in den Hansestädten in Mecklenburg – Vorpommern oder in Mönchengladbach.

Dieser Veräußerlichung des Andersseins unter bewusster Außerachtlassung der ursprünglichen Funktion als materialisierte Botschaft transzendentaler Natur und Anders-Ort für den Menschen sowie der Seele des sakralen Bauwerks, die ihm jenseits aller Pathetik bis in die ausgetretene Altarstufe hinein innewohnt, steht aber ein zeitgenössisches Bemühen um „Räume der Stille" gegenüber, das allem Anschein nach darauf angelegt ist, den angeführten Verzicht auf das tief in der Geschichte des jeweiligen Ortes verwurzelte und durch Säkularisierungsprozesse entwurzelte Fanum auszugleichen, um so dem unabhängig von kirchlicher oder religiöser Sozialisierung vom Menschen verspürbaren Drängen nach einer Aussichtnahme seines Lebens über die Grenzen von Zeit und Raum hinaus einen Ort der Reflexion dieser erstrebten Wahrnehmung zu geben.

Ob im Komplex des Brandenburger Tores als herausragendes touristisches Ziel, um nur ein Beispiel mit namentlicher Ortsangabe zu benennen, oder in Krankenhäusern, in Sportarenen, zentralen Bahnhöfen und Flughafengebäuden, also an Orten, an denen sich das Leben in welcher Weise auch immer verdichtet, entstanden „Räume der Stille", die sich frei von einer Belegung durch eine religiöse Institution als offenes Angebot an den Menschen verstehen, seiner ruhelosen Geschäftigkeit und alleinigen Weltbezogenheit sowie der Oberflächlichkeit seiner Lebenszielsetzung für einen Augenblick entrinnen zu können. Das beinhaltet für die Intention dieser Räume nicht unbedingt eine anzustoßende transzendentale Ausrichtung. Sie schließen sie aber auch nicht aus oder verweigern sich ihrer gar.

Unter einem fast durchgängig feststellbaren Verzicht auf einen von außen erkennbaren architektonisch abzielenden Ausdruck ihrer inhaltlichen Bestimmung wird in diese „Räume der Stille" fast als Ersatz anmutend übertragen, was der Mensch als Angebot zuvor oder gleichzeitig in Sakralräumen finden konnte bzw. finden kann, allein mit dem Unterschied, dass letztere durch ihr Ausstattungsprogramm eindeutig zu einer transzendentalen Ausrichtung der Lebens- und Weltsicht einladen und führen möchten. Vielleicht ist es diese inhaltliche Konsequenz und der gewonnene innere Abstand des Menschen zu ihr, dass als Parallele die „Räume der Stille“ entstehen konnten und sicherlich für nicht wenige Menschen von ihrer Empfindung und ihrer errungen geglaubten Autonomie her auch mussten.

Trotz des sich darin äußernden übermächtigen „Selbst“ zeigt die Bildung dieser Räume aber auch an, dass der Mensch sich nicht nur auf das verwiesen weiß, was er mehr als „Gelebt werden“ statt „Leben können“ erfährt. Gerade in dieser Wahrnehmung sucht er nach Möglichkeiten, die von außen zugewiesenen Eingrenzungen und empfundenen, wenn auch zumeist selbst gewählten Einschränkungen zu durchbrechen. Er hält Ausschau nach Alternativen, nach Möglichkeiten eines anderen Lebens, weil er die ergriffenen Zielsetzungen seiner Lebenserfüllung als zu kurz gesetzt erkennt. Von daher sind auch die „Räume der Stille“ für ihn Anders-Orte, ohne dass er hierbei schon von vornherein die transzendentale Dimension seines Lebens erkennen und für sich annehmen muss.

Der Wahrnehmungsprozess des Ganz-Anderen, des radikalen Gegenprogramms zu seiner Fixiertheit auf eine Erfüllung seines Lebens in der Endlichkeit der Welt findet in den „Räumen der Stille“ möglicher Weise einen wegbereitenden Vorhof, für die Bereitschaft, sich als personifiziertes Profanum dem Fanum auszusetzen, eine zu betretende Schwelle. Wird sie überschritten, dann öffnet sich der Mensch dem transzendenten Gegenüber, erkennt in ihm den Zielpunkt seiner Lebensausrichtung schlechthin, die Beheimatung seiner Hoffnung und zugleich im Fanum den Anders-Ort zu seiner Welt.

Angesichts der kirchlichen Entwurzelung und religiösen Diffusität vieler Menschen, die vor einem direkten Gegenüberstand zum Fanum, vor einer unmittelbaren Hingabe zurückzuschrecken scheinen, ist es eine Notwendigkeit, Vorhöfe zu schaffen, zu denen die „Räume der Stille“ gehören, ohne aber nur ihnen diesen Charakter zusprechen zu wollen, um die Menschen nicht allein dieser endlichen Welt und der aus ihr resultierenden Eingrenzung ihres Lebens auf Zeit und Raum auszusetzen. Diese notwendende Aufgabe ist von der Natur der Sache her wesentlicher Auftrag der Kirche, ohne aber ihr allein vorbehalten zu sein und ohne dass sie diese einzig und absolut für sich als Vorrecht beanspruchen darf und kann.

Vielleicht ist es gerade dieser zumindest empfundene, wenn auch nicht unbedingt – vor allem nicht nach dem Zweiten Vaticanum – geäußerte Absolutheitsanspruch kirchlicherseits, der die Menschen aufgrund ihrer Skepsis gegenüber jeglicher Ausschließlichkeit abschreckt, in ihrer Suche nach Möglichkeiten der Ausweitung ihrer Lebenssicht über die Grenzen dieser Welt hinaus auf das kirchliche Angebot zu beschränken, ohne aber generell davon abzulassen, nach Orten Ausschau zu halten, an denen sie zu einer alle Eingrenzungen des Lebens überwindenden Dimension gelangen können.

Ihrer aus dem Misstrauen geborenen Distanznahme zu institutionalisierter Transzentalität aufgrund einer vorgeworfenen Instrumentalisierung Gottes zugunsten einer kirchlichen Selbstbezogenheit und daraus erfolgender Vereinnahmung des Menschen vermag aber die Kunst zu begegnen, die jenseits allen Verdachts steht, von der Kirche in den Dienst genommen zu sein oder sich ihr andienen zu wollen. Gerade in ihr und in der Freiheit der Begegnung mit ihr lassen sich – unabhängig von den Zeiten ihrer Entstehung sowie von den Stilepochen, wie aber auch frei von dem Bekenntnis der Künstler hinsichtlich ihrer religiösen oder kirchlichen Nähe bzw. Distanz – Anstöße finden, durch das Abstreifen aller gewählter oder aufgezwungener Einengungen der Lebens- und Weltsicht die unendlich weite, jede Vorstellung überschreitende Dimension des Lebens zu entdecken.

Die Suche der Kunst nach der Wirklichkeit führt zwangsläufig dazu, hinter das sich vordergründig Entgegenstellende zu blicken. Sie begnügt sich nicht mit dem Sichtbaren, das auch ohne sie wahrgenommen werden kann. Deshalb hebt sie zu dem Schritt an, der die Mauern von Zeit und Raum übersteigt. Damit gerät sie aber in die Schwierigkeit, für das Unvorstellbare ein adäquates Bild zu finden oder in den tradierten Bildwelten und anknüpfend an die vertrauten Seherfahrungen das Unfassbare, dessen sich der Mensch nicht zu bemächtigen, es nicht zu erfassen vermag, das Ganz-Andere zu dieser erfahrbaren Welt des Menschen für ihn als Anstoß zu Umorientierung aufleuchten zu lassen.

Dieser Schwierigkeit, der sich der Künstler ausgesetzt weiß, sieht sich auch der Betrachter ausgeliefert. So sehr er nach dem Anderen, dem radikalen Gegenüber zu Zeit und Raum sucht, so zaghaft und vorsichtig, wenn nicht gar unsicher findet er es in den Werken der Kunst ins Bild gesetzt. Mit dem Künstler muss er sich mit einer leisen Annäherung begnügen, zu sehr ist er doch noch in seiner Welt gefangen und kann ihr auch nicht entrinnen. Gerade die Erkenntnis seines durch Zeit und Raum eingegrenzten Wahrnehmungsvermögens und sein Leiden daran lassen aber den Menschen und insbesondere den Künstler das Ungenügen bewusst werden, die ganze Wirklichkeit schauen zu können und ihrer – zumindest in dieser Welt – teilhaftig zu werden. Um so mehr wird das Verlangen genährt, sich auf Annäherungen künstlerisch schaffend oder das Bildwerk betrachtend in der Hoffnung einzulassen, dass das Unfassbare sich durch die Bild- und Zeichensetzungen auf den Menschen zu bewegt und aus sich heraus ihm mitteilt. Durch diese Erwartungshaltung wird Kunst und der Raum, in dem der Mensch ihrer ansichtig wird, zum Anders-Ort.

Von daher kann auch verstanden werden, dass Menschen für sich in Ausstellungsbauten und -räumen der Kunst einen adäquaten Ersatz für Sakralbauten und -räume finden. Erst recht erklärt sich dadurch die Aufgabe sowie die Notwendigkeit der Kirche, angesichts der eingenommenen Distanznahme von Menschen zu den Sakralräumen und der in ihnen vollzogenen liturgischen Praxis sowie privaten Frömmigkeitsübungen aufgrund einer dadurch von ihnen empfundenen Vereinnahmung auch mit von ihr eingerichteten Museen die Menschen zu erreichen, die in ihrer freien Begegnung mit den präsentierten Kunstwerken den Anstoß sowie ihre Befähigung entdecken, ihren Wirklichkeitsbegriff über das Sicht- und Greifbare hinaus auf das auszudehnen, was als im Kunstwerk angedeutete oder aufstrahlende Andere von ihnen erblickt werden kann.

Dabei ist nicht unabdingbare Voraussetzung, dass die vor Augen gestellten Kunstwerke eine religiöse Thematik haben. Die durch das Ereignis göttlichen Handelns in dieser Welt und dessen Erfahrung, was sie zu einem jeweiligen Anders-Ort werden lässt, schon benannte „Sakralisierung“ der Welt durch Jesus bezieht sich auch auf Kunstwerke unabhängig von ihrem Sujet. Wesentlich ist allein die ihnen innewohnende Möglichkeit, durch die Begegnung mit ihnen wahrzunehmen, dass in diesem dialogischen Prozess sich Befreiung aus den Klammerungen an diese Welt sowie aus den daraus entstehenden unterschiedlichen Reduktionen des eigenen Menschseins gewonnen werden kann.

Das gilt selbst für Kunstwerke im sakralen Raum. Nicht das Thema lässt sie zum Widerschein des Mysteriums werden, welches sich hier aus sich heraus und unabhängig vom Begehren des Menschen verörtlicht, auch nicht ihre Einbindung in einen tradierten ikonographischen Katalog, sondern ihre Fähigkeit, durch eine figurative oder abstrakte Bildsprache Anstoß für den Menschen zu werden, die Unvorstellbarkeit dieses Mysteriums – bedingt durch den gehaltenen Blick des Menschen – anzunehmen und sich dennoch ihm zu öffnen, statt vom Bildwerk Illustration oder gar ein Abbild zu erwarten, um dadurch dem Mysterium dessen Charakter, dessen Gegenüberstand im völligen Anderssein gegenüber dieser Welt und ihrer Erfahrungsmöglichkeiten abzusprechen.

Der Sakralbau und -raum als Anders-Ort bedingt keine Kunst, die dem Menschen das ihm vermeintlich Vorstellbare bestätigt, so dass der Mensch allein seiner Bildwelt verhaftet bleibt, dafür aber eine Kunst, die ihn aus den gewohnten und sich mit innerweltlichen Erfahrungen deckenden Sichtweisen herausholt und die Ahnung einer überirdischen Gegenwelt weckt. Auf diese Sensibilisierung war das architektonische und auf die Ausstattung bezogene Konzept der Sakralräume durch die einzelnen Stilepochen angelegt. Als Beispiel sei allein der Kirchenbau der Gotik angeführt, die in ihrer Bausprache eine treffliche Entsprechung zur Vision des himmlischen Jerusalem sah und als Stilmittel über die steinerne Architektur hinaus auch in den Vasa sacra und in den Paramenten ihren Niederschlag fand, um dann aber besonders den von den farbigen Glasfenstern, ebenfalls Architekturelemente aufgreifend, in ein ungewohntes, in ein mystisches Licht getauchten Raum als Botschaft einer anderen, einer überirdischen Welt erstrahlen zu lassen.

Im Kirchenbau der Nachkriegszeit in der zweiten Hälfte des 20. Jahrhunderts gab es wiederholt Ansätze, aus dieser heilsamen Tradition auszusteigen und die sakralen Räume in ihrer Architektur den profanen Hallen anzugleichen, in denen die Menschen ihre weltlichen Lebensvollzüge, vornehmlich ihre berufliche Tätigkeit vollziehen. Die derart beabsichtigte „Sakralisierung" der Welt steht aber im Gegensatz zu der von Jesus verstandenen. Denn bei ihm bricht das Göttliche in den Raum der Welt ein, um sie ihrer Vollendung zuzuführen und diese schon durch sein diesbezügliches heilvolles Handeln partiell erahnbar oder verspürbar werden zu lassen. Diese Heiligung gereicht der Welt zu einer neuen Wertigkeit als Ort der Entscheidung für die Weisung Jesu und wird für sie zur Zusage einer zu erwartenden Neuschöpfung. Und worauf sie als Ganzes angelegt ist, kann in ihr schon durch die von ihren aufgesuchten Anders-Orten ausgelösten Fragestellungen und Impulse, die für diese heilvolle Aussicht Schlüsselfunktion haben, wahrgenommen werden.

Mit der Reflexion seiner Grundfragen, wer bin ich, woraus lebe ich und worauf zu, begibt sich der Mensch gerade an den Anders-Orten auf die Suche nach Antworten, die zum einen seine Wurzeln und den davon geprägten Lebensvollzug in den Blick nehmen lassen und zum anderen die Zielsetzung sowie eine Vollendung seines Lebens, die zeitlos währen und seinem irdischen Leben über dessen Zeit hinaus gültige Sinnerfüllung geben soll. Diesen genannten Fragestellungen setzt sich der Mensch wiederholt aus, um in allen seinen zumeist von Kurzsichtigkeiten ausgelösten Verunsicherungen über sich Klarheit und für sein Leben Orientierung, die sich nicht allein an dieser Welt festmachen muss beziehungsweise gar soll, zu gewinnen. Und je mehr einzelne Orte zu dieser inneren Auseinandersetzung führen, sie geradezu provozieren, ohne beim Menschen das Gefühl einer Vereinnahmung, die den für diesen Reflexionsprozess notwendigen Freiraum nicht zuzubilligen gewillt ist, und einer Engführung auf Antworten, in denen die persönliche Lebens- und Fragesituation nicht berücksichtigt werden, zu wecken, werden sie als Anders-Orte empfunden und aufgesucht.

Als solche werden sie aber erst dann empfunden, wenn der jeweilige Ort und dessen konzeptionelle Gestaltung sowie der Fragehorizont des Menschen aufeinander reagieren und als Einheit empfunden werden. Durch eine Vorstellung der Neumünsterkirche sowie des Museums am Dom in Würzburg soll das konzeptionelle und gestalterische Bemühen um Anders-Orte exemplarisch erläutert werden.

Die dem Würzburger Dom benachbarte Neumünsterkirche erhebt sich über dem Ort, an dem gemäß der Überlieferung die irischen Mönche Kilian, Kolonat und Totnan im Jahre 689 ihr Martyrium erlitten und ihr Grab fanden. Sie hatten ihre Heimat um des sog. grünen Martyriums willen verlassen- und sich in ihrem Boot dem Meer übergeben, das sie die europäische Kontinentalküste erreichen ließ, von wo aus sie dann schließlich das heutige Mainfranken erreichten. Bis zu ihrem Eintreffen in Würzburg hatten die Menschen dort, wie durch Bodenfunde belegt werden kann, schon Berührungen mit dem Christentum gehabt, ohne dass dieses sich aber verfestigen konnte.

Das Zeugnis, das Kilian und seine Gefährten in ihrer Glaubwürdigkeit und Konsequenz bis in die Annahme ihres gewaltsamen Todes gaben, beeindruckte die Menschen aber so sehr, dass es noch lange nach ihrem Martyrium in der Erinnerung der Franken lebendig war. Und als die Angelsachsen Bonifatius und Burkard, der von ihm eingesetzte erste Würzburger Bischof, bei der Bistumsgründung im Jahre 742 durch die Verehrung der mitgebrachten Reliquien eines römischen Märtyrers Magnus die Einbeziehung der neuen Diözese in die römische Kirche verfestigen wollten, verwiesen die Franken mit Nachdruck darauf, dass sie selbst einen Märtyrer vorweisen können: den Iren Kilian.

Diesen Widerstand vermochte Burkard, der als Angelsachse und Glied der römischen Kirche ein gespaltenes Verhältnis zu der irischen Kirche aufgrund deren eigenen, vom oberägyptischen Mönchtum geprägten Entwicklung hatte, nicht zu brechen und erhob die Gebeine der irischen Märtyrer am 8. Juli des Jahres 752 zu Ehren der Altäre, indem er sie in einem Steinsarkophag barg. Seitdem ist Kilian die Identifikationsgestalt des Bistums und besitzt die Neumünsterkirche für viele Gläubige der Diözese einen höheren ideellen Stellenwert als der Dom.

Das Steingrab der irischen Glaubensväter von 752 erhebt sich bis heute am angestammten Platz in der Neumünsterkirche, seit deren Barockisierung in einer Krypta, der Kiliansgruft, unter der hoch aufragenden Kuppel und ist mit der damit verbundenen Kiliansverehrung die spirituelle Mitte, das Herz der Diözese.

Nachdem Renovierungsmaßnahmen des 19. Jahrhunderts, die von dessen Farb- und Gestaltungsempfinden bestimmt waren, und Renovierungen in direkter Folge der Zerstörungen Würzburgs durch Kampfmaßnahmen des zweiten Weltkrieges, vornehmlich des 16. März 1945, allein dem Bauerhalt dienten, ohne die Eingriffe des 19. Jahrhunderts zurückzunehmen, sowie überkommene Raumstrukturen 1962 im Rahmen einer liturgischen Umgestaltung des Altarraumes aus nachkonziliarem Geist in einer der Ursprungskonzeption entgegenstehenden Weise verändert wurden, zudem auch die Technik der direkten Nachkriegszeit völlig überholt und schadhaft geworden war, war eine grundlegende Erneuerung der Neumünsterkirche geboten, deren Konzeption und Entwürfe für die Neuausstattung mir übertragen wurden und von Beginn 2007 bis Mitte 2009 währte.

Sie orientierte sich grundsätzlich an dem Barockisierungskonzept der Architektur von Josef Greising sowie des Innenraumes der Brüder Johann Baptist und Dominikus Zimmermann. Es galt, den Raum in seinem letzten einheitlichen und noch nachweisbaren Erscheinungsbild unter Behebung der Kriegsverluste wieder erstehen zu lassen und dabei den einzelnen Nutzungen der gemeindlichen und privaten Frömmigkeit sowie den touristischen Besuchern Rechnung zu tragen, wobei nicht allein für sie gilt, dass die meisten Besucher nicht mehr eng in der Kirche sozialisiert sind und ihnen die christliche Ikonographie auch kaum noch vertraut ist, so dass ihnen große Teile der Bildausstattung fremd und museal vorkommen.

Zum ersten wurde der Eingangsbereich unter Verzicht des Windfangs bis zum Rande der Emporendecke zum Kirchenraum hin verglast, um gleichsam einen Nartex zu schaffen, an dessen Seiten sich Kapellenräume öffnen, die ebenfalls der Eingangssituation Rechnung tragen. Zur Linken wurde die Passionsthematik aufgegriffen. Einer barokken Skulptur von Johann Peter Wagner wurden an der vorderen Stirnwand ein Retabel mit der Darstellung der Golgothakreuze und an der rückseitigen 6 Bronzekreuze, die in Positiv- und Negativguss in drei Stufen den Prozess von der Einkettung bis hin zur Befreiung aus allen Einbindungen einer menschlichen Grundgestalt, von Michael Morgner aus Chemnitz, 1942 geboren, zugeordnet. Die Endlichkeit und der Tod als Grunderfahrungen des Menschen finden in den Werken der Barockzeit wie auch in denen der Gegenwart ihren Ausdruck und im Verweis auf den leidenden Herrn ihre Identifikationsgestalt.

Statt sich aber allein von dieser beklemmenden Wirklichkeit einengen und binden zu lassen, drängt der Mensch danach, aus ihr sich zu befreien, wie schon auf den Bronzekreuzen von Michael Morgner ins Bild gesetzt. Diesem Bestreben ist der gegenüberliegende Kapellenraum gewidmet. Mit seiner Gestaltung wurde Ben Willikens, 1939 geboren, beauftragt. Die Bewegung seines Bildwerks vor der vorderen Stirnwand stellt sich als Segment eines fast den gesamten Raum einschließenden Kreises dar und lässt den Betrachter mit seinen Augen architektonische Räume mit zunehmendem Lichtwert durchschreiten, um dann zu einer offenen türförmigen Maueröffnung zu gelangen, durch die ein noch hellerer und aller näheren Vorstellung sich aber entziehender Lichtraum erblickt werden kann. Fast als Zitat aus diesem Werk und deswegen in vermindertem Ausmaß, dazu noch gänzlich in ein nächtliches Blau getaucht hängt auf der gegenüberliegenden Seite ein Gemälde, dessen Rahmenschwingung in ihrer Fortsetzung über den Rahmen hinaus ebenfalls einen Kreis schlagen lässt, der aber viel kleiner ist. Dadurch tritt der Kapellenbesucher vor allem in den Lichtkreis des gen Osten, also zum Sonnenaufgang gerichteten vorderseitigen Bildwerkes. Wenn er aber in den Nachtkreis des rückwärtigen, des westlichen und somit dem Sonnenuntergang zugewandten tritt, der den Lichtkreis überdeckt, erblickt er aus ihm durch Abwendung von der Nacht die aufstrahlende Helle und Wegweisung zum Licht.

Diesen Werken von Ben Willikens ist eine gotische Darstellung des hl. Wolfgang zugeordnet, der als Attribut ein gotisches Kirchenmodell trägt. In diesem Modell äußert sich die Bestrebung der Gotik, in ihrer Architektursprache der

Erwartung der himmlischen Stadt und der Hoffnung auf eine neue Welt zu entsprechen. Wie hierbei die Architektur für die Ausschau des Menschen nach einer gewandelten Welt steht, so führt auch Ben Willekens die Betrachter durch deren Hinwendung zum Licht. Mit dem gotischen wie dem zeitgenössischen Werk wird auf die Erfahrung reagiert, die im gegenüberliegenden Kapellenraum ins Bewusstsein gerufen wird.

Beide Kapellen stehen für die Hauptakzente menschlicher Lebenssicht, die ständig zwischen den von der Zeit gesetzten Grenzen und dem gesuchten Ausbruch aus diesen Eingrenzungen pendelt. Sie bei sich selbst zu entdecken und sich auf sie sowohl als anzunehmenden Umstand als auch als Herausforderung und Anfrage einzulassen, setzt nicht eine tiefe religiöse oder kirchliche Verwurzelung voraus. So verwundert es auch nicht, dass beide Räume wiederholt von Menschen aufgesucht werden – und oftmals beschränken sie sich nur auf diese bei ihrem Besuch der Neumünsterkirche –, die nach eigenem Bekunden religiös oder kirchlich nicht gebunden sind. Auch sie erfahren diesen Anders-Ort und werten ihn als ein für sie wesentliches Angebot.

Nach der Wahrnehmung der beiden Kapellenräume in ihren auf unsere Reflexion der Lebensgegebenheiten und der die Grenzen der Zeit überschreitenden Ausschau abzielenden Aussagen bietet sich der Gang in den Kirchenraum an, der von Zimmermann her seinen Zielpunkt in der Apsis mit der Darstellung des Johannes auf Patmos als Schreiber der Geheimen Offenbarung im Gemälde sowie plastisch darüber in der apokalyptischen Frau in ihrem Sieg über den satanischen siebenköpfigen Drachen sieht. Diese heilvolle apokalyptische Schau als Aussichtnahme einer neuen Weltschöpfung ist die Antwort auf die erfahrbare irdische Welt als Entscheidungsraum dafür, worauf der Mensch seine Hoffnung setzt und worauf er sich ausrichtet. Dieser optische Weg findet nunmehr seine Markierungen in einer anfänglichen Stele für die Heilige Schrift, dann durch den

Taufort und den Altar. Begleitet und vorangetrieben wird dieser Weg an den Wänden des Mittelschiffs über den Arkaden durch acht Gemälde, mit denen Thomas Lange, 1957 geboren, beauftragt wurde, in denen die acht Schlüsselszenen des Evangeliums nach Johannes, dem Patron der Kirche, ins Bild gesetzt sind.

Ein weiterer Ort, der besonders als Herausforderung zur Reflexion des eigenen Daseins und seiner Ausrichtung sowie Zukunft wahrgenommen wird, entstand durch die Neukonzeption in der Westkrypta, der Kiliansgruft. Auf den Absätzen der in sie führenden Treppen wecken unter Glashauben unbeschriftet präsentierte Spolien aus der Romanik und Gotik im Besucher den Eindruck, dass er in die Tiefen der Geschichte dieses Ortes hinabsteigt, um dann in der Krypta den nun mittig vor der Stirnseite platzierten Steinsarkophag von 752, das sog. Kiliansgrab, vorzufinden und über ihm das Bildwerk „Triumphator" des Leipziger Künstlers Michael Triegel, 1968 geboren, wahrzunehmen, das durch eine offene Renaissancehalle in eine Landschaft blicken lässt, hinter deren Horizont sich die aufgehende Sonne schon ankündigt. Vor dieser Landschaft nimmt der Betrachter am Ende der Halle ein abgehängtes Ei, das Symbol für das Leben, wahr. Diese Szenerie wird überhöht durch die schwerelos schwebende Darstellung Christi als Sieger über den Tod. Das Werk von Michael Triegel ist also inhaltlich eine Antwort auf den Sarkophag, der auf den Tod verweist.

Diese Zuordnung von Sarkophag und Bildwerk in ihrer Unaufdringlichkeit empfinden Menschen nach eigener Aussage als trostvolle Verheißung gegenüber der Erfahrung, die sich Gegenüber in der Krypta ins Bild setzt. Unter einem Gemälde eines unbekannten flämischen Künstlers der 2. Hälfte des 17. Jahrhunderts mit der Darstellung des vom Kreuz abgenommenen Leibes Jesu steht ein offener romanischer Sarkophag des 9. Jahrhunderts, dem vorgelagert ein steinerner Sarkophagdeckel ebenfalls aus dem 9. Jahrhundert zu liegen kam, so dass diese Installation den Eindruck einer Grablegung erweckt und sich ein nur auf den Tod und dessen Erfahrung ausgerichteter Gedanke aufdrängt, der dann aber durch die Komposition von Kiliansgrab und Triegel-Bild zugunsten eines Ausblickes über den Tod hinaus geweitet wird.

Weiterhin ist die Gestaltung der Ostkrypta und der Abgänge zu ihr Teil der neuen Konzeption in ihren inhaltlichen Akzentsetzungen und Botschaften. Beim Betreten der Neumünsterkirche durch die beidseitigen seitlichen Zugänge sieht sich der Besucher auf der Wand über den verglasten Öffnungen der Ostkrypta jeweils einem monumentalen Gemälde von Hann Trier, dem führenden Verteter des deutschen Informel, von 1993 bzw. 1997 gegenüber gestellt, die in tänzerischen Rhythmen und dynamischen Wirbeln sowie in einer, wenn auch erst durch die Hängung bedingt, auf das Umfeld reagierenden Farbigkeit die Emotionalität zu wecken versuchen, auf die der Raum als Ganzes angelegt ist.

Auf dem Absatz der beiden in die Krypta führenden Treppenläufe liegt auf einem Sockel die Darstellung eines Grabchristus um 1700. Über ihm hängt ein Gemälde von Jacques Gassmann, 1963 geboren, das den Gekreuzigten zeigt, dessen Darstellung sich in einem auslaufenden Farbfluss auf den barocken Grabchristus zu aufzulösen erscheint, so dass sich der Situations- und Gestaltwandel vor Augen stellen. Die sich darin äußernde Solidarität Jesu mit dem Menschen, in den Tod zu gehen, auf die auch die vielzähligen Kreuze auf den Glasfenstern von Klaus Zaschka, 1957 geboren, verweisen, steht aber nicht für sich. Im Kryptaraum, beidseitig von schlanken Stelen mit den Namen der zwölf Apostel als Zeugen des gekreuzigten, gestorbenen und auferstandenen Herrn eingefasst, wird die eucharistische Anbetung, also seine Gegenwart in gewandelter Präsenz, gepflegt.

Auch hier knüpfen die Bildverweise an die Erfahrungen des Menschen an, um deren Reflexion über das Vorstellbare hinaus auf die Antwort des christlichen Glaubens auszuweiten, ohne aber so zwingend empfunden zu werden, dass dem Menschen kein Freiraum der eigenen Auseinandersetzung und Entscheidung mehr verbleibt. Die in den historischen Raum eingebrachten Zeugnisse zeitgenössischer Kunst verstehen sich als Weghilfen, nicht aber als Diktat, zudem als Gestaltnahme der inneren Prozesse, in die sich die Künstler ebenso wie die Betrachter ihrer Werke eingebunden wissen, oder die sie auslösen möchten, damit die Menschen sich auf die Suche nach einer Antwort auf die Fragen, woraus sie leben und worauf zu, einlassen, Fragen, die außerhalb der Mauern dieses Ortes, also im Profanum, verdrängt werden. Dass sie hier aufsteigen und die Blickrichtungen des Menschen aufbrechen, lässt diesen Raum der Neumünsterkirche für viele Besucher partiell oder als Ganzes zum Anders-Ort werden, ohne ihn allein einer rituellen Handlung vorzubehalten. Denn als Fanum, und darauf war die Neugestaltung konzeptionell angelegt, hat er seinen Wert und seine Bestimmung für alle Menschen, unabhängig ihrer religiösen und kirchlichen Sozialisation.

Der Neumünsterkirche benachbart und als Riegel zwischen ihr und dem Dom mit dem vorgelagerten Kiliansplatz besteht seit 2003 als ein Museum der Diözese Würzburg das „Museum am Dom". Im Reigen mit den weiteren sechs Museen in diözesaner oder kommunaler Trägerschaft, in denen nach thematisch bestimmter Konzeption Kunstwerke aus den Sammlungen des Bistums präsentiert werden, so dass diese als Ganzes die Glaubensgeschichte der Diözese und ihre wechselvolle Gestaltnahme dokumentieren, lenkt dieses „Museum am Dom" den Blick der Besucher darauf, dass die schon mehrfach angeführten Grundfragen des Menschen, wer bin ich, woraus lebe ich und worauf zu, durchgängig durch alle Stilepochen der Kunst bis in die Gegenwart Bildschöpfungen entstehen lassen, die sich als Anstoß für die Reflexion der Lebensaussichten des Menschen verstehen.

Was den Besucher im Innern des Museums erwartet, kündigt sich schon auf dem Vorplatz von hoher städtebaulicher Wertigkeit mit einzelnen Kunstwerken an. Die den reich frequentierten Platz prägende bedeutsame historische Umbauung erfährt im Blick auf die Intention, die diese Sakralbauten entstehen ließen, durch die zeitgenössischen Skulpturen und Plastiken eine Aktualisierung ihres Auftrags und ihrer Botschaft. Jeder Verzicht auf die gewohnte Möblierung öffentlicher Plätze zugunsten einer Beschränkung auf die präsentierten Kunstwerke belebt den Dialog zwischen ihnen und den platzumgebenden Gebäuden des Domes, der Schönbornkapelle und der Neumünsterkirche. Besonders ein auf einer Stufenanlage „Sitzender“ von Maria Lehnen, 1949 geboren, eine lebensgroße Bronzeplastik eines Menschen, dessen Leib gänzlich mit Ausnahme seines Kopfes eingeschnürt ist und der im Gegenüber zur Seitenfassade des Domes aufschaut, dabei aber über den Dom hinaus in den freien Himmelsraum blickt, hat es den Menschen angetan.

Sie lassen sich neben oder auf diesem Werk sitzend photographieren, streicheln den Kopf und kommen miteinander über diese Arbeit ins Gespräch, stellen vor allem verwundert fest, dass die Blickrichtung des „Sitzenden“ auf den Himmel ausgerichtet ist und sich nicht am Erbauten, vom Menschen Geschaffenen festmacht. Gerade angesichts der Raumeingrenzung dieses Platzes, die durch ihre baugeschichtliche Bedeutung die Blicke der Menschen auf sich zieht, ist die Ausrichtung des „Sitzenden“ ein Ausbruch oder Durchbruch.

Dieser Zielsetzung dient auch die Präsentation des Museums in seinem Innern. Werken vergangener Stilepochen ab dem 10. Jahrhundert sind nach inhaltlichen Kriterien Arbeiten der Moderne und zeitgenössischer Künstler zugeordnet, wobei für die Auswahl der Werke die religiöse oder kirchliche Nähe bzw. Zugehörigkeit der Künstler keinen Ausschlag gab. Beim Aufbau der Sammlung war einzig entscheidend, dass in den Kunstwerken Aufgriffe der genannten Grundfragen sowie die Reflexionen der existentiellen Situationen des Menschen entdeckt werden konnten, um dadurch im präsentierten Kontext der Werke vormaliger Kunststile die Betrachter darauf zu verweisen, dass durch die Geschichte hindurch die schon angeführten Fragestellungen als notwendig erkannt und ins Bild gesetzt worden sind, um Auge des Menschen für einen Durch – Blick, für einen Über-Blick, durch das Kunstwerk hindurch und über es hinaus, auf eine Wirklichkeit zu öffnen, die die in dieser Welt erfahrbare übergreift.

So ist beispielsweise ein „Vera Ikon" des 18. Jahrhunderts einer „Großen Meditation" von Alexej von Jawlensky, 1936 entstanden, ebenso zugeordnet wie eine „Geißelung Christi von Johann Kupetzky um 1730 der von Johannes Grützke von 1995 oder die Darstellung des hl.Jakobus von Tilmann Riemenschneider 1500-1506 dem „Pilger" von Antonius Höckelmann aus den Jahren 1998-2000 und die Pieta eines sienesischen Meisters vom Ende des 14. Jahrhunderts der „Pieta" von Käthe Kollwitz von 1937.

Diese epochenübergreifende Wahrnehmung der Botschaften der jeweiligen Kunstwerke in ihrem stilistischen Gegenüberstand und zugleich in ihrer inhaltlichen Einheit lässt den Betrachter empfinden, in die fortwährende Suche nach Antworten auf die Grundfragen eingebunden zu sein, und im „Museum am Dom" einen Anders-Ort aufgefunden zu haben, der über seine persönliche Gegenwart hinausweist, sowohl rückwärtig wie auch auf eine nicht auslotbare Zukunft hin, um aus den kunstgeschichtlichen Wurzeln und modernen Bildsetzungen adäquater Thematik zur eigenen Ausschau nach zu suchen, was für sein Leben über den Augenblick oder dessen zeitliches Maß von Bedeutung ist.

Die vielzähligen mündlichen oder schriftlichen Äußerungen der Besucher des Museums, die es ohne Erwartungen aufsuchen, da diese von dem bewusst neutralen Namen nicht geweckt werden sollen, wie es bei einer Bezeichnung als Diözesanmuseum der Fall wäre, bezeugen, dass sie die Konzeption als äußerst spannend empfunden und Kunst vormaliger Epochen wie auch der Gegenwart in einer bis dahin kaum gekannter Weise wahrgenommen haben, vielleicht auch dadurch, dass sie die Werke alter Kunststile in ihrer Bildbotschaft als aktuell erkannten und dank ihrer auch einen Zugang zu den Werken der Moderne und Gegenwart fanden oder umgekehrt. Auf jeden Fall schenkt ihnen die Konzeption des „Museums am Dom" die Möglichkeit, über das Sujet hinaus die Brücke zu ihrer eigenen Verfasstheit mit den dadurch anstehenden und herausfordernden Fragen zu schlagen, ohne sich mit vordergründigen und plakativen Antworten zufrieden geben zu können.

Ob Neumünsterkirche oder Museum am Dom, dort wie an unzähligen Orten, durch die dem Menschen der Ausblick über sich und diese zeitliche Welt hinaus gewiesen wird und möglich erscheint, sieht er sich an einen Anders-Ort gelangt zu sein, auf dessen innewohnenden Verweis er angewiesen ist, um sich nicht allein im Hier und Jetzt zu verlieren und nur darin und darauf zu seine Verwirklichung zu suchen. Diese Anders-Orte sind die optionalen Orte seines Ausbruchs aus den von der Welt gesetzten Grenzen und lassen den Menschen Dimensionen erahnen oder gar wahrnehmen, die ihn die Notwendigkeit und Möglichkeit einer transzendentalen Ausrichtung ebenso ergreifen wie sie ihn seine Wertigkeit in dieser Welt und die Erfordernis, sich auf seinen inneren Stand, auf seine Wurzeln wie auf die Zielsetzung seines Lebens zu befragen, erkennen lassen. Dadurch werden die gesuchten und angebotenen Anders-Orte zu Lebensorten schlechthin.

„Anders-Orte" zur Lebensbewältigung

Bildung zwischen Anders-Orten

Rundgänge im pädagogischen Alteritätsdenken

Ulrich Wehner, Karlsruhe

Spätestens seit Rousseaus ambivalenter Verhältnisbestimmung von Bildung und Moderne (vl. etwa Böhm; Grell (Hg.) 1991; Grell 1996) ist pädagogisches Denken auf der Suche nach „Rückwegen aus der Entfremdung" (Buck 1984). Dagegen scheint die *Hinwendung zur Fremdheit* in der Bildungstheorie erst in jüngerer Zeit thematisch zu werden. Heute hat die Wertschätzung des Fremden im Kontext Interkultureller Pädagogik Hochkonjunktur.[1] Vor diesem Hintergrund mag das Fremde als *eine* relativ *junge* pädagogische Kategorie erscheinen. Dieser Anschein trügt. Die nachfolgenden Rundgänge im pädagogischen Alteritätsdenken (siehe II) zeigen erstens, dass die Kategorie Fremdheit nicht eine junge Entdeckung, sondern ein Thema mit *langer Tradition* ist. Sie heben zweitens hervor, dass Fremdheit bildungstheoretisch nicht im Singular, sondern *im Plural* existiert. Dabei wird drittens deutlich, dass das Wissen um diverse Fremdheiten hilfreich ist, um einzelne Sorten von Fremdheit und darin bestimmte Aspekte von Bildung zu charakterisieren. Und viertens macht sich der vorliegende Beitrag diese Einsicht sogleich selbst zunutze, indem er in Bezugnahme auf traditionelle Denkfiguren eine „neue" Denkfigur

1 Der Umstand dass der Topos „Fremdheit" gegenwärtig in ganz unterschiedlichen Feldern Differentieller Pädagogik, so in Rahmen Interkultureller Pädagogik (vgl. etwa Waldenfels), im Rahmen der Theorie der Kindheit (etwa Wimmer, 1998) oder im sonderpädagogischem Kontext (etwa Lembeck 2000) Beachtung erfährt, lässt im Horizont Allgemeiner Pädagogik nachfragen, ob Bildung mit einer oder mit mehreren Sorten von Fremdheit verbunden ist.

von Fremdheit einführt, die ein bis heute kaum thematisiertes Stück von Bildung beleuchtet.

Um dieses Programm zu bewerkstelligen wird eingangs eine grundlegende Unterscheidung zwischen Anderem und Andersheit bzw. Fremdheit getroffen (vgl. I.). Um zu verhindern, dass unser Dual „Bildung und Fremdheit" eine unlösbare Gleichung mit zwei Unbekannten darstellt, will ich sogleich das Bildungsverständnis vorausschicken, das den nachfolgenden Rundgängen zu Grunde gelegt ist. Bildung umschließt traditionell alle Dimensionen und die gesamte Dauer menschlichen Daseins. Wenn es in der Bildung derart um das Ganze geht, dass Erziehung als Hilfe zur „Lebensbemeisterung" (so Flitner 1997) begriffen ist, dann meint Bildung die *ethische Reflexion auf das gute Leben.* Die bildungstheoretische Leitfrage wird also lauten, welche Bedeutung bestimmten Denkfiguren von Fremdheit im Horizont der Sorge um das gute Leben besitzen.

I. Bildung zwischen anderen Orten und Anders-Orten

Der Wort „Orte" bezeichnet an dieser Stelle keine geographischen Lokalitäten, die man physisch aufsuchen kann. Gemeint sind „Orte im Denken",[2] die im Sinne der Idee der Bildung zu einer selbständigen „Orientierung im Denken" beitragen. Es geht um Gesichtspunkte, bzw. Denkfiguren, die bestimmte Perspektiven eröffnen, wie sie gleichzeitig andere verschließen. Da den Menschen kein Superort, d.h. kein Standpunkt des „Ein und Alles" zur Verfügung steht, der alles allumfassend betrachten lässt, bedarf die „Orientierung im Denken" der Ortswechsel. Im Rekurs auf die Tradi-

---

2 Bis heute wimmelt es im Erziehungs- und Bildungsdiskurs von Ortmetaphern. Da ist die Rede von „verinnerlichtem" und „äußerlichem" Wissen, von „Nähe" und „Distanz", von „Standpunkt", „Zugang" „Richtung" und „Perspektive", von „Orientierung" „Überblick" etc. Der Zeigefinger dient als Sinnbild für „Erziehung" und der Bildungsdiskus gebraucht Instrumentenmetaphern wie „Wegweiser", „Landkarte" oder „Kompass".

tion der Rhetorik und ihren Zentralbegriff der Topik spricht Andreas Dörpinghaus von „Bildung zwischen Orten“ (Dörpinghaus 2004). Als Kunst der Ortswechsel verweist Bildung, wie insbesondere die skeptische Tradition hervorhebt, auf die Bereitschaft der Akteure, andere „Orte“, als den je eigenen Standpunkt aufzusuchen. Damit steht Bildung nicht für ein kanonisch festgeschriebenes informiertes Vielwissen, sondern bezeichnet einen reflexiven Modus des Im-Denken-unterwegs-Seins, der als existenzielles Nachdenken, Durchdenken und Weiterdenken beschrieben werden kann. Bildung steht für eine dynamische Lebensform, die ihr Gegenteil in der Statik von Dogmatismen und Fundamentalismen ausmacht.

Als unabschließbare reflexive Denkbewegung bedarf Bildung stets *anderer Orte*, aber bedarf Bildung auch der *Anders-Orte*? Diese Fragestellung bringt das Moment der Fremdheit ins Spiel. *Andere Orte* aufsuchen, heißt nicht am Ort verharren. Andere Orte sind different zum gegenwärtigen Standpunkt. Andere Orte können geläufig und bekannt oder ungewöhnlich und fremd sein. Der Ausdruck „*Anders-Orte*“ markiert die Hinwendung zum Fremden. „Andersheit“ steht für diejenige Sorte von Differenz, die wir mit dem Synonym „Fremdheit“ belegen (vgl. hierzu Lippitz 2003). Die nachfolgenden Rundgänge zeigen, dass Erfahrungen mit Fremdheit und Andersheit tief und vielfältig in bildungsphilosophisches Nachdenken eingebunden sind. Sie betreffen sowohl die vertikale, transzendente, spirituelle, religiöse Dimension, als auch die horizontale, immanente, säkulare Seite menschlicher Existenz. Folglich bezieht sich die singuläre Bezeichnung „Andersheit“ phänomenal auf recht Diverses. Erfahrungen mit unterschiedlichen Modi von Fremdheit sind in ganz unterschiedlichen Konzeptionen und spezifischen Denkfiguren von Andersheit verbalisiert.

II. Pädagogische Rundgänge im Kontext von Alteritätsdenken

Die nachfolgenden Rundgänge beschreiten zunächst zwei pädagogisch gut erschlossene Wege von Alteritätsdenken. Der erste Streifzug charakterisiert die Denkfigur des *transzendenten Ganz Anderen,* der zweite die Denkfigur des *säkularen Anderen.* Im Anschluss an die beiden geläufigen Denkfiguren entfaltet und erprobt ein dritter Rundgang den ungewöhnlichen Gesichtspunkt eines *säkular Ganz-Anderen.*

1. Bildung und die Denkfigur vom transzendenten Ganz Anderen

Im Hinblick auf die transzendente Ader menschlicher Existenz ist der Gesichtspunkt der Alterität seit langem in die Frage nach der Relation von Bildung und Religion, von gutem und gläubigem Leben eingebettet. Die christliche Idee Gottes ist unverzichtbar auf Ideen von Andersheit angewiesen.

Im Horizont christlich-abendländischer Philosophie hat die alteritätstheoretische Denkfigur von einem transzendenten Ganz-Anderen insbesondere durch den existenziellen Denker Sören Kierkegaard große Bekanntheit erlangt. Der Däne erblickt das Charakteristikum eines christlichen Lebens darin, dass sich Menschen in ihrer Lebensführung nicht nur *reflexiv* zu sich selbst, sondern eben in diesem Selbstverhältnis zugleich auch *gläubig* zu einem personal verstandenen transzendenten Ganz Anderen verhalten.[3]

3 Die Schlüsselpassage, die wirkungsgeschichtlich maßgeblichen Einfluss auf die Existenzphilosophie ausübte, lautet:
„Der Mensch ist Geist. Aber was ist Geist? Geist ist das Selbst. Aber was ist das Selbst? Das Selbst ist ein Verhältnis, das sich zu sich selbst verhält, oder ist das am Verhältnis, dass das Verhältnis sich zu sich selbst verhält; [...]
Ein solches Verhältnis, das sich zu sich selbst verhält, ein Selbst, muss entweder sich selbst gesetzt haben oder durch ein anderes gesetzt sein. [...]

Kierkegaard sieht menschliche Existenz gelingen, sofern Menschen im kreativen Akt ihrer Lebensführung in und aus dem Glauben heraus leben, dass sie ein „*ganz Anderer*" personaler Schöpfergott willentlich in diese Art und Weise zu leben ruft. Er will aufzeigen und zugleich davon überzeugen, dass Menschen an Lebenskraft gewinnen, wenn sie sich in jeder ihrer Taten immer wieder aufs Neue als von Gott geschöpfte Schöpfer verstehen. In psychologisch einfühlsamen, experimentellen Schriften versucht er, einem christlichen Selbstverständnis auf die Sprünge zu helfen, das ihm bei der Bearbeitung bestimmter, bildungstheoretisch noch heute relevanter Identitätsproblematiken hilfreich erscheint. Christlicher Gottesglaube, so die These, erlöst von der Verzweiflung, kein Selbst sein zu wollen, oder nicht dieses, sondern ein anderes Selbst sein zu wollen oder aber, verzweifelt ein durch und durch autonomes Selbst sein zu wollen. Damit christlicher Glaube Menschen von irdischen Selbstverstrickungen *erlösen* kann, muss Gott als Erlöser (vgl. Kierkegaard 1844) und damit als *der Ganz Andere* vorgestellt werden.[4] Als reiner Schöpfer und unbewegter Beweger ist „Gott" vom geschöpften Schöpfer und „bewegten Beweger" (Dörpinghaus 2003) „Mensch" in jeder Hinsicht *absolut* unterschieden; nicht nur ein relativ Anderer, sondern eben *der Ganz Andere*. Diese christliche Denkfigur des „Ganz Anderen" fungiert offensichtlich nicht als Platzhalter für eine *vorläufige und relative Fremdheit*, mit der man sich in Verstehensprozessen Schritt für Schritt ver-

Ein derart abgeleitetes, gesetztes Verhältnis ist das Selbst des Menschen, ein Verhältnis, das sich zu sich selbst verhält und, indem es sich zu sich selbst verhält, sich zu einem anderen verhält. [...]
Indem es sich zu sich selbst verhält und indem es es selbst sein will, gründet das selbst durchsichtig in der Macht, die es setzte." (Kierkegaard 1849)

4 Obgleich Kierkegaard Sokrates wie keinen zweiten Denker schätzt, sieht er sich erlösungstheologisch gezwungen mit der „Gräzität des Griechen" zu brechen, die in der Behauptung der Mäeutik beruht, die Wahrheit befände sich von Anfang an in den Menschen (vgl. Kierkegaard 1844).

traut machen kann. Die paradoxe Anwesenheit *absoluter Fremdheit*, die Menschwerdung Gottes bzw. der Eintritt der Ewigkeit in die Endlichkeit, kann nur im „Sprung" in den Glauben vernommen werden.

Nun stellt sich die Frage, wie sich dieser *religiöse* Sinn und Geschmack fürs das Absolute und Unendliche zur *pädagogischen* Aufforderung einer unabschließbaren, relationalen selbständigen Orientierung im Denken verhält?

Wie dieser Tage deutlich wird, erweisen sich religiöse Fundamentalismen als Stolpersteine guten Lebens, zumindest eines guten Zusammenlebens. Doch spricht einiges dagegen, Kierkegaard als christlichen Fundamentalisten abzutun. So ist dieser Denker, der sich stets als ein religiöser Denker des Religiösen verstand, weit davon entfernt, einen Gottesbeweis vorlegen zu wollen, der anders Denkenden Mängel im rechten Verstandes- und Vernunftgebrauch adjustiert. Als christlicher Denker versteht sich Kierkegaard primär als *erbaulicher* Denker und erst sekundär als *Philosoph*. Seine pseudonyme Schriftstellerei lässt sich als existenzphilosophisch durchdeklinierter Protreptikus lesen (so Wehner 2005), der eine empathische Kritik christlicher Lebenskunst und Lebenskraft darstellt. Sofern die christliche Denkfigur des Ganz Anderen einen bestimmten Modus *religiöser* Lebensführung als *eine ernstzunehmende leibhaftige Option des guten Lebens* präsentiert, fungiert sie gerade darin als ein Beispiel für eine mögliche Kombination von Religiösität und Bildung, von existentiellem Glauben und nicht dogmatischem existentiellem Denken. Werden Menschen zur selbständigen Orientierung im Denken aufgefordert, dann wirft der Vernunftgebrauch bekanntlich auch solche Fragen auf, die das Vermögen der menschlichen Vernunft nicht abtragen kann (Kant 1781, Vorrede). Religion vermag *optionale Antworten* auf irdische Probleme des guten Lebens zu offerieren, die innerweltlichem Denken vorenthalten sind. Wo Religion Urvertrauen stiftet, eine verzweifelte

Verneinung der eigenen Existenz und die Verzweiflung an der eigenen Existenz verhindert, kann der Sprung in den Glauben an den Ganz Anderen der Dynamik, für die Bildung steht, durchaus zuträglich sein.

2. Bildung und die Denkfigur von den säkularen Anderen

In der säkularen Dimension menschlicher Existenz findet die Kategorie Andersheit insbesondere im Hinblick auf *Erfahrungen im zwischenmenschlichen Bereich* Beachtung. Die Denkfigur der *säkularen Anderen* fungiert als *ethische Größe*. Damit ist ein Kapitel in der klassischen Liaison von Ethik und Pädagogik aufgeschlagen.

Die Aussagekraft einer Ethik, die beim Mitmenschen als einem Anderen unter Gleichen ihren Ausgang nimmt, liegt in einem Verständnis von *Intersubjektivität*, das keine Vielheit von Subjektivitäten meint. Die Fremdheit des Anderen lässt den Zwischenraum zwischen Menschen nicht als leeren Raum zwischen Dingen, sondern als ein *soziales Grundphänomen mit Eigengewicht* begreifen. Das Zwischenmenschliche erscheint als Ereignisfeld, innerhalb dessen jemand zu dem wird, der er ist (vgl. Waldenfels). Hiermit ist der Bezug zum Mitmenschen nicht als Ausdruck einer Humanität begriffen, die auf individuellen Leistungen einzelner Subjekte basiert. Im Unterschied zu subjekttheoretischen Ansätzen handelt der alteritätstheoretische Ansatz von einer *Beziehungsstruktur der Koexistenz,* die allen individuellen Denk- und Sprechakten vorausgeht.

Ethisches Alteritätsdenken nimmt häufig auf die Philosophie von Emmanuel Levinas Bezug (etwa Danner 1985; kritisch Gößling 2004, 985). Geschult an Heideggers These von der „Seinsvergessenheit" bezichtigt der Franzose die bisherige Philosophie, über dem Thema der Identität den Gesichtspunkt der Alterität vergessen zu haben und damit das Andere auf das Selbe zu reduzieren. Der subjektphilosophische Einsatz bei der Autonomie und Freiheit des Individuums ignoriere das menschliche Dasein konstituierende „Mit-Sein“ als ein Inanspruch-genommen-Sein von der Andersheit der Anderen. Die Fremdheit des Anderen entzieht sich der intentionalen Beziehung des erkennenden Subjekts, der Adäquation und Korrelation, der Reduktion auf das Selbe und entzieht sich darin dem Verstehen. Weil das Inanspruchgenommensein durch den Anderen nicht nur einer *Ethik* der Egologik widerstreitet, sondern als *Grundlage sämtlicher Denk- und Sprechakte* behauptet wird, begreift Levinas die Philosophie vom Anderen als erste Philosophie und betreibt Sozialphilosophie als Meta-physik (vgl. Hermes, 1998, 82). Als Koexistenz besitzt Dasein die Grundstruktur eines Mit-, Zu- und Durch-Andere-Seins. Die Irreduzibilität der Fremdheit des Anderen veranlasst Levinas zeittheoretisch von der Diachronie der Ethik zu sprechen (Levinas 1979).

Im Horizont pädagogischer Überlegungen liegt es nahe, von Levinas auf die Vorläufertheorie des Ethikers und Erziehungsphilosophen Eberhard Grisebach zu sprechen zu kommen. Dessen Ansatz war in der Weimarer Zeit heftig umstritten, ist dann aber alsbald in Vergessenheit geraten (vgl. Wehner 2002). Levinas *ethischer Grundsatz* von der Ungleichzeitigkeit des Anderen findet bei Grisebach in der Unterscheidung von egologischer „*Erinnerung*“, die den Anderen schon in „*Wahrheit*“ zu kennen vermeint und die mit dieser vermeintlichen Wahrheit rechnet und „*Gegenwart*“ als einer Zeit, in der die „*Wirklichkeit*“ des Anderen stets als „äußerer“ nicht in der gedanklichen „Innenwelt“ des Ich auflösbarer „Widerstand“ erfahren wird, Ausdruck (vgl. Grisebach 1928). Auf diese Ethik baut Grisebach eine *Erziehungskritik* auf, die sich zunächst darin mit klassischem humanistischem Denken einig weiß, dass Erziehen unmenschliche Züge annimmt, wenn Edukanden als Objekte technischer Behandlung angesehen werden (hierzu Böhm/Schiefelbein/Seichter, 2008, S.39-40): „Die überzeugende Wissenschaft mag ihre Autorität in einer Technik bewahren, aber das, was sie mit ihrem Werkzeug beherrscht, ist nur die Materie, aber niemals der Mensch, der unter anderen Gesetzen steht. Sein Wesensgesetz duldet nicht eine Überzeugung als Bestimmung seines Seins durch einen anderen Menschen." (Grisebach 1924, S. 122) Das *Novum* des alteritätstheoretischen Ansatzes besteht darin, dass der Autor mit dem – nicht zuletzt humanistischem Denken vertrauten – Theorem ethischer und erzieherischer Stellvertretung bricht. So wendet er sich mit Verve gegen das Selbstverständnis advokatorischer Ethiken, denen zu Folge Menschen stellvertretend für andere Menschen handeln und für ihr Dasein Verantwortung übernehmen können und sollen (vgl. Grisebach 1924). Als Außenseiter hält er *stellvertretungspädagogischen* Auffassungen unterschiedlicher Strömungen entgegen: „Die Blüte der Pädagogik ist für das kritische Denken ein Sturmzeichen vor dem Untergang und eine Warnung vor dem Verlust der eigenen Existenz." (Grisebach 1928, 420).

Im vorliegenden Zusammenhang gebührt Grisebach auch aus alteritätstheoretischen Gründen besondere Aufmerksamkeit. Dieser Autor lässt sich von Kierkegaards Denkfigur des transzendenten Ganz Anderen inspirieren[5], bevor er in den Erfahrungen mit der Fremdheit der säkularen Anderen einen Maßstab nachmetaphysischer Ethik ausmacht (hierzu Kodalle 2000). Bemerkenswerterweise wird Grisebachs Ethik und „Pädagogik der Endlichkeit" (Meyer-Drawe; Schmidt 2000) just an solchen Stellen missverständlich, problematisch und fragwürdig, an denen die Kierkegaardsche Denkfigur des *absolut fremden* transzendenten Ganz Anderen nicht transparent von der *relativen Fremdheit* des säkular *radikal* Anderen unterschieden ist. In Anlehnung an Bernhard Waldenfels besagt die Denkfigur von der *radika-*

5 Dieser Tage strengt Alfred Schäfer (2004), ebenfalls durch Kierkegaard inspiriert, Überlegungen zu einer Pädagogik jenseits von Verfügungsansprüchen an.

len Fremdheit des Anderen nicht, „dass etwas ganz anders ist, sondern dass es auf originäre Weise anderswo", und so lässt sich hinzufügen auf originäre Weise zu anderer Zeit bzw. ungleichzeitig ist.

Im Unterschied zum transzendenten Ganz Anderen, der sich in seiner absoluten Fremdheit weder hermeneutisch noch phänomenologisch in Zeit und Raum verorten lässt, ist der Andere als immanenter Andersort und immanente Anderszeit gerade nicht der absolut Fremde, sondern der verortete *relational Fremde*. In einer nicht vereinnahmenden phänomenologischen Verortung des relational Fremden erscheint der Mitmensch als Mitschöpfer und Mitbewohner einer Sphäre der Intersubjektivität und so gesehen als ein Gleicher unter Anderen. Wird diese Sphäre der Intersubjektivität ernst genommen, können sich in der Begegnung mit dem Fremden unbekannte Sinnhorizonte erschließen. Dagegen büßt die sozialphilosophische Denkfigur ihre ethische Aussagekraft ein, wo nicht deutlich zwischen einer absoluten göttlichen Fremdheit und einer relationalen menschlichen Fremdheit unterschieden wird. Der ethische Ansatz gerät aus den Fugen, wenn der Andere im Rückgriff auf die theologische Denkfigur des Ganz Anderen als absolute Fremdheit *vergöttert* wird. Eine bloße Umkehrung, der von Grisebach und Levinas kritisierten Ethik der Egologik gerät zu einer merkwürdigen Melange aus einem moralischen Absolutismus des Anderen und einem ethischen Masochismus des Selbst. In dieser Mischung geht der entscheidende Gedanke verloren. In einer bloßen Umkehrung der Ermächtigungslogik der Subjektphilosophie kann „Intersubjektivität" nicht mehr als entscheidendes Ereignisfeld menschlicher Koexistenz zur Geltung kommen. Ethisches Denken findet keinen Einsatz im Zwischenmenschlichen, wenn die Denkfigur vom Anderen nicht eine intersubjektiv gestaltete und gestaltbare Sphäre wechselseitigen Inanspruchgenommenenseins in Getrenntheit, sondern, wie gelegentlich von

Kritikern behauptet, einen Abgrund der (pädagogischer) Verantwortung markiert (so Gößling 1995).

Im Anschluss an die pädagogische Diskussion zweier alteritätstheoretisch bekannter Denkfiguren, einmal die des transzendenten Ganz Anderen und ferner die des säkularen Anderen, erfolgt abschließend der Versuch eine alteritätstheoretisch wie bildungstheoretisch ungewöhnliche Denkfigur vorzustellen, die als eine Art Mischform beider, von Erfahrungen mit einem *säkular Ganz Anderen* handelt. Die pädagogische Hoffnung, mit diesem ungewohnten Zugang womöglich wenig Beachtetes zur Alteritäts- und Bildungstheorie beitragen zu können, ist dem Gedanken einer Bildung zwischen den Orten geschuldet.

3. Bildung und die Denkfigur vom säkular Ganz Anderen

Die alteritätstheoretische Neukreation handelt von der bildungstheoretischen Bedeutung der *ästhetischen Erfahrung* wilder Naturschönheit. In einem ersten Schritt wird unter Bezugnahme auf die vorangegangenen Abschnitte ausgeführt, inwiefern sich „wilde Natur" als ein säkular Ganz Anderes bezeichnet lässt. An zweiter Stelle wird die pädagogische Relevanz dieser spezifischen Denkfigur von Fremdheit diskutiert.

Wer von „wilder Natur" sprechen will kommt nicht umhin zu sagen, was unter „Natur" zu verstehen ist. Im Anschluss an die Naturphilosophin Angelika Krebs (1997) bezeichnet „Natur" weder alles, was Kausalgesetzen untersteht, noch das Unverfügbare. Denn auch Maschinen unterliegen Kausalgesetzlichkeiten und unverfügbar ist beispielsweise auch die Vergangenheit. Im Rückgriff auf die Etymologie – „nasci" = geboren werden, entstehen, sich entwickeln – bestimmt Krebs Natur als „dasjenige in unserer Welt, das nicht vom Menschen gemacht wurde, sondern das (weitgehend) aus sich selbst entstanden ist, neu entsteht und sich verändert (so wie Tiere, Pflanzen, Steine, Flüsse, Berge und

Planeten)" (Krebs 1997, S. 340). Der Gegenbegriff zu Natur heißt Artefakt bzw. Kultur (vgl. Seel 1991, S. 20 ff.).

Der an dieser Stelle häufig erhobene Einwand, dass es Natur in diesem Sinne heute womöglich gar nicht mehr gibt, ist hilfreich, aber hebt die Begrifflichkeit nicht aus den Angeln. Der Einwand verweist darauf, dass die Natur, die uns umgibt, in aller Regel keine reine, unangetastete, ursprüngliche *wilde Natur* ist, sondern eine *vom Menschen überformte*. Im Hinblick auf überformte Natur sprechen wir von Kulturlandschaften, Kulturwäldern und dergleichen mehr (hierzu anschaulich und aufschlussreich Blackbourn 2007). Dabei sprengt alles das nicht den begrifflichen Rahmen. Denn menschlich *überformte* Natur ist eben nicht etwas von Menschen *Gemachtes*, sondern nur etwas von Menschen *Überformtes*. Die Weinstöcke rund um meine Universitätsstadt Würzburg sind von Menschen angelegt, aber nicht gemacht. Den Würzburger Dom haben Menschen gemacht. Zwischen „Überformen" und „Machen", zwischen Natur und Artefakt gibt es Übergänge. So ist der Würzburger Dom teilweise aus Buntsandstein gemacht und, genau besehen, kennen wir nichts vom Menschen Gemachtes, bei dem im Machen nicht etwas vom Menschen nicht Gemachtes, sprich Natur im Spiel ist. Die im ersten Rundgang besprochene Denkfigur vom Ganz Anderen reserviert die creatio ex nihilo ausdrücklich für einen Jenseitigen, jenseits der beiden Pole Natur und Artefakt angesiedelten absolut Fremden. Diesseits fungieren Natur und Artefakt als graduelle Begriffe, die untereinander aufteilen, was zwischen den beiden Polen liegt.

Nach dieser Begriffsklärung komme ich zu der Gretchenfrage, mit welcher Berechtigung „wilde Natur" als ein säkular Ganz Anderes bezeichnet werden kann. Wie die aktuelle Debatte um Nachhaltigkeit lehrt, die sich an der Fragilität bestimmter Naturzustände entzündet, trifft diese Bezeichnung offensichtlich nicht zu, wenn man die Formel vom

„Ganz Anderen" nur mit den Attributen absoluter, unantastbarer göttlicher Fremdheit in Verbindung bringt. Wilde Natur ist offenkundig keine absolute, von menschlicher Existenz unabhängig existierende Größe. Im Gegenteil: Im Zeitalter fortgeschrittener technologischer Zivilisation zwischen Gentechnik und Biodiversität wird wilde Natur mehr und mehr zu einer schutzbedürftigen Größe. Allerdings kann man in einem abgeschwächten Sinn sehr wohl von einem säkularen „Ganz Anderen" sprechen. Das ist der Fall, insofern man unter wilder Natur *erstens* einen Gegenstand versteht, den wir nicht hervorgebracht haben, *zweitens* die außermenschliche Natur meint, die wir nicht selber sind,[6] und *drittens* einen natürlichen Gegenstand in Augenschein nimmt, an dem wir – zumindest in *subjektiver ästhetischer Erfahrung* – keinerlei Spuren menschlicher Aktivität feststellen können. Sofern Menschen im ästhetischen Erleben wilder Natur an der Gegebenheit der Natur keinerlei Spuren von Menschen als Macher erkennen, scheint es mir legitim zu sein, dem Konstrukt „wilde Natur" den alteritätstheoretischen Titel eines säkular Ganz Anderen zu verleihen.

Im Anschluss an Kants Analytik des Schönen und an Martin Seels Ästhetik der Natur gilt es strikt zwischen der ästhetischen und der theoretischen Betrachtung von Natur zu unterscheiden. Demnach können wir im subjektiven ästhetischen Erleben eine Gegebenheit der Natur als wilde Natur erfahren, die wissenschaftliche Analyse objektiv als überformte Natur identifiziert. In diesem Zusammenhang ist auch anzumerken, dass naturwissenschaftliche Befunde vom Aussterben wilder Natur nicht schlussfolgern lassen, dass die ästhetische Erfahrung wilder Natur ihre Bedeutung verliert. So muss man beispielsweise nicht erst den Gesang einer Nachtigall erleben, um den Gesang der Nachtigall ästhetisch schätzen zu können.

6 Die ethische Reflexion über die Natur, die wir selber sind gehört demnach nicht in den Bereich der Naturethik, sondern der Bioethik.

Die aufgeschlagene alteritätstheoretische Begrifflichkeit lässt nun im zweiten Schritt fragen, welche Bedeutung die Betrachtung schöner und erhabener wilder Natur für ein gelungenes menschliches Leben haben kann. Ästhetische Kontemplation meint eine nicht-funktional geleitete, aktive Wahrnehmung eines Gegenstandes oder einer Situation. In der Analytik der ästhetischen Urteilskraft entfaltet Kant im ersten Schritt eine Typologie von Gefühlen, die ohne Rücksicht auf Besonderheiten von Kunst- und Naturschönem das Wohlgefallen am Schönen vom Wohlgefallen am Angenehmen und Guten unterscheidet (Kant 1790, Erstes Buch). Während dem Erleben des Angenehmen und des Guten ein *abhängiges Wohlgefallen* korrespondiert, da Neigung und Achtung in Bezug zu dem Begehrungsvermögen einmal der Sinne, einmal der Vernunft steht, erweist sich das Wohlgefallen am Schönen als ein bedürfnisloses und unbedürftiges *freies Wohlgefallen,* als eine Gunst, die unabhängig von Empfindung und ohne Begriff „bloß gefällt". Dergestalt findet in der ästhetischen Betrachtung eine *conditio humana* Ausdruck, die mit Hannah Arendts Worten nicht der Seite der *vita activa,* sondern jener der *vita contemplativa* zugehört.[7] Menschen bedürfen der Gegenstände, an denen sie in der Schau des Schönen freies Wohlgefallen finden weder sinnlich noch moralisch. In der ästhetischen Betrachtung ist das gesamte Erkenntnisvermögen – sowohl Verstand, Urteilskraft und Vernunft als auch Sinn, Einbildungskraft und Gedächtnis – ohne Begehrungsvermögen im Spiel, so dass Menschen ohne Neigung empfinden und ohne Wollen denken. Die ästhetische Kontemplation hat eudämonistischen Eigenwert, sie ist etwas, was man um seiner selbst willen tut und ist eine Grundoption guten menschlichen Lebens. Die Gegenstände ästhetischer Betrachtung bilden einen *Eigenwert für uns.* Die Gegenstände haben *Eigenwert,* weil wir

---

7 Zur Unterscheidung von *vita activa* und *vita contemplativa* Hannah Arendt (1958).

sie ästhetisch ohne Begehrungsvermögen, nicht funktionell betrachten und sie haben einen Eigenwert *für uns*, weil ihr Eigenwert epistemologisch nur in der ästhetischen Betrachtung erscheint, die unser gesamtes Erkenntnisvermögen beansprucht. Schlussfolgernd ist der Schutz ästhetisch attraktiver Gegenstände den Betrachtern und nicht den Gegenständen selbst geschuldet.

Damit stellt sich die Frage, welche spezifischen Lebensinteressen mit der ästhetischen Betrachtung wilder Naturschönheit einhergehen. Diese Frage lässt sich beantworten, wenn man prüft, ob sich die Erfahrung ästhetisch attraktiver Natur nicht in der Artefaktenwelt simulieren und wettmachen lässt. Hinsichtlich dieser Fragestellung macht Krebs, ohne Anspruch auf Vollständigkeit, auf drei Unterschiede aufmerksam (dazu Krebs 1997, S. 372). Eine besondere Qualität der ästhetischen Naturerfahrung besteht darin, dass sie in der Regel alle unsere Sinne anspricht, während Kunstwerke häufig einen Sinn privilegieren. Doch, so ließe sich einwenden, gelingt es ja womöglich in Zukunft, Gesamtkunstwerke im Stil holistisch attraktiver Artefaktenparks zu schaffen. Weil das nicht ausgeschlossen ist, stellt die erste Unterscheidung keine prinzipielle Unterscheidung dar. Zweitens stellt wilde Natur als ein „Ganz Anderes" eine ästhetische Attraktion dar, weil sie keinerlei Spuren menschlicher Zwecksetzung aufweist. Diese Attraktion können Kunstwerke prinzipiell nicht bieten.[8] Ein dritter Punkt betrifft den Status des Erhabenen in der Natur, von dem wir, mit Kant gesprochen, zwei Spielarten kennen. Mathematisch Erhabenes, beispielsweise das Alpenpanorama, beeindruckt aufgrund seiner Größe. Dynamisch Erha-

8 „Der Naturgegenstand in der freien Natur konfrontiert die, die ihn eigens wahrnehmen weitaus unmittelbarer mit seiner reinen Phänomenalität als diejenigen (mehr oder minder künstlichen, also kontinuierlich zurechtgemachten oder erarbeiteten) Objekte, bei denen wir erst von den ihnen zugewiesenen oder zuweisbaren Funktionen absehen müssen, um für ihre einmalige individuelle Erscheinung empfänglich zu werden" (Seel, 1992, S. 66).

benes, etwa ein Hochwasser beeindruckt aufgrund seiner Kraft. Beide Varianten kennen wir auch aus der Artenfaktenwelt, jedoch nicht auf dieselbe Art und Weise. Einmal reichen selbst Wolkenkratzer noch nicht an das Ausmaß der mathematischen Erhabenheit von Hochgebirgszügen heran. Doch könnte die Kunstwelt prinzipiell zur Größenordnung der Natur aufschließen. Dagegen spricht im Hinblick auf das natürlich dynamisch Erhabene ein prinzipielles Argument gegen eine Suspension durch Artifizielles. Allein die Tatsache, dass Menschen etwas Gewaltiges schaffen, es aber auch hätten sein lassen können, nimmt den Erscheinungen der Kunstwelt etwas von ihrer Kraft. In aller Regel ist nicht nur das Vorhandensein von artifiziell Gewaltigem vom Willen der Konstrukteure abhängig. Vielmehr üben die Konstrukteure über das willentlich Geschaffene häufig auch eine gewisse Kontrolle aus. Folglich können wir das natürlich dynamisch Erhabene *grundsätzlich* nicht durch artifiziell Gewaltiges ersetzen. Weil das natürlich Erhabene einen originellen Eigenwert für uns darstellt, hegen wir ein besonderes Interesse an seinem Erhalt.

Historisch hat die dynamisch erhabene Natur vielerorts etwas von ihrer Gewaltigkeit eingebüßt und ist *heute* auf Schutzmaßnahmen seitens des Menschen angewiesen. Dergestalt findet im Naturschutz ein Paradox im Selbstverhältnis des Menschen Ausdruck. „Das Paradox ist, dass wir unsere Macht einsetzen müssen, um die Erfahrung dessen, was nicht in unserer Macht liegt, zu bewahren." (Williams in Krebs 1997, S. 305.) Und da auch die Entscheidung, etwas nicht zu tun, eine Handlung darstellt, bemerkt Williams weiter: „Alles was wir unberührt lassen, haben wird bereits berührt."

Die These des vorliegenden Abschnitts lautet nun, dass die Erfahrung des säkular ganz Anderen wilder Natur zeitgenössisch in einer mehr und mehr designten Welt an existentieller Bedeutung gewinnt. Das ist deshalb der Fall, weil wir uns in der ästhetischen Erfahrung wilder Natur den zunehmend bedrängenden Erfahrungen ästhetischer Verantwortung enthoben und damit auf eigenartige Art und Weise befreit in die *vita contemplativa* eingebunden sehen. Als Designer kommt der Mensch nicht um eine Verantwortung für das Design, das er den Dingen verleiht, umhin. Diese Verantwortung vererbt sich häufig sogar auf Verhältnisse, in denen sich Menschen als Konsumenten mit von anderen Menschen designten Dingen umgeben und sozial einkleiden. Die Jugendforschung beobachtet, dass das Design heute verstärkt als bedeutsames soziales Erkennungszeichen fungiert. In den satten Welten westlicher Zivilisation, in denen nahezu alle alles zum Leben Notwendige haben, werden soziale Unterschiede immer weniger über die Funktion der Gegenstände, die wir besitzen, sondern in verstärktem Ausmaß über das ästhetische Design der Gegenstände generiert. Wo alle etwas zum Anziehen besitzen, ist nicht entscheidend, dass jemand Kleidung besitzt, sondern welche Kleidung er trägt. Kommunikationspsychologisch gesprochen artikuliert sich im demonstrativ vor sich hergetragenen Konsumgeschmack, den man sich allemal leisten können muss, eine Ich-Botschaft, die Markenzeichen der Warenwelt zu Markenzeichen von Personen umdeutet. Vor diesem Hintergrund wird nachvollziehbar, dass die Entlastung von ästhetischer Verantwortung in der wilden Natur ein Moment von Lebensqualität darstellt, „das umso dringlicher empfunden wird, je weniger gut die Designprobleme in der übrigen Welt der Artefakte und der menschlich überformten Natur gelöst sind." (Krebs 1997, 374) Während Gärten, Park- und Nutzlandschaften zu ästhetischer Erfahrung, nicht aber zu einer restlosen Befreiung von ästhetischer Verantwortung einladen, vermögen wir in der ästhetischen Betrachtung wilder Natur mit unserem gesamten Erkenntnisvermögen präsent zu sein, ohne in pragmatischer und praktischer Hinsicht gefordert zu sein. In der ästhetischen Erfahrung wilder Natur sind wir in vollem Umfang als erkennende Wesen präsent und zugleich auf wohltuende und keineswegs entmündigende Art und Weise unserem Selbstverständnis als handelnde Wesen enthoben.

Unter Rekurs auf die Aufklärung wird Bildung bis heute häufig und mitunter auch über die Maßen mit Gesichtspunkten wie „Selbstbestimmung“, „Autonomie“ „Verantwortung“ oder „Mündigkeit“ in Verbindung gebracht. Die Hervorhebung der existenziellen Bedeutung der ästhetischen Betrachtung wilder Natur ist geeignet, auf einen anderen, wenig beleuchteten Aspekt von Bildung qua Sorge um das gute Leben aufmerksam zu machen. In einer mehr und mehr designten Welt könnte eine pädagogische Aufgabe zunehmend darin bestehen, Gelegenheiten zur ästhetischen Erfahrung wilder Natur zu verschaffen. Diese Erfahrungen können Menschen vorübergehend von jenem Druck befreien, den sie als vermeintlich durchgängig zum Handeln verurteilte Wesen permanent zu verspüren geneigt sind. In der Erfahrung des säkular „Ganz Anderen“ wilder Natur erleben Menschen eine eigentümliche und unvergleichliche Facette menschlicher Freiheit, die zum guten Leben gehört und die Bildungstheorie häufig übersieht. Das Gros ästhetischer Bildungs- und Erziehungslehren bezieht sich wie Schiller, Herbart, Nietzsche oder Adorno auf Kunst und Kultur. Dabei wird der ästhetischen Bildung nicht selten eine propädeutische Funktion für die Moralethik zugesprochen. Diese fragwürdige Instrumentalisierung der Ästhetik kommt im vorliegenden Fall erst gar nicht Betracht. Das ästhetische Erleben wilder Naturschönheit ist einzig und allein Gegenstand der Strebensethik.[9]

Blicken wir zum Schluss noch einmal zurück, dann macht der Überblick über drei spezifische Denkfiguren von Alterität deutlich, dass jede Sorte von Fremdheit eine spezifische pädagogische Relevanz besitzt. Keine der drei Denk-

---

9 Hans Krämer (1995) unterscheidet die Moralphilosophie als Pflichtethik, die Fremdwollen zum Gegenstand hat, von der eudämonistischen Strebensethik, in der es um das eigene Wollen geht.

figuren von Andersheit lässt sich aus einer anderen herleiten oder auf eine andere zurückführen. Folglich beinhaltet Bildung Erfahrungen mit differenter Fremdheit. Damit Bildung zwischen differenter Fremdheit Wirklichkeit werden kann, bedarf es der Einübung in die Kunst der Ortswechsel.

Literatur

Ballauff, Theodor (2000): Pädagogik als Bildungslehre, 3. Aufl. aus dem Nachlass.

Blackbourn, David (2007): Die Eroberung der Natur. Eine Geschichte der deutschen Landschaft, München.

Böhm, Winfried; Grell, Frithjof (Hg.) (1991): Jean-Jaques Rousseau und die Widersprüche der Gegenwart, Würzburg

Böhm, Winfried/Schiefelbein, Ernesto/Seichter, Sabine (2008): Projekt Erziehung. Ein Lehr- und Lernbuch, Paderborn/München/Wien/Zürich.

Arendt, Hannah (1958): The Human Condition. Dt. (2002): Vita activa oder vom tätigen Leben, München.

Danner, Helmut (1985): Verantwortung und Pädagogik. Anthropologische und ethische Untersuchungen zu einer sinnorientierten Pädagogik, Meisenheim.

Dörpinghaus, Andreas (2004): Bildung zwischen Orten. In: Dörpinghaus, A./Helmer, K. (Hg.): Topik und Argumentation, Würzburg, 133-149.

Ders. (2003): Über unbewegte und bewegte Beweger, in: Vierteljahrsschrift für wissenschaftliche Pädagogik 79 Jg., 449-461.

Grell, Frithjof (1996): Der Rousseau der Reformpädagogen. Würzburg

Grisebach, Eberhard (1924): Die Grenzen des Erziehers und seine Verantwortung, Halle.

Ders. (1928): Gegenwart. Eine kritische Ethik, Halle.

Flitner, W. (1997): Allgemeine Pädagogik (EA 1950), 15. Aufl., Stuttgart.

Gößling, Hans Jürgen (2004): Subjektivität und Intersubjektivität. In: Benner, D./Oelkers, J. (Hg.): Historisches Wörterbuch der Pädagogik. Weinheim und Basel, 971-987.

Gößling, Hans Jürgen (1995): Die Fremdheit des Anderen – Grund oder Abgrund pädagogischer Verantwortung? In: Pädagogische Rundschau, 49 (1995), 631-643.

Hermes, Christian: Vor dem anderen denken: Emmanuel Levinas. In: Zeitschrift für Literaturwissenschaft und Linguistik, Jg. 28 (1998), 76-97.

Kant, Immanuel (1781): Kritik der reinen Vernunft.

Kant, Immanuel (1790): Kritik der Urteilskraft. Werke in zehn Bänden. Hrsg. von Weischedel, W., Darmstadt 1983.

Kierkegaard, Sören (1844): Philosophische Brocken. Ein Bisschen Philosophie.

Kierkegaard, Sören (1849): Die Krankheit zum Tode. Eine christliche psychologische Entwicklung zur Erbauung und Erweckung von Anti-Climacus.

Kodalle, Klaus-M. (2000): Krise und Kritik. Eberhard Grisebachs nachmetaphysische Ethik. In: Ders. (Hg.): Angst vor der Moderne. Philosophische Antworten auf Krisenerfahrungen. Der Mikrokosmos Jena 1900-1940, Würzburg.

Krämer, H. (1995): Integrative Ethik, Frankfurt am Main.

Krebs, Angelika: Naturethik im Überblick. In: Dies. (Hg.): Naturethik. Grundtexte der gegenwärtigen tier- und ökoethischen Diskussion. Frankfurt a. Main, 337-379.

Lembeck, Karl-Heinz: Die Normativität des Normalen und der Anspruch des Anderen. In: Bundschuh, K. Wahrnehmen Verstehen Handeln. Perspektiven für die Sonder- und Heilpädagogik im 21. Jahrhundert. Bad Heilbrunn, 125-139.

Levinas, Emmanuel (Org. 1979): Le Temps e l'Autre. Dt. (1994): Die Zeit und der Andere. Übers. u. mit einem Nachw. vers. von Wenzler, L., 3. Aufl., Hamburg.

Meyer-Drawe, Käte und Schmidt, Katharina (2000): Eberhard Grisebach: Eine Pädagogik der Endlichkeit. In: Kodalle, K.-M. (Hg.), 199-210.

Lippitz, Wilfried (2003): Differenz und Fremdheit. Phänomenologische Studien in der Erziehungswissenschaft, Frankfurt am Main

Prange, Klaus (2005): Die Zeigestruktur der Erziehung. Grundriss der Operativen Pädagogik, Paderborn.

Schäfer, Alfred (2004): Alterität: Überlegungen zu Grenzen des pädagogischen Selbstverständnisses. In: Zeitschrift für Pädagogik. 50 Jg. (2004), S. 707-726.

Seel, Martin (1996): Eine Ästhetik der Natur, Frankfurt am Main.

Waldenfels, Bernhard (1998a): Antwort auf das Fremde. Grundzüge einer responsiven Phänomenologie. In: Waldenfels, B.; Därmann, I. Der Anspruch des Andern. Perspektiven phänomenologischer Ethik, 7-14.

Ders.: (1998 b): Einführung: Ethik vom Anderen her, in: Waldenfels, B.; Därmann, I., Der Anspruch des Andern. Perspektiven phänomenologischer Ethik, 7-14.

Williams, Bernard (1992): Must a Concern for the Environment Be Centered on Human Beings? in: Taylor (Hg.): Ethics an the Environment. Zitiert nach Wiederabdruck in Krebs, A. (Hg.) (1997), 296-306.

Wimmer, Michael (1998): Fremdheit zwischen den Generationen. Generative Differenz, Generationendifferenz, Kulturdifferenz. In: Ecarius, J. (Hg.): Was will die jüngere mit der älteren Generation? Generationsbeziehungen und Generationenverhältnisse in der Erziehungswissenschaft, Opladen, 81-114.

Wehner, Ulrich (2002): Pädagogik im Kontext von Existenzphilosophie. Eine systematische Untersuchung im Anschluss an Eberhard Grisebach, Otto Friedrich Bollnow und Theodor Ballauff, Würzburg.

Wehner, Ulrich (2005): Augustinus „Bekenntnisse" – eine in bildungsphilosophischer Absicht inszenierte Pseudoautobiographie? In: Böhm, Winfried (Hg.): Aurelius Augustinus und die Bedeutung seines Denkens für die Gegenwart, Würzburg, 59-76.

Interkulturelle
und interreligiöse Kontexte

Auf der Reise – oder: Migration. und die Herausforderung der „Anders-Orte" für christliche Identität

Margit Eckholt, Osnabrück

1. Einführung: Migration als Zeichen der Zeit[1]

Gegenläufige Flüchtlingsströme

Eines der großen Zeichen der Zeit zu Beginn des 21. Jahrhunderts ist das Phänomen der globalen Migration. Die Migrationsbewegungen und Flüchtlingsproblematik haben in den letzten Jahren angesichts dramatischer politischer Konflikte und wachsender sozialer Probleme, vor allem in den afrikanischen und asiatischen Ländern, zugenommen – der UNHCR (United Nations High Commissioner for Refugees, Hoher Flüchtlingskommissar der Vereinten Nationen) schützt und unterstützt knapp 32 Millionen Menschen, die vor Krieg, Verfolgung und massiven Menschenrechtsverletzungen geflohen sind oder sich in flüchtlingsähnlichen Situationen befinden, wobei nach Schätzungen des UNHCR die Gesamtzahl aller von Flucht betroffenen Menschen noch höher ist.[2] Dabei ist Migration ein Phänomen, das die Weltgeschichte in ihren unterschiedlichen Epochen immer wieder neu geprägt hat; es waren unterschiedlichste Beweg-

---

1 Folgender Artikel bezieht sich auf zwei Beiträge, die in der Zeitschrift „Missio konkret" publiziert worden sind: M. Eckholt, „all inklusive – all exklusive". Zwei Perspektiven des Reisens in globalen Zeiten, in: missio konkret 2/2008, 3-6; dies., „all exklusive" oder: „Mach den Raum deines Zeltes weit". Die Herausforderung von Migration für die Kirche, in: missio konket 3/2008, 3-6.

2 Vgl. dzu: http://www.unhcr.de/grundlagen.html
In Fußnote 9 werden die Materialien genannt, auf die sich die in diesem Aufsatz genannten Zahlen zur internationalen Migration ebenfalls beziehen.

gründe, die Menschen, gar ganze Volksstämme, zum Aufbruch bewegt haben, oft der Mangel an Lebensnotwendigem in der angestammten Heimat; Not, Hunger, Arbeitslosigkeit, auch Naturkatastrophen haben die Sehnsucht nach einer „neuen Welt", einem „Eldorado" genährt und Anlass für einen Aufbruch gegeben – eine Suche nach „Anders-Orten", neuen Orten, mit Sehnsucht, Fremdheit, Abenteuer und der Hoffnung eines gelingenden Lebens ohne Not und Gewalt belegt. Neu ist heute, dass Migration ein globales Phänomen ist, unterschiedliche, auch gegenläufige Flüchtlingsströme sind festzustellen, neu ist vor allem auch der Einbruch der Flüchtlingsströme in die „alte" Welt. Während noch in der zweiten Hälfte des 19. und der ersten Hälfte des 20. Jahrhunderts Arbeitsmigranten oder politische Flüchtlinge Europa verließen, wird Europa nun zum Sehnsuchtsort vieler Menschen aus den von Armut und vielfältiger Gewalt geplagten afrikanischen Ländern. Diese Sehnsucht erfährt Schiffbruch vor der Südküste Italiens, in Sizilien, Lampedusa, auf Gibraltar oder den von Touristen bevölkerten Stränden der karibischen Inseln. Auf der anderen Seite gibt es die „Migranten" – auch wenn der Begriff hier nur metaphorisch zu verstehen ist -, die auf der Reise in das eine Feriendomizil bereits die Reise in das andere in den Blick nehmen, die Pauschaltouristen, Wohlstandsbürger und ruhelosen Frührentner, die es nicht in der Heimat hält, die die Fremde aber doch wieder so schnell verlassen wollen, wie sie sie aufgesucht haben. Identitäten geraten in den Fluss, das „Nomadische" wird zum Kennzeichen des neuen Weltbürgers.[3]

3 Zum Nomadischen vgl. die Arbeiten von Rosi Braidotti, v.a.: *Nomadic Subjects. Embodiment and Sexual Difference in Contemporary Feminist Theory*, New York 1994. – Das Thema „Migration" ist sehr gut in der Dokumentation der Kölner Ausstellung erarbeitet: Kölnischer Kunstverein (Hg.), *Projekt Migration. Katalog zur Ausstellung im Kölner Kunstverein*, Köln 2005.

Der Raum im Fluss

Unsere Zeiten sind „bewegte" Zeiten, von stetem Aufbruch, Ankommen, Verlassen, von Wanderschaft und Reise sind sie geprägt. Vielfältige – gerade auch widersprüchliche und miteinander nicht vereinbare – „Wanderungsbewegungen" prägen unsere Zeiten: Aufbruch, Bewegung, gewollt oder ungewollt, das Verlassen von Räumen, die Suche nach neuen, das ungewisse Schweben in Grenz- und Warteräumen. Interessant ist, dass in der Pastoral immer mehr von den „Räumen" die Rede ist; damit rückt neben dem Faktor Zeit die zweite Kantsche Grundkonstante menschlicher Existenz in das Bewußtsein.[4] Nicht nur die Zeit steht für die Veränderlichkeit und Kontingenz des Lebens, auch der Raum ist „in den Fluss geraten", er ist keine dem Menschen Stabilität gewährende Konstante mehr, Räume verändern sich, sie werden genommen, sie werden überschritten und verlassen. Die Grenze, die den Raum als Raum definiert, gerät auf neue Weise in den Blick, für Menschen auf der Flucht als Bedrohendes, Leben Nehmendes. Die Grenze zwischen den USA und Mexiko ist so z.B. zu einem neuen theologischen Ort in der US-amerikanischen Theologie – vor allem der „latina-

4 Zum neuen „Raumparadigma" vgl. *Spatial turn: das Raumparadigma in den Kultur- und Sozialwissenschaften*, hg. von Jörg Döring u.a., Bielefeld 2008. – In der Theologie wird dieser „turn" vor allem in der Pastoraltheologie rezipiert: M. Lechner, M.L., *Pädagogik des Jugendraumes*, Ensdorf 1994; ders., *Pädagogik des Jugendraumes. Neue Impulse für die kirchliche Jugendarbeit*, in: Trierer Theologische Zeitschrift 102 (1993), 271-285; ders., *Ideen und Programme gelten ihm in der Regel so viel wie die Personen, die sie verkörpern. Räume – Personen – Cliquen*, in: H. Hobelsberger/M. Lechner/W. Tzscheetzsch (Hg.), *Ziele und Aufgaben kirchlicher Jugendarbeit. Bilanz und Auftrag 20 Jahre nach dem Synodenbeschluß*, München 1996, 83-94. – In der systematischen Theologie bezieht sich vor allem die evangelische Theologin Magdalena Frettlöh darauf: *Der trinitarische Gott als Raum der Welt. Zur Bedeutung des rabbinischen Gottesnamens maquom für eine topologische Lehre von der immanenten Trinität*, in: Rudolf Weth (Hg.), *Der lebendige Gott. Auf den Spuren neueren trinitarischen Denkens*, Neukirchen-Vluyn 2005, 197-232.

theology" – geworden.[5] Die Grenze wird als gewaltbesetzt erlebt; es ist nicht nur die Gewalt der Trennung von der Heimat, sondern die Gewalt, um das Leben gebracht zu werden an den Todesstreifen zwischen Nord und Süd. Die Grenze ist nicht mehr beweglich und durchlässig, es wird vielmehr abgegrenzt, ausgegrenzt, Grenzen werden geschlossen. Gerade die Grenze zwischen den USA und Mexiko wird zum Symbol für den Graben zwischen dem reichen Norden und dem armen Süden. In Zeiten der Kommunikationsmedien, des Austausches von Kapital und Bildungs- und Kultureliten scheinen die Welten so nah, und doch sind sie so fern und einander fremd aus Perspektive all′ derer, die um Lebenschancen kämpfen, die keinen Zugang zu Bildung, Arbeit und Wohlstand haben, deren Traum eines sozialen Aufstiegs mit der Überwindung der Grenze verbunden ist und deren Hoffnungen „auf der Grenze" scheitern.

„All exklusive – all inklusive"

„Verlassen" – so lautet der deutsche Titel eines der Romane des französisch-marokkanischen Schriftstellers Tahar Ben Jelloun: „Verlassen" schildert das Schicksal von Menschen, die etwas verlassen haben und die verlassen sind. Sie sind aufgebrochen aus den Elendsvierteln Nordafrikas, haben sich auf eine Reise gemacht, sich auf unwegsame Überfahr-

5 Vgl. hier vor allem die Arbeiten der mexikanischen, an der Catholic University in San Diego tätigen Theologin María Pilar Aquino, u.a., *La humanidad peregrina viviente: migración y experiencia religiosa*, in: *Migration, Religious Experience, and Globalization*, hg. von Gioacchino Campese/Pietro Ciallella, Staten Island NY: Center for Migration Studies 2003, 103-142; María Pilar Aquino/Roberto S. Goizueta (Hg.), *Theology, Expanding the Borders*, Mystic 1998; M.P. Aquino, *Theological Method in U.S. Latino/a Theology*, in: Orlando O. Espin/Miguel H. Díaz (Hg.), *From the heart of our people. Latino/a Explorations in Catholic Systematic Theology*, Maryknoll, New York 1999, 6-48; zur Grenze ebenso: Allan Figueroa Deck SJ, *The Second Wave: Hispanic Ministry and the Evangelization of Cultures*, Mahwah 1989; ders., *At the Crossroads: North American and Hispanic*, in: *We are a people! Initiatives in Hispanic American Theology*, hg. von Roberto S. Goizueta, Minneapolis 1992, 1-20.

ten eingelassen, sind zum Strandgut an den Küsten Spaniens und Frankreichs geworden, Menschen ohne Heimat, deren Sehnsucht in den Elendszonen Europas zerschellt. Ihre Heimatstrände und Aufbruchsorte werden von ganz anderen Reiseströmen bevölkert, von Touristen der ersten oder zweiten Klasse, denen in abgesonderten Hotelkomplexen alles geboten wird, „all inklusive", die nur Blicke auf die für Touristen zurechtgeschnittene Schönheiten von Welten werfen, die für ihre eigentlichen Bewohner kein Zuhause mehr bieten können, weil keine Arbeit da ist, weil das Land von politischer und sozialer Gewalt geprägt ist. Migration und die Erfahrung des „Verlassens", des Ausgeschlossenwerdens – „all exklusive" – auf der einen Seite, die Reiseerfahrung der europäischen, gutsituierten Touristen – „all inklusive" – auf der anderen Seite: Das sind zwei ganz unterschiedliche Perspektiven auf die Realität unserer einen Welt, auf der einen Seite das Reisen der Wohlstandsbürger des Westens, denen vielfältige „all inklusive-Angebote" zur Verfügung stehen, auf der anderen das vielschichtige Phänomen der Migration, der oft nicht gewollte und leidvolle Aufbruch vieler Menschen aus den von Armut, Krieg und Gewalt geprägten Ländern des Südens. Wenn im folgenden beide Perspektiven verschränkt werden, so ist dies zunächst wohl befremdend. In der Verschränkung der „all exklusive-Erfahrung" dieser Menschen und dem Reisen „all inklusive" können sich aber vielleicht neue Perspektiven auf die eine Welt auftun: Wir schulen Augen, Ohren und Herz für Reichtum und Armut des fremden Landes, für seine Kultur und Religion, und vor allem für die Menschen aus diesen Ländern, die bei uns „gestrandet" sind. Reisen und die Erfahrung der Fremde werden dann auf eine ganz neue Weise zu einer bereichernden Herausforderung für das Eigene und den eigenen Blick auf die Welt, Reisen kann wachsen lassen in der Begegnung mit dem Fremden und lässt gerade den Fremden „bei uns" auf eine neue Weise sehen. Dadurch kann auch der Sinn christlicher Mission neu entdeckt werden. Der neue Blick für die

Fremden, für Menschen mit Grenzerfahrungen, für Menschen an der Grenze, in den vielen Warteräumen, dem Niemandsland, öffnet Gotteserfahrungen. Jesus Christus, dem Kind auf der Flucht, dem Wanderprediger an den Grenzen Israels, kann im Fremden im eigenen Land begegnet werden. Gott ruft in ihm heraus, selbst gesetzte Grenzen zu überschreiten und die eigenen Räume zu weiten.

Durch diese Kreuzung gegenläufiger Migrationsgeschichten kann unser Blick für die Flüchtlingsproblematik, für die vielen von Not, Gewalt, Arbeitssuche usw. auferlegten Migrationsbewegungen geschärft werden. Selten ist dies sonst nur der Fall, vielleicht fällt manchmal auf den Flughäfen ein flüchtiger Blick auf Menschen, die „abgeschoben" werden, „dazwischen" liegen jedoch nicht zu überwindende Zonen und Warteräume. Was verbindet beide Geschichten? Gibt es Reiseerfahrungen, die helfen können, für das Schicksal der Migranten und Migrantinnen in unserer Gesellschaft und unseren Kirchengemeinden sensibler zu werden? Beide Reisenden – den Touristen und die Migrantin – verbindet die Erfahrung des Weges, des Aufbruchs, der Ferne und des Verlassens der Heimat. Der Tourist aber wird wieder „heimkehren", der Migrant hat dagegen ein Zuhause aufgegeben, die Heimat wird zu einem fernen Sehnsuchtsort. Christen können sich an die Weihnachtsgeschichte erinnern, Jesus war ein Flüchtlingskind, er hat mit seinen Eltern in der Fremde, in Ägypten gelebt. Mit ihm können wir lernen, wo und was „Heimat" ist: auf dem Weg bleiben zu können, im Wissen, dass es in der Zukunft Gottes eine Heimat gibt, ein Ankommen ohne Ende. Leben heißt, auf dem Weg bleiben, heißt immer wieder neu aufbrechen: „Wir sind alle Migranten und Migrantinnen", Aufbrechende und Ankommende. Mission ist ein Lernprozess, zu solchen Aufbrechenden und Ankommenden zu werden, die neue Orte, Anders-Orte, erschließen, und aber auch zu solchen, die Aufgebrochenen ein Ankommen bereiten.

Die „Missio ad gentes", wie Mission genannt worden ist, ist Teil unserer Alltagsrealität geworden, die Begegnung mit den vielen Fremden, mit anderen Kulturen und anderen Religionen spielt sich nicht in irgendeiner weiten Ferne, sondern vor unserer Haustüre ab.[6] Mission wird oft noch damit verbunden, das Evangelium „den Völkern" zu verkünden. Kontaktmann oder -frau zu den „fernen Völkern" ist der der Gemeinde entstammende oder verbundene Missionar oder die Missionarin, die ab und zu von ihrem Aufbruch in die Ferne berichten und so die Ferne in die Gemeinde hineinholen. Aber schon längst ist die Realität eine andere – die „Völker" leben mitten unter uns, die Ferne ist nahe gerückt. Im Zuge der vielfältigen, vor allem mit den Globalisierungsprozessen verbundenen Umbrüchen hat sich das Weltszenario in den letzten Jahren in radikaler Weise zu verändern begonnen. Jesaja (Jes 54,2) spricht davon den „Raum des Zeltes", das Israel aufgespannt hat, zu weiten; er soll geweitet werden in der Begegnung mit den vielen Völkern, das ist die große Verheißung des Glücks im neuen Zion. Der große Raum der Zukunft kommt von Gott her, in seine Weite kann alles eingeborgen werden, an ihm soll Israel sich orientieren, seinen Zeltraum zu weiten, seine Zelttücher auszuspannen, „ohne zu sparen" (Jes 54,2). Auch die Mission der christlichen Kirchen hat hier ihre Zielperspektive und ihren Sinnhorizont. Das Reich Gottes ist die Zukunft, die Gott schenkt und zu der hin die vielen Wege der Völker führen.[7] Die gegenwärtigen Zeiten sind von

---

6 Zur Mission vgl. hier in Auswahl: Giancarlo Collet, *„... bis an die Grenzen der Erde": Grundfragen heutiger Missionswissenschaft*, Freiburg i.Br. 2002; ders., *Das Missionsverständnis der Kirche in der gegenwärtigen Diskussion*, Mainz 1984; Robert Schreiter, *Die neue Katholizität. Globalisierung und Theologie*, Frankfurt a.M. 1997.

7 Zum Missionsdekret des 2. Vatikanum vgl. die Kommentierung von Peter Hünermann, *Theologischer Kommentar zum Dekret über die Missionstätigkeit der Kirche Ad Gentes*, in: *Herders Theologischer Kommentar zum Zweiten Vatikanischen Konzil*, hg. von Peter Hünermann/Bernd Jochen Hilberath, Bd. 4, Freiburg/Basel/Wien 2005, 219-336.

vielfältigsten neuen Aufbrüchen geprägt, selbstgewählten oder auferlegten, das Zelt, die Heimstätte der Nomaden, die auf den Weg mitgenommen wird, wird zum Symbol für Heimat in bewegten Zeiten.[8]

2. Reise „all exklusive"? – oder die Erfahrung von Grenze und „Exklusion"

Migration ist ein hochkomplexes Phänomen, aus sehr unterschiedlichen Gründen verlassen Menschen ihre Heimat, die einen sind Bildungsmigranten, Studierende oder junge Wissenschaftler, die einen Teil ihrer Ausbildung im Ausland verbringen, Fachleute, die ihre Kompetenzen in befristeten Verträgen in der Fremde einbringen und erweitern, um nach einigen Jahren in ihrer Heimat Führungspositionen übernehmen zu können; die anderen – der große Teil – sind ohne Sicherheiten unterwegs, flüchten angesichts von Naturkatastrophen, auf der Suche nach Arbeit, nach Überlebenschancen für sich und ihre Familien. Die Zahl der internationalen Migranten lag 1990 bei 120 Millionen, im Jahr 2002 wurde die Zahl der Migranten auf 175 Millionen geschätzt, weltweit sind es zwischen 2 und 3 % der Gesamtbevölkerung.[9] In Deutschland leben zur Zeit ca. 15

---

8 Vgl. auch A. Spendel, *Frauen unternehmen Leben. Plädoyer für eine nomadische Pastoraltheologie*, in: Margit Eckholt/Marianne Heimbach-Steins (Hg.), *Im Aufbruch – Frauen erforschen die Zukunft der Theologie*, Stuttgart 2003, 114-128.

9 Folgende Materialien wurden herangezogen; die im Aufsatz genannten Zahlen beziehen sich auf diese Texte: *„und der Fremdling, der in deinen Toren ist". Gemeinsames Wort der Kirche zu den Herausforderungen durch Migration und Flucht*, hg. vom Kirchenamt der Evangelischen Kirche in Deutschland und dem Sekretariat der Deutschen Bischofskonferenz in Zusammenarbeit mit der Arbeitsgemeinschaft Christlicher Kirchen in Deutschland, Bonn/Frankfurt a.M./Hannover 1997; *„und der Fremdling, der in deinen Toren ist." Eine Arbeitshilfe zum Gemeinsamen Wort der Kirchen zu den Herausforderungen durch Migration und Flucht*, hg. vom Kirchenamt der Evangelischen Kirche in Deutschland und dem Sekretariat der Deutschen Bischofskonferenz in Zusammenarbeit mit der Arbeitsgemeinschaft Christlicher Kirchen in Deutschland, Bonn/Frankfurt a.M./Hannover 1998; Die deutschen Bischöfe – Kommission für Migrationsfragen,

Millionen Menschen mit einem anderen kulturellen Hintergrund als dem deutschen, in den großen Städten sind es bis zu 40 %, die sich oft in nicht attraktiven Innenstadtbereichen oder genauso wenig attraktiven Neubausiedlungen am Stadtrand angesiedelt haben. Waren es zunächst – bis zum Anwerbestop der Gastarbeiter im Jahr 1973 – Arbeitsmigranten, so hat in den 90er Jahren angesichts des Balkankrieges die Zahl der Kriegsflüchtlinge und der Asylbewerber aus den Europa benachbarten Regionen zugenommen, mittlerweile verschiebt sich das Gewicht wieder zugunsten der internationalen Migranten – wie z.B. aus dem Irak und Ländern des Nahen Ostens, aus afrikanischen Ländern wie Zimbabwe oder dem Kongo. Menschen mit sehr unterschiedlichen Migrationserfahrungen, unterschiedlichen Erwartungen an die Fremde, Menschen, die bleiben wollen, andere, die so bald wie möglich wieder aufbrechen wollen, leben in Deutschland – ähnliches ist für die anderen europäischen Länder festzustellen. Die Gesellschaften in Europa und weltweit haben sich zu verändern begonnen, neue Fragen an das Zusammenleben von Menschen unterschiedlicher kultureller und religiöser Herkunft stellen sich; die Diskussionen um den nicht einfachen – oft auch angefragten – Begriff der „Integration“ spiegeln dies. Für die einen kann Fremde, das Aufnahmeland, zur Heimat werden, für die anderen bleibt das Herkunftsland Heimat. Ein großer Teil der erwirtschafteten Gelder geht bei ihnen in die Heimat, so – um nur zwei Beispiele zu nennen – bei den Polen, die in den letzten Jahren in Großbritannien Arbeit gefunden haben, oder den vielen Ecuatorianern, die in Spanien

---

Leben in der Illegalität in Deutschland – eine humanitäre und pastorale Herausforderung, hg. vom Sekretariat der Deutschen Bischofskonferenz, Bonn 2001; Missio, *Werkmappe Weltkirche: Fremd sein – Gast sein. Lerngemeinschaft Kirche*, Nr. 131, 2004; Missio, Werkmappe Weltkirche: Denn wir sind nur Gäste bei dir, Fremdlinge, Nr. 87/1993; Bundesministerium für wirtschaftliche Zusammenarbeit und Entwicklung, Referat „Entwicklungspolitische Informations- und Bildungsarbeit“, *Migration in und aus Afrika*, September 2004.

oder den USA leben und deren Geldtransfer die zweitgrößte Einnahmequelle Ecuadors ist.

Migration ist eine hoch komplexe Frage, es greifen globale und nationale Probleme ineinander, Fragen der internationalen Politik, der Gesellschafts- und Entwicklungspolitik, aber auch ganz grundsätzliche Fragen der Zugehörigkeit von Menschen zu Gemeinwesen, Staaten und Nationen. Diese Zugehörigkeit wird über die Räume bestimmt, die Menschen mit anderen bewohnen und gestalten. Was ist nun, wenn Menschen von einem zum anderen Raum „verschoben“ und „geschoben“ werden, wenn sich vor allem den Flüchtlingen und Asylbewerbern kein Raum auftut, wenn sie „auf der Grenze“ leben müssen, ohne Papiere, ohne Aufenthaltsgenehmigungen? In den letzten Jahren hat sich die Situation genau dieser Menschen verschärft; angesichts der Flüchtlingsströme aus dem Süden, der Menschen, die an den Stränden von Lampedusa und der Kanarischen Inseln, der spanischen, französischen oder italienischen Mittelmeerküste an Land zu gehen versuchen – falls ihnen die lebensgefährliche Flucht in oft untauglichen Booten, ausgenutzt von Schleppern, gelingt – , hatte die französische Regierung einen neuen „Pakt über Immigration und Asyl“ für die EU angestoßen, der unter der französischen EU-Ratspräsidentschaft (2008/9) durchgesetzt werden sollte. In Frankreich leben zwischen 200.000 und 400.000 Menschen ohne passende Papiere, ein hartes Durchgreifen gegenüber den „sans papiers“, den illegalen Einwanderern ohne gültige Aufenthaltsgenehmigung, wurde gefordert. In Deutschland selbst wurde die Asylgesetzgebung bereits 1993 verschärft, es dürfen keine Asylbewerber über „sichere Drittstaaten“ in Europa nach Deutschland kommen. Auf dem Landweg ist Deutschland so nicht erreichbar; der Flughafen ist der Ort, an dem Asylsuchende aus „Nichtverfolgerstaaten“ oder Antragsteller ohne gültige Papiere aufgegriffen und einem Schnellverfahren – oft mit der Konsequenz der Abschiebung – unterzogen werden. Die Zahl von Menschen

„ohne Identität“, ohne Zugehörigkeit, von Menschen an und auf der Grenze, in Warteräumen, an gefährlichen Todeszonen nimmt zu. Ihnen ist alles genommen: Reisen „all exklusive“. Hier ist der „Anders-Ort“ kein Ort – nirgends. Die Grenze wird zur Erfahrung des Ausschlusses.

Gerade in den USA hat sich auf dem Hintergrund dieses neuen Zeichens der Zeit eine Theologie der Grenze bzw. auf der Grenze entwickelt. Zu ihrer Entwicklung tragen vor allem in den USA lebende Theologinnen und Theologen aus den verschiedenen lateinamerikanischen Ländern bei. Die mexikanische Theologin María Pilar Aquino ist Professorin für Theologie, Sozialethik und Religionswissenschaften an der Katholischen Universität in San Diego, gleichzeitig ist sie aktiv in den Gemeinschaften der lateinamerikanischen Migranten und Migrantinnen tätig, sie setzt sich vor allem für die Frauen ein und all′ diejenigen, für die die Grenze mit vielfältigen Erfahrungen der Gewalt verbunden ist. Gerade in Südkalifornien hat die Migration in die USA in den letzten Jahren erheblich zugenommen, die Kommunität der Lateinamerikaner wächst immer mehr. Das bedeutet, so weisen US-amerikanische Bevölkerungswissenschaftler und Soziologen auf, für Gesellschaft und Kirchen in den USA große Veränderungsprozesse. Bereits 1983 haben die katholischen Bischöfe der USA dies in ihrem Pastoral Letter on Hispanic Ministry formuliert, 1987 wurde ein National Plan for Hispanic Ministry aufgestellt. Die renommierte Catholic Theological Society der USA hat in einer ihrer letzten öffentlichen Stellungnahmen das Thema der Einwanderung und der Grenze als Zeichen der Zeit formuliert.[10] Lebten 1999 noch 29,3 Millionen Einwanderer aus den lateinamerikanischen

10 Vgl. den Bericht von Orlando O. Espín für INSeCT: Academy of Catholic Hispanic Theologians of the United States, in: www.uni-tuebingen.de/INSeCT/cd/north-america-espin.html – Zur Grenze vgl. auch: Anne E. Patrick, *Markers, Barriers, and Frontiers: Theology in the Borderlands*, in: María Pilar Aquino/Roberto S. Goizueta (Hg.), *Theology: Expanding the Borders*, Mystic 1998, 3-21.

Ländern in den USA, so sind es im Jahr 2009 40,1 Millionen sein; 68% aller Einwanderer aus den Ländern Lateinamerikas sind katholisch, 20% gehören zu fundamentalistischen Kirchen, vor allem zu den Pfingstkirchen. Die Latinos und Latinas werden dabei bis 2010 die Hälfte der US-amerikanischen Katholiken ausmachen; wird auf den Anteil von Jugendlichen bzw. Kindern geschaut, sind es bereits heute schon 60%. Im Vergleich zu den Katholiken aus Irland oder Italien, der älteren Einwanderergeneration, stehen sie für eine Kirche mit einem jungen Antlitz.[11]

Dieser durch die Migration bedingte Veränderungsprozess stellt für die Theologie eine neue Herausforderung dar. Es ist in den letzten Jahren in den USA eine Theologie „auf der Grenze" entstanden; die Grenze wird zu einem neuen „locus theologicus", einem produktiven und kreativen Ort, in dem sich die neuen Zeichen der Zeit – Globalisierung, Migration, Armut, kultureller und religiöser Pluralismus – bündeln. Der „frontier myth", das „expanding the border", hat die Geschichte der USA geprägt; dies ist als Auseinandersetzung zwischen „Zivilisation" und „Barbarei" verstanden worden, nun verschieben sich die Gewichte, die Präsenz der Theologen und Theologinnen mit persönlicher Migrationserfahrung führt zu einem neuen Umgang mit dem Begriff der Grenze; was „Zivilisation" ist, was „Barbarei", muss neu bestimmt werden.[12] Im Wahrnehmen der Grenze soll dabei eine Theologie entwickelt werden, die „beyond any border"[13] ist, ohne dabei die konkreten Realitäten dies-

---

11 María Pilar Aquino, *Theological Method in U.S. Latino/a Theology*, in: Orlando O. Espín/Miguel H. Díaz (Hg.), *From the heart of our people. Latino/a Explorations in Catholic Systematic Theology*, Maryknoll, New York 1999, 6-48, hier: 25.

12 Vgl. zur Grenze: Allan Figueroa Deck SJ, *The Second Wave: Hispanic Ministry and the Evangelization of Cultures*, Mahwah 1989; ders., *At the Crossroads: North American and Hispanic*, in: *We are a people! Initiatives in Hispanic American Theology*, hg. von Roberto S. Goizueta, Minneapolis 1992, 1-20.

13 María Pilar Aquino, *Perspectives on a Latina'Feminist Liberation Theology*, in: Alan Figueroa Deck (Hg.), *Frontiers of Hispanic Theology in the United States*,

seits und jenseits der Grenze aus den Augen zu verlieren. Die Gruppe der Migranten und Migrantinnen aus den Ländern Lateinamerikas ist eine kulturell plurale Gemeinschaft, die die US-amerikanische Gesellschaft zu verändern beginnt, aber noch viel zu wenig wahrgenommen wird. María Pilar Aquino und Jeannette Rodríguez, die einen Reader zur neuen feministischen Befreiungstheologie „auf der Grenze“ herausgegeben haben, haben diese Beiträge bewußt als „marginal theories“ formuliert, als Theorien auf der Grenze, die teils innerhalb, teils außerhalb des westlichen Denkrahmens angesiedelt sind. So wird das „Dazwischensein“ – die „in-betweenness“ – für die Latina-Theologinnen in den USA zu einer neuen Metapher ihrer Ortsbestimmung; Leben ist ein steter Wechsel zwischen Rassen, kulturellen, wirtschaftlichen und sprachlichen Grenzen: „We may be citizens, but we continue to have outsider status.“[14] Leben bedeutet eine tägliche Grenzüberschreitung, es gilt die Kunst zu erlernen, es von beiden Seiten wahrzunehmen und zu interpretieren. Es gilt aber vor allem, die Ausschlussmechanismen, die mit den vielfältigen Grenzerfahrungen verbunden sind, anzuklagen. Die neue feministisch-theologische Methode in interkultureller Perspektive knüpft hier an die befreiungstheologischen Impulse der 70er Jahre an und entfaltet sie auf dem Hintergrund des sich verändernden globalen Kontextes weiter. Die Not der Migranten und Armutsflüchtlinge wird in den Blick genommen; diese Option für die Armen ist Ausgangspunkt der neuen interkulturellen theologischen Arbeit.

Maryknoll, New York 1992, 23–40, hier: 38, Anm. 1: „Latina, besides referring to the vast majority of mestiza women, allows for extending the arms of solidarity to the south, beyond any border. – Vgl. dazu: María Pilar Aquino/Roberto S. Goizueta (Hg.), *Theology: Expanding the Borders*, Mystic 1998.

14 María Pilar Aquino/Daisy L. Machado/Jeanette Rodríguez, *A Reader in Latina Feminist Theology. Religion and Justice*, Austin 2002, Introduction, XVI/XVII.

3. Auf der Reise „all inklusive"? – oder die Herausforderung durch die Fremde

Reisen ist in den letzten Jahren, sicher bedingt durch den Wohlstand gerade auch älterer Menschen, aber auch durch immer preisgünstigere Reise-„Angebote", immer beliebter geworden, kurze oder lange Urlaube, aus unterschiedlichen Anlässen, mit nahen und fernsten Zielen, werden geplant. Auch wenn Reisen mit dem Reiz des Exotischen und Fremden in Verbindung gebracht wird, so sind gleichzeitig doch die Ansprüche gestiegen, den eigenen Wohlstand mitzunehmen bzw. ihn selbst in der Wüstenoase oder am Südseestrand wiederzufinden: Wer im Bahnhofsviertel von München, Würzburg oder Nürnberg auf die vielen Angebote der Reisebüros achtet, wird feststellen, dass für deutsche Touristen die „all-inklusive"-Angebote immer attraktiver werden. Die Touristenkomplexe bilden Enklaven von europäischem Wohlstand, sind selbst in Ländern, die zu den ärmsten der Welt gehören, von allen Annehmlichkeiten geprägt, durchsetzt mit der Exotik der Fremde, die dabei aber künstlich-fremd bleibt, eine Fassade, Dekor und Design ist. Heißt dies wirklich reisen? Die Reise ist – blickt man in Kultur- und Literaturgeschichte – immer ein Topos für den Bildungsprozess eines Menschen gewesen, so bei Odysseus und Parzival, bei Wilhelm Meister, beim „grünen Heinrich" usw.;[15] sie beinhaltet ein Aufbrechen zu Neuem, wobei die Begegnung und Auseinandersetzung mit diesem äußerlich Neuen und Fremden gerade zu einem inneren Wandlungsprozess führt. Wer reist, macht Erfahrungen und wird erfahren. Jeder und jede, die gereist ist, weiß, dass eine Reise gerade dann in Erinnerung bleibt, wenn sich etwas Unvorhergesehenes ereignet, fern von eingefahrenen und fest geplanten Bahnen. Das Gespräch am Wegesrand, die besonders schöne kleine

15 Zur Einführung in den Bildungsroman vgl. Ortrud Gutjahr, *Einführung in den Bildungsroman*, Darmstadt 2007.

Dorfkirche, der Kaffee an irgendeiner Straßenecke können zu unvergessenen Erinnerungen werden für den, der mit offenen Augen und offenen Ohren reist. Gerade junge Leute sind für diese Formen des Reisens offen, immer mehr gibt es auch Programme, die in Kontrast zu den „all-inklusive"-Angeboten stehen und Reisen im ursprünglichen Sinne des „Erfahrens" neu entdecken wollen.

Eine neue Reise-Schule und die Erfahrung der Fremde

Zu einer solchen neuen Reise-Schule gehört zunächst das Aufmerksamwerden, das bewußte Hinhören und Hinsehen, die Bereitschaft, der Fremde und dem anderen ohne Vorurteile zu begegnen, in einer solchen Weise, dass ich erst einmal alles Vorgedachte und Vorgebildete hinter mir lasse. In einer solchen Offenheit für das andere kann dem Fremden Raum gegeben werden, kann sich das Fremde als Fremdes zeigen. Eine solche Begegnung mit der Fremde fordert heraus, das Fremde stellt sich mir dann auch mit allen seinen Widerständen gegenüber. Genau dadurch werde ich berührt und betroffen; der Widerstand des anderen kann mich wachsen lassen, weil er mir eine Grenze aufzeigt. Die Fragen: wer bin ich?, woher komme ich?, wohin gehe ich?, stellen sich in besonderer Schärfe in der Fremde und in der Begegnung mit dem Fremden. „Der Fremde ermöglicht es dir, du selbst zu sein, indem er dich zum Fremden macht", so der jüdische Schriftsteller Edmond Jabès in seinem Essay „Ein Fremder, mit einem kleinen Buch unterm Arm".[16] Gerade in der Fremde oder in der Begegnung mit dem Fremden in unserer vertrauten Umgebung erfahren wir, wer wir sind: Wir werden zurückgeworfen auf das, was wir sind, was wir glauben zu sein. Die Begegnung mit der Fremden weist in ausgezeichneter Weise auf das Geheimnis jeder Begegnung hin: Am anderen und mit der anderen – Fremden – können

16 München/Wien 1993.

wir erfahren, wer wir sind, oder auch, wer wir noch nicht sind, vielleicht auch, wer wir nicht sein wollen. Der und die Fremde macht uns gerade in seiner Widerständigkeit auf sein „Geheimnis" aufmerksam. Um den anderen muss „gerungen", „geworben" werden. Begegnung ist nie selbstverständlich, sie ist immer Geschenk, das kann in der Fremde und der Begegnung mit dem Fremden deutlich werden. Jedes wirkliche Miteinander zeugt von einem „Wunder des Wir". Das wird in besonderer Weise gerade an der fremden Sprache deutlich. Jede Sprache, so der iranische, in München lebende Dichter SAID, hat einen „Hof", sie lässt uns nicht selbstverständlich in ihn herein, wir müssen uns um sie bemühen, und doch ist die Mühe nur ein Teil, die Begegnung bleibt ein Wunder: „... jede sprache hat einen eigenen hof, und die frage ist, ob die sprache einen in den hof einlässt. ... man muss vielmehr – wie in der liebe – einen modus vivendi finden. Irgendwann macht die sprache die türe auf, und gelobt seien alle götter, wenn das geschieht. Aber von diesem augenblick an muss man der sprache mit respekt begegnen. Man muss acht auf sie geben."[17] Achtung und miteinander leben, einen „Modus vivendi" finden, das sind die Voraussetzungen, dass Begegnung mit und in der Fremde werden kann. „Entscheidend ist, dass man den kampf gegen die sprache aufgibt und statt dessen mit ihr lebt. Aber das kann man nicht beschließen. Das kommt von selbst. Auf leisen sohlen. Als ein zaubermoment."[18]

Die Reise verändert

Reisen verändert, lässt den Blick weiten, wirft ein neues Licht auf Vertrautes. Einer der großen Reisenden der Antike, Odysseus, hat darum gewußt, aber auch darum, dass es Erfahrungen sind, die die Zurückgebliebenen nicht teilen. Bei

17 *In Deutschland leben*, München 2003, 34/35.

18 Ebd., 28.

seiner Heimkehr nach Ithaka hat er sich selbst darum „verkleidet“, seiner eigenen Fremdheit hat er eine äußere Gestalt gegeben. Seine Reise ist eine Allegorie für das Heimkommen, für die Erfahrung der Liebe, die im Fremden den Geliebten doch wiedererkennt. Seine Ehefrau nimmt ihn, den Fremden auf, weil sie in ihm den Geliebten erkennt. Wenn wir reisen und länger unterwegs sind, wenn wir uns auf Erfahrungen der Fremde eingelassen haben, verändern wir uns, oft wird es von denen, die zurückgeblieben sind, nicht wahrgenommen. Sie knüpfen unbekümmert dort an, wo wir vor unserem Aufbruch aufgehört haben. Selbst nach eineinhalb Jahren Abwesenheit lag die Arbeit auf meinem Schreibtisch, die ich vor meinem Aufbruch noch angestoßen hatte, um die sich niemand anderer gekümmert hatte – eine seltsame Erfahrung für die, die aufgebrochen war und für die die Monate in der Fremde so viel an Neuem bedeutet hatten. Aber es gibt auch andere, die erspüren, dass Neues und Fremdes Teil unserer Person geworden ist – zumeist die, die sich selbst auf die Reise gemacht haben. Reisen verändert uns selbst, weitet nach der Rückkehr in die Heimat den Blick auf das Vertraute und lässt auch Neues sehen. Der „Anders-Ort“ solchen Reisen lässt auch unseren eigenen Ort „anders“ sehen, verändert ihn und lässt die vielen „Anders-Orte“ in unserer Gesellschaft – die Orte der Fremden bei uns – anders sehen. Diese neue Reise-Schule hilft so, das Geheimnis des anderen – und darin auch das eigene – je mehr zu erahnen und zu entdecken. Gerade darum ist es wichtig, nach einer solchen Reise die Orte der Fremden aufzusuchen: Die Reise kann zu einer anderen Offenheit für eine afrikanische Gruppe in der eigenen Ortsgemeinde führen, die um Asyl angefragt hat, oder für die junge Frau aus Costa Rica, die zu Studienzwecken in München ist. Die Reise nach Guatemala, die auch auf das Schicksal der Kaffeebauern aufmerksam gemacht hat, kann einen anderen Zugang zum Weltladen und zur fair gehandelten Ware in der Kirchengemeinde eröffnen. Wichtig sind diese neuen Reise-Schulen, fern ab von den „all-inklusive"-Angeboten: Sie können eine Offenheit entstehen lassen für das, was sich hinter dem Phänomen von Migration und dem Schicksal der vielen Migranten und Migrantinnen verbirgt; sie können helfen, ihre Erfahrung von Fremde, von Verlassen-Sein, von Entwurzelung verstehen zu lernen, ihre Sehnsucht nach Heimat zu erkennen und ihnen Raststätten zu bieten auf ihrer Reise, in denen Hoffnungs- und Zukunftsbilder wachsen können. Die „Anders-Orte", die sich auf solchen Wegen ausbilden, sind „Hoffnungsorte", keine „Utopien". „Die Hoffnung und das ihr entsprechende Denken", so Jürgen Moltmann, „können sich darum den Vorwurf des Utopischen nicht gefallen lassen, denn sie strecken sich nicht nach dem aus, was ‹keinen Ort› hat, sondern nach dem, ‹was *noch* keinen Ort› hat, aber einen solchen gewinnen kann." ... Die christliche Hoffnung „sieht die Wirklichkeit und die Menschen in der Hand dessen, der vom Ende her in die Geschichte hineinspricht: ‹Siehe, ich mache alles neu›, und gewinnt an diesem gehörten Verheißungswort die Freiheit zur Erneuerung des Lebens hier und zur Veränderung der Gestalt dieser Welt."[19]

4. Lernen an Anders-Orten – den Geist der Mission in der Begegnung mit Migrantinnen und Migranten erschließen

Auf dem Hintergrund der zugespitzten Asyldiskussion in den 90er Jahren und zunehmender Fremdenfeindlichkeit hat die deutsche Kirche begonnen, die Herausforderungen der Migration als „Zeichen der Zeit" zu erschließen: als eine

19 Jürgen Moltmann, *Theologie der Hoffnung. Untersuchungen zur Begründung und zu den Konsequenzen einer christlichen Eschatologie*, Gütersloh [14]2005, 20/21; vgl. dazu: Jürgen Moltmann/Carmen Rivuzumwami/Thomas Schlag (Hg.), *Hoffnung auf Gott – Zukunft des Lebens. 40 Jahre „Theologie der Hoffnung"*, Gütersloh 2005.

Herausforderung, im Fremden das Antlitz Jesu Christi zu entdecken und gerade darum zu einer Anwältin für Integration und Beheimatung zu werden und sich für eine Erziehung zur interkulturellen Solidarität einzusetzen. Die „interkulturelle Woche", die DBK und EKD jeden Herbst begehen, und der Monat der Weltmission knüpfen daran an, wenn sie gerade auch Kirchengemeinden für die mit dem Phänomen der Migration verbundenen Fragen einer neuen Begegnung zwischen Einheimischen und Fremden sensibilisieren wollen. Auch heute noch lesenswert und wahrscheinlich erst richtig zu erschließen sind kirchliche Dokumente, die seit Ende der 90er Jahre veröffentlicht worden sind, so z.B. das unter dem Titel „... und der Fremdling, der in deinen Toren ist" von DBK und EKD in Zusammenarbeit mit der Arbeitsgemeinschaft Christlicher Kirchen in Deutschland herausgegebene Gemeinsame Wort der Kirchen zu den Herausforderungen durch Migration und Flucht aus dem Jahre 1997; dazu liegt eine 1998 veröffentlichte Arbeitshilfe mit Anregungen für unterschiedlichste Bildungseinheiten vor. 2001 hat die Kommission für Migrationsfragen der DBK die Menschen in den Blick genommen, die ohne Aufenthaltsgenehmigung bei uns leben, das ebenso lesenswerte wie informative Dokument ist unter dem Titel „Leben in der Illegalität in Deutschland – eine humanitäre und pastorale Herausforderung" vom Sekretariat der DBK herausgegeben worden. Vom Päpstlichen Rat der Seelsorge für die Migranten und Menschen unterwegs wurde 2004 die Instruktion „Erga migrantes caritas Christi" (Die Liebe Christi zu den Migranten) herausgegeben.[20]

Wenn die christlichen Kirchen sich zur Migrations-, Flüchtlings- und Asylpolitik äußern, so ist dies in den biblischen Traditionen eingebettet: Der Gott Israels hat sein Volk „aus Ägypten, dem Sklavenhaus" geführt (Ex 20,2.3), Jakob

20 Die bibliographischen Angaben zu den Dokumenten sind in Fußnote 9 genannt.

selbst war ein „heimatloser Aramäer“, der nach Ägypten zog und dort als Fremder lebte. So hat Israel im Gesetz die Beziehungen zu dem Fremden, der sich im Land aufhält, geregelt und dasselbe Gebot erteilt, das für die „Kinder deines Volkes“ (Lev 19,18) gilt: „Du sollst ihn lieben wie dich selbst“ (Lev 19,34). Jesus Christus – der selbst in einem Stall geboren und in ein Krippe gelegt wurde und mit seinen Eltern nach Ägypten flieht (Mt 2,13-15), der durch „Städte und Dörfer“ zog (vgl. Lk 13,22) und keinen Ort hatte, „wo er sein Haupt hinlegen kann“ (Mt 8,20) – knüpft hier an und verschärft dieses Gebot: Er hat eine Liebe vorgelebt, die keine Grenzen von Klasse, Rasse, Geschlecht kennt (vgl. Gal 3,28), die Nächstenliebe ist das „grenzüberwindende Gebot“[21]. „Der Fremde ist im Neuen Testament nicht mehr der im Unterschied zum Stadtbewohner und Volkszugehörigen Diskriminierte ohne Bürgerrecht (Eph 2,11f, 19), sondern der Gast, in dem Jesus selbst gegenwärtig ist.“[22] In diesem Zusammenhang wird immer wieder neu erinnert an die Gerichtsworte Mt 25,34, gerade dem Fremden die Tür des Hauses zu öffnen und ihm Gastfreundschaft zu bieten. Jesus selbst wurde alles genommen, er hat sich hingegeben bis in den Tod. Genau hier hat Gott in ihm dem Menschen alles geschenkt; der „geheimnisvolle Tausch“, der sich in seinem Tod und seiner Auferstehung ereignet hat, führt zu dem Perspektivenwechsel christlichen Glaubens: „all exklusive“ und „all inklusive“ verschränken sich hier, dem wird alles geschenkt, dem alles genommen ist. Gott öffnet den weiten Raum des Lebens in der Nacht des Todes, wenn jeder Lebensraum genommen scheint. An der Grenze zwischen Leben und Tod bricht sich das Geheimnis des Lebens Gottes Bahn, Erlösung, Heil, Leben werden hier. Der Auferste-

21 *Gemeinsames Wort zu den Herausforderungen durch Migration und Flucht*, Nr. 104; 105.

22 *Gemeinsames Wort zu den Herausforderungen durch Migration und Flucht*, Nr. 107.

hungsraum ist ein grenzenloser, er ist der Raum der barmherzigen und liebenden Gastfreundschaft Gottes, in dem die ganze Schöpfung, die vielen Menschenräume einmal eingeborgen werden; er lässt Gemeinschaft unter den vielen Verschiedenen entstehen, er entgrenzt alle Räume, in denen Menschen sich bewegen, die sie bewohnen oder die ihnen genommen werden.

Konsequenz für den Glauben: die Glaubensgeschichte als Reise

Die Reise ist eine Metapher für die Glaubensidentität in allen Weltreligionen. Alle großen Glaubenden waren auch Reisende; die Väter und Mütter Israels sind auf den Ruf Gottes hin aufgebrochen, Abraham und Sara, Isaak und Rebekka, Propheten wie Elia und Jesus von Nazareth selbst waren solche Wanderer. Glaubensgeschichten werden als Reise-Geschichten erzählt, als Geschichten von Aufbruch und Ankommen, von Fremde und Heimat. Ein „Stehen" im Glauben bedeutet gerade ein je neues „Aufbrechen". Gott selbst schickt je neu auf die Reise, denn der, der gesucht wird, kann nicht „festgehalten" werden. Gott ist – das ist die Erfahrung von Ignatius von Loyola und vielen anderen großen geistlichen Menschen – der „semper maior", der immer Größere, der auf den Weg schickt. Das hat in beeindruckender Weise der Jesuit Michel de Certeau formuliert: „Gott bleibt der *Unbekannte*, der, den wir nicht kennen, auch wenn wir an ihn glauben; er bleibt der Fremde für uns, in der Dichte der menschlichen Erfahrung und unserer Beziehungen."[23] Und als dieser Fremde schickt er uns auf die Reise; geistliche Erfahrung bedeutet Aufbruch, es „ist der Anfang einer Reise."[24] Glaubensidentität bildet sich nur im „Gehen", auf der Reise, auf der „Suche" aus.

23 Michel de Certeau, *L'étranger ou l'union dans la différence*. Nouvelle édition etablie et présentée par Luce Giard, Paris 1991, 14.

24 Certeau, *L'étranger*, 5f.

„Wie des Rosenkranzes Perle ruh ich niemals von der Reise – Der durchmess'ne Weg liegt immer wieder vor mir, gleicher Weise!“, so drückt es der islamische Dichter Dard aus, und Iqbal formuliert in einem seiner Gedichte:

> „Die Liebe, furchtlos, ist auf steter Reise,
> Im Raum und Raumlosen ein Kinde des Weges!
> Mein Glaub ist wie raschbewegte Wogen,
> Den Ort verlassend, auf den Weg gezogen!“[25]

Auch Christen und Christinnen sind solche „homines viatores“, Menschen auf dem Weg, auf der Reise: In den Spuren des Mannes aus Nazareth zu gehen heißt gerade, auf dem Weg zu bleiben, dort unser Zelt zu weiten (Jes 54,2), Raststätten und Gasthäuser am Weg zu bauen, die stärken und „Heimat“ geben, die Gastfreundschaft erfahren lassen. Genau das ist „Mission“ – die Erfahrung, dass Glauben und die Ausbildung von Glaubensidentität eine solche Reise ist. Das Aufmerken auf Reiseerfahrungen – und gerade die Begegnung mit den vielen Fremden – kann dabei helfen, in die Tiefendimension des Glaubens hineinzuwachsen und die eigene Glaubensgeschichte auszubilden. Wir sind und bleiben Menschen auf dem Weg, Glaube wächst in und aus der Begegnung mit den vielen Menschen, die uns auf der Reise begleiten, auf die wir stoßen und durch die wir auf der Reise herausgefordert werden. Hier ereignet sich Verkündigung des Evangeliums, wenn wir dem Gott der Zukunft und des Lebens, dem Schöpfer von Himmel und Erde und der Mensch gewordenen Liebe Gottes Raum geben und Ihn sich in der Dichte unserer Begegnungen „sagen“ lassen. Machen wir uns auf die Reise – hier ereignet sich unsere „Sendung“, „Mission“.

---

25 Vgl. Annemarie Schimmel, *Kleine Paradiese: Blumen und Gärten im Islam*, Freiburg i. Br./Basel/Wien 2001.

Konsequenz für Kirche: es gibt keine „Ausländer"

Für die Kirche bedeutet genau dies: Es kann keine „Ausländer“ in ihr geben,[26] denn alle sind eins in Christus. „Die Einheit der Kirche“, so hat es Johannes Paul II. bereits 1988 formuliert, „ist nicht durch den gemeinsamen Ursprung und die gemeinsame Sprache gegeben, sondern vielmehr durch den Pfingstgeist, der Menschen aus unterschiedlichen Nationen und verschiedener Sprache zu einem einzigen Volk zusammenfasst und so allen den Glauben an denselben Herrn verleiht und aufruft zur selben Hoffnung.“[27] Migration erinnert so nicht nur neu an das christliche Gebot der Nächstenliebe, sondern an die im Christusereignis und der Sendung des Geistes Gottes grundgelegte Weite der Mission der Kirche. „Mach den Raum deines Zeltes weit“ – die Kirche selbst hat je neu diesen Geist der Mission zu entdekken, aus ihrer Zukunft von Gott her, der eschatologischen Zusage der Gastfreundschaft Gottes gewinnt sie als Kirche ihre Identität. Das Paulusjahr 2008/9 bietet die Chance für die Kirche, in den Spuren der vielen Migranten und Migrantinnen heute den ursprünglichen Geist der Mission zu entdecken. Der Aufbruch in die Völkerwelt gründet im Glauben Abrahams, Isaaks und Jakobs, im Glauben der Väter und Mütter Israels, die aufgebrochen sind auf die Verheißung Gottes hin (z.B. Hebr 11,8). Paulus, der wie kaum ein anderer aus der Schrifttradition des Volkes Israels gelebt hat, hat in der Begegnung mit dem auferstandenen Herrn den weiten Raum der Barmherzigkeit und Gerechtigkeit Gottes entdeckt und die junge Christengemeinde in die Weite der damaligen Ökumene des römischen Reiches geführt. In den Spuren des Paulus und der vielen Missionare und Missionarinnen in der Geschichte christlichen Glaubens, aber ge-

26 Vgl. *Gemeinsames Wort der Kirchen zu den Herausforderungen durch Migration und Flucht*, Nr. 214.

27 Johannes Paul II., 1988, OR 4.9.1987, 5.

nauso auf den Wegen der vielen Migrantinnen und Migranten entdeckt Kirche sich immer wieder neu als Kirche auf dem Weg zum Reich Gottes, als Kirche, die den Raum ihres Zeltes weiten kann, weil dieser in einem Raum gründet, der gerade nicht Grenzen setzt, sondern Dynamik ist, Veränderung zulässt, Grenzen und Mauern überspringen lässt: den Raum der Liebe Gottes selbst, den Ursprungs- und Zukunftsraum, aus dem alles ist, was ist und in den einmal die ganze Schöpfung eingeborgen werden kann. „Die Einheit der Menschen im neuen Menschen Jesus Christus wird der Maßstab für das Leben der christlichen Gemeinden und das Handeln der Christen überhaupt", so das Dokument der Kommission für Migrationsfragen.[28]

„Der Gast lässt Gott herein" – auf dem Weg zu einer „gastfreundlichen" Kirche

In der Pastoral mit Migranten und Migrantinnen ist in den letzten Jahren das Thema der Gastfreundschaft wieder entdeckt worden, eine altkirchliche Praxis, in den Ordenstraditionen, vor allem von Benedikt von Nursia und seiner Regel an gepflegt, in globalen Zeiten und angesichts der vielen Menschen „sans papiers" aber auch ein Schlüsselthema der neuen politischen Philosophie in Frankreich. Jacques Derrida hat auf dem Hintergrund der Debatten um die Asylgesetzgebung und den Aufenthalt vieler „Illegaler" in Frankreich zwei bemerkenswerte Vorlesungen zur Gastfreundschaft gehalten.[29] Der Gast ist es, „der Gott hereinlässt" (Romano Guardini).[30] Gastfreundschaft, wie sie von

---

28 Die deutschen Bischöfe – Kommission für Migrationsfragen, *Leben in der Illegalität*, S. 37.

29 Vgl. Jacques Derrida, *Von der Gastfreundschaft. Mit einer „Einladung" von Anne Dufourmantelle*, hg. von P. Engelmann, Wien 2001.

30 Vgl. hier Margit Eckholt, *„Der Gast bringt Gott herein" (R. Guardini). Kulturphilosophische und hermeneutisch-theologische Überlegungen zur eucharistischen Gastfreundschaft*, in: Joachim Hake (Hg.), *Der Gast bringt Gott herein. Eucharis-*

Kirchengemeinden gerade den Menschen gegenüber gepflegt werden kann, die um ihren Aufenthaltsstatus ringen, die ohne „Dokumente", ohne „Zugehörigkeit" sind, sprengt die Grenzen des Rechts und öffnet auf eine „Ökonomie der Gabe". Christliche Gemeinden können die politischen Gemeinschaften auf die Grenzen des Rechts in juridischer, politischer oder ökonomischer Hinsicht hinweisen und an die allen gemeinsame Menschenwürde als „Kinder Gottes" erinnern. Die Begegnung mit dem Fremden „erschüttert" immer, sie hilft aber auch, uns selbst neu zu finden, durch die „Gnade des Gastes" (J. Derrida), wenn wir ihn einladen, die Schwelle unseres Hauses zu überschreiten.[31] Dann können wir selbst auf neue Weise bei uns eintreten; wir werden, was wir sind durch die Gnade des Gastes. Diese Gastfreundschaft löst nicht die komplexen politischen Fragen, die mit der Migration gegeben sind, sie lässt Menschen aber zu Fürsprechern und Anwältinnen der vielen Migrantinnen und Migranten werden – in den vielen Formen der Solidarität mit Marginalisierten und Vertriebenen, im Engagement in der Flüchtlingsarbeit, wie sie z.B. die Jesuiten oder Salesianer Don Boscos betreiben, im Entdecken der Lebens- und Glaubensgeschichten der Fremden bei uns. In dieser gelebten Gastfreundschaft kann sich so die Dynamik christlichen Glaubens auf eine neue Weise Bahn brechen. Der Ausländeranteil in katholischen Gemeinden beträgt im Schnitt 7-8 %. Jede Diözese betreut zwar ausländische Missionen, die italienischen, kroatischen, spanischen usw. Missionen bieten „Heimat" in der Fremde. Zunehmend wichtig wird es aber, Menschen fremder Herkunft in den Pfarreien ein zuhause zu geben, hier Gastfreundschaft zu pflegen – auch über die Grenzen des eigenen Glaubens hinweg. Das kann gerade in der Gastfreundschaft ermöglicht werden,

---

tische Gastfreundschaft als Weg zur vollen Abendmahlsgemeinschaft, Stuttgart 2003, 11-30.

31 Derrida, *Von der Gastfreundschaft*, 91.

im gemeinsamen Feiern, der gemeinsam geübten Solidarität mit den Ärmsten der Armen, im Angebot psychosozialer Betreuung usw. „Die Migration", so das Gemeinsame Wort der Kirchen zu den Herausforderungen durch Migration und Flucht, „schafft täglich Begegnungen interkultureller und interreligiöser Art. Im Blick auf den gesellschaftlichen Frieden ist ein Dialog der christlichen Kirchen mit allen großen Religionen und Kulturen unerlässlich. Unabhängig von unterschiedlichen theologischen Sichtweisen tragen die großen Religionsgemeinschaften heute alle Verantwortung für eine gemeinsame Zukunft in dieser gefährdeten Welt. Die Begegnungen im interreligiösen Dialog dürfen allerdings nicht auf wissenschaftliche Auseinandersetzungen beschränkt bleiben, sondern müssen Menschen, die ihren Glauben leben, einbeziehen." (Nr. 236)

Auf dem Weg der Gastfreundschaft kann Kirche wirklich „Weltkirche" werden und das Projekt realisieren, das auch heute – über 40 Jahre nach den Impulsen des 2. Vatikanischen Konzils – aufgegeben ist: am gemeinsamen Haus der Erde zu arbeiten, im Dienst von Frieden und Gerechtigkeit zu stehen, immer wieder neu, trotz allem, Versöhnungsarbeit zu leisten und gerade so „alle Menschen aller Nationen, Rassen und Kulturen in einem Geist zu vereinigen, zum Zeichen jener Geschwisterlichkeit, die einen aufrichtigen Dialog ermöglicht und gedeihen lässt" (Gaudium et Spes 92). Vor Gott gibt es kein „all exklusive", Gott lädt alle ein, seine Gastfreundschaft hat keine Grenzen. Aus der „Anerkennung", die Gott in Jesus Christus geschenkt hat, an die im gemeinsamen Mahl, der Feier der Eucharistie, erinnert wird als Hoffnungszeichen für die Zukunft, können Christinnen und Christen zu dieser ihrer Berufung finden und gestärkt durch die Teilhabe am Leib und Blut des Herrn diese Anerkennung auch in die vielen säkularen Zusammenhänge, in denen sie stehen, übersetzen lernen. Das ist dann eine Chance für die Kirche, nicht an Deutekraft in der globalen und postmodernen Gesellschaft zu verlieren.

Diese Anerkennung des Anderen ist – analog zu der Anerkennung, die sich in Jesu Christi Leben, Sterben und Auferstehen ereignet hat – eine einladende, eine offene, eine versöhnende und Zukunft erschließende: Sie lässt die Fremden über unsere Schwelle gehen und lässt uns selbst je neu durch die „Gnade des Gastes“ zu uns selbst finden: „Die Gastfreundschaft vergeßt nicht, denn durch sie haben einige unwissentlich Engel beherbergt.“ (Hebr 13,2) Wenn wir so Gastfreundschaft üben, verlieren wir nicht an Identität, sondern wachsen in die Tiefe der Lebens-Gemeinschaft des je größeren Gottes hinein. Der „Anders-Ort“ Gottes lässt immer wieder neu auf die vielen Anders-Orte der Welt hin aufbrechen und ermöglicht je neue kreative Verwandlungen des Eigenen in der Begegnung mit den vielen Anderen.

Wahrnehmung der Bhagavadgita bei Swami Vivekananda und Mahatma Gandhi

Thomas Friedrich, Ebern-Jesserndorf

Übersicht

> *„Derjenige, dessen Einsicht das Eins-Sein erlangt hat, weist schon hier in dieser Welt der Gegensätze beides, ‹gut› oder ‹schlecht› zu handeln, von sich. Strebe also danach, im Yoga gegründet zu sein. Yoga ist die Geschicklichkeit im Handeln."*
> Bhagavadgita II, 50 (übersetzt nach Aurobindo 1995, S. 19)

1. Vorbereitung

Bei meinem langsamen Gang am Würzburger Dom vorbei strahlte unversehens mich eine junge Frau an. Sie wolle mir etwas schenken, schwärmte sie und zeigte mir einen kleinen Stapel Bücher, den sie unter ihrem Arm trug. Ich war überrascht. Das hier werde mir guttun; sie zog aus dem Stapel ein dickes gebundenes Werk heraus. Das sei die Bhagavadgita, sie sei gut für mich, werde mir für mein Leben weiterhelfen. Und koste nichts. Obwohl ich ablehnte, blieb sie bei ihrer eindringlichen Anpreisung, bis sie sich schließlich einem anderen Passanten zuwandte. Sie war vermutlich eine Hare Krishna-Anhängerin.

Nicht allein den Hare Krishna-Jüngern ist die Gita – die geläufige Kurzform der Bhagavadgita, des „Gesangs des Erhabenen" – von praktischer und universeller Bedeutung. Seit jeher gilt sie als Seelenzuflucht und Lebensratgeber. Sarvepalli Radhakrishnan, der hochdekorierte Philosoph und spätere indische Staatspräsident, stellt seiner eigenen Gita-Ausgabe und -Übertragung drei Zitate vorweg; eines davon entstammt einer Stellungnahme Mahatma Gandhis in seiner Zeitschrift „Young India": *„In der Bhagavadgita finde ich einen Trost, den ich selbst in der Bergpredigt vermisse. Wenn mir manchmal die Enttäuschung ins Antlitz starrt, wenn ich, verlassen, keinen Lichtstrahl erblicke, greife ich zur Bhagavadgita. Dann finde ich hier und dort eine Strophe und beginne alsbald zu lächeln inmitten aller niederschmetternden Tragödien – und mein Leben ist voll von äußeren Tragödien gewesen. Wenn sie alle keine sichtbare, keine untilgbare Wunde auf mir hinterlassen haben, verdanke ich dies den Lehren der Bhagavadgita."* (Gandhi, zit.n. Radhakrishnan o.J., S. 13)[1]

Nicht nur Trostquelle und Zufluchtstätte ist auch dem Mahatma die Gita gewesen, nicht nur ein *„Wörterbuch des Verhaltens zur raschen Lösung all meiner Kümmernisse und Prüfungen"* (Gandhi 1995, S. 226), wozu er sie in seiner Autobiographie stilisiert hat. Sie war ihm, dem widerständigen und lebensreformerischen *satyagrahi*, der sich als unermüdlicher „Wahrheitssucher" begriffen hat (vgl. ebd, S. 13), zum „Buch par excellence für die Erkenntnis der Wahrheit" (ebd, S. 69) geworden.

Bei indischen Denkern ist immer wieder von der Gita als einer Anleitung für gegenwärtige Lebensfragen zu hören.[2] Gandhis Diktum von ihr als eines "unfehlbaren Leitfadens des Verhaltens" (ebd, S.226) weicht von dieser Linie pathetischer Wertschätzung nicht ab. überraschend dagegen ist eher der Kommentar[3] des indischen Unabhängigkeitsstreiters Bal Gangadhar Tilak (1856-1920): er bringt die Gita in

1 S. Radhakrishnan hatte dieses Zitat gekürzt und leicht abgewandelt. Die Originalversion ist zu lesen bei M. Blume (1987, S.69) und war in Gandhis Zeitschrift „Young India" vom 06.08.1925 erschienen.

2 Ihr Titel: B.G. Tilak (ed.), *Srimad Bhagavadgita Rahasya*, Poona 1936.

3 Ich will hier nur exemplarisch hinweisen auf Klimkeit (1981) und Klaes (1997).

einen politischen und damals aktuell sozialen Bezug und Kontext. D.h. er gibt ihr im Unterschied zu den sonst üblichen persönlichen Selbstbezügen oder religiösen Verlautbarungen eine überpersonale und vor allem gesellschaftliche Bedeutung, indem er den antiken Text zu einem revolutionären und nationalen Manifest uminterpretiert und mit einem Aufruf an die indische Bevölkerung verbunden hat, die Waffen gegen die britischen Kolonialherren zu erheben (vgl. Deutsch/Siegel 1987, S. 127 f).

Überraschung zeigt sich nicht bloß aufgrund der Person des Kommentatoren Tilak, einer Leitfigur des *All India National Congress* und eines entschiedenen Politikers, sondern insbesondere in der Verwendung eines religiösen oder philosophischen Textes für oppositionelle und nationale Zwecke. Doch ist gerade solche Verbindung von Religion und Politik[4] – bei Gandhi noch weiter zu einem Ineinander beider erwachsen – ein Phänomen des hinduistischen und indisch-antikolonialistischen Aufbruchs, der sich seit Mitte des 19. Jh. unter dem Namen des Neohinduismus oder der Indischen Renaissance zusammengefunden hat und die von wirkungsvollen Repräsentanten (z.B. Aurobindo 1984) unter je eigenen Vorzeichen bis in unsere Gegenwart hineingetragen worden ist. Mit dem Neohinduismus firmieren Versuche einer Erneuerung des religiösen wie des sozialen bis hin zum politischen Leben. Entscheidend wird mehr und mehr die Abkehr von individuellen Heilswegen und -lösungen und stattdessen die Hinwendung zu sozialen Fragen

4 Anlass des Aufsatzes war anfangs eine Seminararbeit im Yogaseminar von B.Bötsch im SoSe 1998 am Lehrstuhl für Religionsgeschichte der Universität Würzburg, späterhin vertieft im Bhagavadgita-Kurs des Jesuitenpaters und Gastprofessors Dr. Anand Amaladass aus Madras im SoSe 2000 gleichenorts. Die für das eigene Buchprojekt „Strom indischer Pädagogik" hier erneut überarbeitete Fassung ist zugleich auch dem Sammelband „Anders-Orte", herausgegeben von Dr. Ilona Biendarra aus der Mindelheimer Stiftung „Brücken in die Zukunft" im Unterallgäu, als ein Textbeitrag aus indischer Sicht zum Nachdruck vorgelegt.

und Fortschritten. Die Bhagavadgita und ihre Reinterpretationen seitens moderner Reformer stehen nicht unwesentlich im Mittelpunkt und an der Basis dieses Aufbruchs und der Renovierung hinduistischen Selbstbewußtseins und Selbstwertgefühls.

In Deutschland erfolgte die Wahrnehmung der Bhagavadgita – nach Charles Wilkins erstmaliger europäischer Übersetzung 1785 ins Englische – vor allem über A.W. v.Schlegels kritischer Edition und lateinischer Wiedergabe 1823 und der nachlaufenden und bis heute vielfältig fortgesetzten Übersetzungen ins Deutsche (z.B. R. Garbe 1905, P. Deussen 1911, L. v.Schröder 1920, R. Otto 1935, R. Boxberger/ H. v.Glasenapp 1955, S. Radhakrishnan/ S. Lienhardt 1960, K. Mylius 1997). Die Gita wurde der Zugang zur fremden und mystifizierten, schillernden Kultur des Hinduismus und zu einem ausgeweiteten Weltverstehen eigener Zugehörigkeit oder eben Nichtangehörigkeit. Das Verstehen des Fremden geschieht über den Blick auf seine geistigen Werke, darüber auch spielt sich die dialektische Umwendung und Anmutung ab, am Fremden das Eigene zu beobachten, zu hinterfragen und bezweifeln, abzugrenzen, erst zu erschließen. Insbesondere während meiner eigenen Indienreise 1993 zu Gandhianern und Sozialaktivisten habe ich die Gita als ein Schlüsselwerk in der indischen ruralen Bevölkerung und bei Begegnungen erfahren, ebenso aber auch bei meiner nachfolgenden breiten Lektüre indischer Literatur.

Welche Aussagen und Grundlagen der Gita innewohnen und mit welchen Schwerpunkten die Gita in der neohinduistischen Renaissance begriffen werden, dies darzustellen wird Aufgabe der kurzen Arbeit hier sein.[5] Stellvertretend für die indische, allerdings hinduistische Reformbewegung werde ich den Mönch und Ramakrishna-Schüler Swami Vivekananda (1863-1902) sowie den Rechtsanwalt und Tol-

5 Diese Ehrenbezeichnung hatte ihm bei seiner Rückkehr aus Südafrika 1915 der Dichter Rabindranath Tagore verliehen. Mahatma heißt übersetzt „große Seele“.

stoi-Bewunderer Mohandas Karamchand Gandhi (1869-1948), der allgemein als der *mahatma*[6] bekannt geworden ist, betrachten. Zur korrespondierenden Begleitung dieser Arbeit werde ich hier die Gita-Fassung von Sri Aurobindo (1995) mitlesen, zur begrifflichen Hilfe dienen mir das Sanskrit-Verzeichnis ebenso von Sri Aurobindo (1989) und die Erläuterungen von Heinrich Zimmer (1994).

2. Zur Bhagavadgita

In klassischer Weise beginnt Swami Shivananda (1989, S.1) seine Gita-Ausgabe mit einer Huldigung an Vyasa, dem legendären Verfasser und Kompilator des riesigen Epos Mahabharata, in dessen Schilderung eines großen und wahrscheinlich auch historischen Krieges die Gita als ein Lehrgedicht und eine Unterweisung eingeflochten ist. In dem enzyklopädischen Beitrag bei Mircea Eliade stellen Deutsch/ Siegel (1987, S. 125) das kontextuale Geschehen kurz vor:

Yudhisthira, der rechtmäßige Führer der Pandavas, habe in einem falschen Würfelspiel seinen und seiner Familie Anteil an der Königsherrschaft an die verwandten Kauravas verloren. Von jenen sei er infolgedessen mit seinen vier Brüdern für dreizehn Jahre in den Wald verbannt worden. Nach Ablauf dieses auferlegten Exils wieder zurückgekehrt, sich in dieser Zeit bewährend, habe er die rechtmäßige Herausgabe des Königtums erbeten. Als ihm dies von den Kauravas verweigert worden sei, habe er seine Bitte auf fünf Dörfer, für jeden der Brüder eines, reduziert. Doch auch dies sei abgeschlagen, ein Kampf zwischen den Familien dann unvermeidlich geworden. Auf der Suche nach Verbündeten sei von beiden Kontrahenten Krishna, der regierende Prinz

6 Kshatriyas sind der zweite Stand innerhalb des vierstufigen Kastensystems, des varna. Sie werden als Kriegerstand verstanden. In der Hierarchie stehen sie unter dem Priester-/ Gelehrtenstand, den brahmanas, und über dem Wirtschafts- und dem Dienstbarkeitsstand, den vaishyas und den shudras (vgl. Aurobindo 1989, S. 8; S. 22; S.42; S. 49).

der ebenfalls verwandten Vrishnis, befragt worden. Um sich beiden Parteien loyal zu zeigen, habe der den Kauravas seine Truppen und den Pandavas seinen Dienst als Ratgeber angeboten. Seinem Freund Arjuna, einem jüngeren Bruder von Yudhisthira, habe er auf diese Weise als Wagenlenker beiseite stehen können. Kurz vor der Schlacht, zu deren Beginn Arjuna das Zeichen habe geben sollen, seien beide zur Inspektion zwischen die Schlachtreihen gefahren. In diesem Moment, als Arjuna auf beiden Seiten Verwandte, Freunde und Lehrer erblickt habe, sei er von Verzagen, von Zaudern und lähmender Entscheidungsunfähigkeit überfallen worden. Mit dem Befehl zum Kampf und damit zum Töten würde er den Familienverband zerstören, mit der Verweigerung dagegen seine eigene Pflicht als *kshatriya*,[7] sein *dharma*,[8] verletzen (vgl. ebd, S. 125).

Inmitten solcher Verzweiflung und Normenkollision setzt die Gita ein. Der Wagenlenker Krishna überzeugt mit seinem Rat Arjuna zur Aufnahme des Kampfes, indem er ihm das Wesen der Realität und sich selbst als *avatar* offenbart, als weltintervenierenden und inkarnierten Gott. Der vormals militärische Rat wird nun zur spirituellen Unterweisung; der Freund Krishna zeigt sich als personale höhere

---

7 Laut Aurobindo (1989, S. 12) meint dharma sowohl das funktionale Gesetz der Naturabläufe wie auch das moralisch-transzendentale Gesetz. Der Begriff entstammt der Wurzel drhi (übs. halten); daher bedeutet dharma sowohl das, woran sich die Menschen festhalten, als auch das, was die diversen menschlichen Wirkensweisen zusammenhält. Er steht für die kollektive indische Auffassung des religiösen, gesellschaftlichen und moralischen Verhaltensgesetzes. Kurzgefaßt kann dharma als Prinzip der Welt- und Daseinsordnung gefaßt werden. In Bezug auf den varna fordert dharma nach orthodoxer Sicht die Erfüllung der Kastenpflicht.

8 Andererseits kann eine solche gewaltige Kompilation durchaus als Lebenswerk gedacht werden. Als spontanes Beispiel aus hiesigen Breiten fallen mir die Volkssammlungen des 19. Jh. und vor allem das Deutsche Wörterbuch der Brüder Grimm ein, welches nach den Ersterscheinungen der Bände I-IV in 1854-1878 und dem Tod der beiden Begründer dann von anderen nachkommenden Sprachforschern über insges. 33 Bände hinweg bis 1971 weiterverfolgt wurde.

Wirklichkeit, als das unwandelbare, die Welt transzendierende und in ihr doch immanent wirksame Selbst (vgl. ebd, S. 125). Damit wird die Gita zum *brahmavidya*, zur metaphysischen Schau und Einsicht, und gleichermaßen zum *yogashastra*, zu einer Unterrichtung des jener Metaphysik angemessenen praktischen Lebensweges (vgl. Radhakrishnan o.J., S. 17). In ähnlich klassischer Weise wie oben Swami Shivananda stellt auch Radhakrishnan seiner Gita-Ausgabe ein aus dem Sanskrit übersetztes Zitat voran, ohne jedoch die Quelle zu nennen: *„Ich versenke mich in dich, o Mutter, o Bhagavadgita, heilige, die du vom erhabenen Narayana selbst dem Arjuna verkündet wurdest, von Vyasa, dem alten Weisen, inmitten des Mahabharata niedergeschrieben wurdest, aus achtzehn Kapiteln bestehst, den Nektar nichtzweiheitlichen Wissens träufelst, die Wiedergeburt vernichtest.“* (ebd, S. 13)

Die hier wiederholte Autorenschaft, wenn nicht gar die Existenz Vyasas wird oftmals der Legende zugewiesen, denn ihm werden lt. Bertholet (1985, S. 368) neben dem Mahabharata auch die Zusammenstellung der zeitverschiedenen und ebenso gewaltig umfangreichen Veden und Puranas zugeschrieben.[9] Für Radhakrishnan (o.J., S. 16) entstammt die Gita mittelbar der Tradition religiösen Lebens jenseits einzelner Denker oder Denkschulen. Leicht wird im obigen Zitat ihr synkretistischer Charakter sichtbar: sie zeigt sich einmal als die Offenbarungsschrift eines personalen und manifesten Gottes, der auf den Theismus der volkstümlichen Bhagavata-Religion rückbeziehbar ist. Der Name *bhagavata* bezeichnet den Erhabenen, meint in gleicher Weise Gott Krishna, dessen Gottvater Vasudeva oder wie oben ge-

9 Vedanta heit ‹Ende der Veden›, umfaßt insgesamt die Aussagen der Upanishaden und behauptet zudem, die summa summarium der Veden zu sein. Mit advaita ist jener Gehalt bezeichnet, der sich als Nichtzweiheit bezüglich des Weltlichen und des Transzendenten übersetzen lässt. Der Begriff bezeichnet die Übereinstimmung alles Existierenden mit dem Absoluten, dem brahman.

nannt den Narayana – gleich wie Krishna eine Inkarnation Vishnus (vgl. Bertholet 1985, S. 87; S. 415f). Zum anderen enthält die Gita Elemente der monistischen und apersonalen *Advaita Vedanta* -Lehre der Upanishaden und greift das System des *samsara*, des Kreislaufes der Wiedergeburten auf. Sri Aurobindo (1989, S. 6) bezeichnet *bhagavat* als die „göttliche Offenbarung der Liebe". Über obiges Zitat hinaus erscheint in der Gita der Bezug zum vedischen Opferdienst, dann zur dualistischen Welterklärung der Samkhya-Lehre sowie zur konzentrierten Versenkung der Yoga-Lehre evident. Dem dualistischen Samkhya entsprechend setzt sich die Welt aus vielfältigen Kombinationen von Materie (*prakriti*) und von Seele (*purusha*) zusammen. Aurobindo (1989, S. 38) spricht diesem philosophischen System eine detaillierte Analyse der Natur und des Bewußtseins zu mit einer Betonung des personalen Aspekts. Yoga wiederum ist laut Aurobindo die Disziplin, mithilfe derer man zum inneren, höheren Bewußtsein erwache: „*Der Prozess des Yoga wendet die menschliche Seele vom ichhaften Zustand des Bewußtseins, der von den äußeren Erscheinungen und Anziehungsweisen der Dinge aufgezehrt ist, hin zu einem höheren Zustand, in dem sich das Transzendente und Universale in die individuelle Gestaltung ergießen und diese transformieren kann.*" (ebd, S.54).

Daher sprechen Radhakrishnan (vgl. o.J., S. 18) und Deutsch/Siegel (vgl. 1987, S. 125) von der Gestalt und Funktion einer Synthese, von einer Komposition und Versöhnung verschiedener, auch gegenläufiger Elemente des hinduistischen Systems. Laut letzterem Autorenpaar (ebd, S. 125) würden konfligierende Ideale und widerstreitende Normen mittels der Gita miteinander zu vereinbaren gesucht, würden die alten Brahmanenwerte mit dem sich historisch allmählich durchsetzenden *kshatriya*-Codex harmonisiert, werde der abstrakte Pantheismus der Upanishaden mit einer verlockend volkstümlichen und theistischen Religiosität ausgesöhnt.

Deutsch/ Siegel differenzieren die religiöse Literatur Indiens in die *shruti* und die *smriti*. Die *shruti* heißt ‹Gehörtes› und stellt die Schriften mit Offenbarungsqualität vor; dazu gehören die Veden und die gleich qualifizierten Upanishaden. Die *smriti* meint ‹Erinnertes› und hat Traditionsqualität. Zu ihr werden die Puranas, die diversen Sutras und Shastras und auch die Epen Ramayana und Mahabharata gerechnet. Die Gita als ein nur kleiner Bestandteil eines Epos ist formal eigentlich zu den *smritis* zu zählen; doch hat sie in ihrer Wertigkeit den funktionalen Status einer unmittelbaren Gottesbotschaft, einer Verkündigung also, erreicht. Daher ist sie im Hinduismus als eine Offenbarung (*shruti*) innerhalb der Tradition (*smriti*) akzeptiert und hochgeschätzt (vgl. ebd, S. 125f). Der als frühester Kommentator bekannte Shankara (8. Jh. n. Chr.) habe sie eine „Quintessenz der Veden" gepriesen, Vivekanandas Lehrer Ramakrishna (1836-1886) als „Essenz aller Schriften" gelobt (ebd, S. 125).

Bezüglich der Entstehungszeit kursieren differierende Angaben. Heinrich Zimmer (1994, S. 547) setzt sie einfach mit der des Mahabharata in den Zeitraum zwischen 400 v. Chr. und 400 n. Chr. ein. Radhakrishnan (o.J., S. 18) schätzt sie dem 5. Jh. v. Chr. zu und räumt späterhin noch viele Veränderungen ein. Deutsch/ Siegel (1987, S. 125) gehen vom 3. Jh. v. Chr. aus. Eine Besonderheit in der Forschung stellt die Hypothese Richard Garbes dar, die auch Eingang bei Bertholet (vgl. 1985, S. 86f) gefunden hat. Garbe erkennt im Text der Gita zwei grundverschiedene Strömungen und schließt daraus – statt dem obigen Gedankengang einer Synthese zu folgen – auf zwei differente Fassungen der Gita:

- Die ursprüngliche Fassung sei im 2. Jh. v. Chr. niedergeschrieben worden (Garbe 1988, S. 75) und sei ein Manifest der populären, monotheistischen und in unbestimmter Zeit entstandenen Bhagavata-Religion (ebd, S. 32f). In ihr habe der vermutlich historische Kriegerheld Krishna eine Vergöttlichung erfahren, ihr sei die Forderung der *bhakti* – der liebenden Hingabe und Verehrung Gottes – zentral und daher dem breiten Volke zugänglicher gewesen als die Abstraktionen der Brahmanen; sie habe eine philosophische Verbrämung und empirisch-analytische Grundlage durch den dualistischen Samkhya angenommen (ebd, S. 45f).

– Bis zur Zeitenwende sei eine Brahmanisierung erfolgt, indem mithilfe der *avatar*-Theorie – derzufolge Vishnu sich zur Intervention ins Weltgeschehen immer wieder in verschiedenartigen Manifestationen inkarniere – Krishna als Vishnu identifiziert worden sei. Garbe vermutet eine Instrumentalisierung der Gita und der Bhagavata-Religion durch die Brahmanen zum Zwecke des Aufbaus einer Gegenkraft gegenüber dem damals recht erfolgreichen Buddhismus (vgl. ebd, S. 46f).

Nach der Zeitenwende habe sich schließlich die Vedantisierung durchgesetzt. Obwohl die ursprünglichen dualistischen Samkhya-Elemente erhalten geblieben sei, seien sie vom Monismus der Upanishaden eingeholt worden. So habe neben der Gottperson Krishna überraschend das apersonale *brahman* – das Abstraktum einer höheren Wirklichkeit, eines absoluten, weltdurchwirkenden wie weltüberschreitenden Seins – stehen können (ebd, S. 48). In dieser Zeit, Garbe vermutet das 2. Jh. n. Chr., sei die Gita grundlegend umgeändert und zu ihrer gegenwärtigen Form überarbeitet worden (ebd, S. 70).

Garbe behauptet, zusammengefaßt, eine ältere Fassung der Gita aus dem 2. Jh v. Chr. mit einem rein theistischen Tenor vor dem dualistischen Samkhya-Hintergrund, und eine neuere Überarbeitung aus dem 2. Jh. n. Chr. mit der Einfügung der alles umgreifenden Identität des Absoluten Seins (*brahman*) auf der monistischen *vedanta*-Grundlage. Diese Hypothese, schon 1921 formuliert, weist Radhakrishnan (vgl. o.J., S. 19) in Einklang mit anderen späteren Indologen zurück. Bei Deutsch/ Siegel ist sie nicht einmal erwähnt.

Die Philosophie der Gita will ich anhand dreier Kategorien darstellen: anhand der Gesellschaft, anhand des Individuums und anhand ihres Ziels, des *moksha*[10]. Ich folge weitgehend der Darstellung bei Deutsch/ Siegel (1987):

- Demnach bestärke die Gita das orthodoxe Verständnis einer idealen Gesellschaftsorganisation. Sie unterstreiche deren Differenzierung in vier Stände (*varnas*), in vier kodifizierte Lebensphasen (*ashramas*)[11] und in vier Lebensziele (*purusharthas*).[12] Großen Nachdruck lege sie auf das Befolgen und die Erfüllung des *dharma*, der sozialen Pflicht gegenüber der Kaste. Bedingt sei der *dharma* vom *karman* – d.h. von der Konsequenz und der Summe des jeweiligen Handelns innerhalb eines individuellen Lebens – und vergeben werde er im Kreislauf des *samsara* immer wieder neu aufgrund der je individuellen Rechtschaffenheit des *karman*. Da Arjuna ein eingeborenes Mitglied des Kriegerstandes sei, müsse er daher auch die Pflichten seiner sozialen Position erfüllen, müsse er seinem *dharma* nachkommen. Infolgedessen müsse er trotz seiner Skrupel und trotz des Tötens den Kampf beginnen (ebd, S. 126).
- Das Individuum wiederum werde von seiner spirituellen wie von seiner naturgebundenen Seite her gesehen. Unter dem spirituellen Aspekt sei es ein Ausdruck der ‹höheren Wirklichkeit›, stelle es eine Verkörperung des Göttlichen dar. Seine natur- und weltgebundene, empi-

10 Moksha meint die Befreiung des Selbst, eine Erlösung aus dem naturgebundenen und ichverhafteten Seinszustand des Menschen (vgl. Aurobindo 1989, S. 25).

11 Die vier Lebensstufen sind die des Schülers (shishya, antevasin oder brahmacharin), des Hausvaters (grihastha), des meditativ Zurückgezogenen (vanaprastha) und des entsagenden Asketen (sannyasin) (vgl. Zimmer 1994, S. 52).

12 Die vier Lebensziele sind bei Zimmer (1994) als wichtigstes Ordnungssystem der indischen Philosophie genannt: *artha* als wirtschaftlicher und politischer Erfolg (ebd, S. 44), *kama* als Genuss und Liebe (ebd, S. 47), *dharma* als ethische Pflicht (ebd, S. 49) und *moksha* als geistige Befreiung (ebd, S. 50).

rische Existenz dagegen sei nur vorläufig. Allein innerhalb dieses nur vorläufigen Zustands und nur aufgrund seiner Unkenntnis (*avidya*) über das wahre und dauerhafte Sein könne es sich als eine autonome Person sehen – und sich genau darin mißverstehen. Innerhalb seiner niederen Wirklichkeit, auf der nur vorläufigen Ebene seiner Existenz, sei der Mensch der *prakriti* (Natur, Materie) unterworfen und an sie gebunden; hier auch erfolge der Rückgriff auf den dualistischen Samkhya. Das gesamte Feld der Natur und in ihr auch der Mensch gelte aus einer pluralen Kombination dreier Energiestränge, den *gunas*, konstituiert: *rajas* repräsentiere Ruhelosigkeit, Leidenschaft und Agilität; *tamas* dagegen meine das Dunkle, Schwere, Lethargische und Träge; dazwischen stehe *sattva* mit seinem Lichten und Klaren, einer feinen Harmonie. Der *purusha*, das immaterielle Geistig-Seelische des Individuums, Antipode zur *prakriti*, sei gefangen in *prakriti* und werde getrieben wie beherrscht von den *gunas*. Der Mensch unterliege daher einer Täuschung über seine Autonomie; er sei nicht Meister, sondern Opfer der *gunas*. Als eigentliche und höhere Realität dagegen werde in der Gita der ewig existente *purushottama* genannt. Der sei die ‹Erhabene Personalität›, sei die göttliche Transzendenz und doch verborgen gegenwärtig in der menschlichen Seele. Als das vollkommen Geistige sei er immanent in allen anderen Formen des Geistig-Seelischen (*purusha*). *Purushottama* sei die kreative Energie, die – personal gedacht – sich aktiv auf die Welt ihrer Schöpfung einlasse, die in die Welt eintrete und sie aufrechterhalte. Diese eigentliche, invariante Wesenheit einer höheren Realität werde in der Gita als Präsenz eines personalisierten *brahman* gezeigt – als ein dem *brahman*-Abstraktum der Upanishaden überlegenes Konkretum (ebd, 126). Dazu wieder Sri Aurobindo: *„[...] Der Erhabene enthält in sich das Apersonale und auch die zahllosen Personalitäten; er ist frei von jeg-*

licher Qualität und besitzt die unendlichen Qualitäten: er ist das reine Sein, Bewußtsein und die schöpferische Freude; und er ist ebenso das endlose Spiel all ihrer Beziehungen zueinander“ (1989, S. 31).

– In der Gita würden letztendlich Wege aufgezeigt, wie der Mensch sich aus den *gunas*, aus dem *karman*-Gesetz und dem *samsara* befreien könne. Sie ziele auf den *moksha*: auf die letzthinnige Freiheit, auf die Realisation des Selbstseins abseits der Verhaftungen ans Ego, mithilfe einer Vereinigung in der göttlichen Transzendenz, auf den Schritt aus der niederen, empirisch-dualistischen Realität hinein in die höhere Wirklichkeit des monistischen Seins. Drei Wege (*marga*) seien in der Gita vorgestellt und vereinigt: 1) der *jnanayoga* als Weg des Wissens und der Einsicht in die Eigentlichkeit des Seins; allein die erfahrene Erkenntnis des *brahman*, der *brahmavidya*, erlaube schon die Befreiung; 2) der *bhaktiyoga* als Weg der liebenden Hingabe; er baue eine rettende Beziehung zwischen dem gläubigen Menschen und den verehrten Gott auf; 3) der *karmayoga* als Weg des Handelns, der weltimmanent bleibe. *Moksha* werde da erlangt durch ein Handeln ohne Verhaftung an die Früchte der Tat, durch das Befolgen des *dharma* ohne Bedenken von Erfolg oder Mißerfolg. In Entgegensetzung (und als Zugeständnis) zum vedischen Opferritual seien Handlung und innere Haltung als Gottesopfer (*yajna*) vorgestellt (ebd, S. 126 f).

Der Gehalt der Gita liegt in ihrer Aufklärung um *moksha*. Die hierzu gleichberechtigt erstellten Wege ergänzen sich in ihrer Wechselseitigkeit: Einsicht ins höhere Sein (*jnana*) und liebevolle Aufmerksamkeit (*bhakti*) bedingen einander; die Haltung eines unverhafteten und pflichterfüllten Handelns (*karma*) kann aus beiden resultieren, kann in ihrem Weltendasein aber auch beides erst entdecken. In der Multiplizität der Interpretationen wird jedoch immer wieder ein bestimmter *marga* besonders gewichtet und zentral gestellt. So ist für den Kommentator Shankara im 8. Jh. der *jnanayoga* das Herzstück der Gita, während Ramanuja im 11. Jh. den *bhaktiyoga* zu solchem erklärt. Andere wiederum feiern den *karmayoga* als den Königsweg der Gita schlechthin. „*The Bhagavadgita changes with each reader, fluctuates in meaning with each successive generation of interpreters, which is to say, it lives. This vitality constitutes its sacrality.*" (Deutsch/ Siegel 1987, S. 128).

Die Vitalität der Gita lebt mit ihrer je aktuellen Bedeutung für rezipierende Zeitgenossen und ihre Apologeten. Was sie für die beiden herausragenden (aber nicht einzigen) Repräsentanten des Neohinduismus – für Vivekananda und Gandhi – aussagt, werden die beiden folgenden Kapitel zu zeigen suchen.

3. Die kritische Appellation bei Swami Vivekananda

Betrachtet man die drei in der Gita vorgestellten Lösungswege und dazu die Tradition ihrer Auslegung, wird schnell offenkundig, dass die jeweiligen Interpreten und Kommentatoren ihre je differente Gewichtung in der Beurteilung und der Kombination dieser Lösungen, wenn nicht sogar ihre je eigene Präferenz für einen der drei *margas* als den Schlüsselweg *in ultimo* präsentiert haben.

Blicke ich auf die Biographie und vor allem auf die biographisch verankerte Mitteilung Vivekanandas (1863-1902), mit bürgerlichen Namen Narendranath Datta geheißen und aus einer *kshatriya*-Familie in Kalkutta stammend,[13] der

13 Die biographischen Angaben basieren auf Klaes (1985, S. 174-178), Schreiner (1984, S. 12-18), Schweitzer (1987, S.172-177), Lemaitre (1986, S. 140-147) und Bertholet (1985, S. 495f; S. 647). Sein Mönchsname bedeutet übersetzt „der seine Freude an der Unterscheidung hat". Als Jugendlicher schon hatte er sich dem Brahma Samaj des Keshab Chandra Sen angeschlossen, begegnete dann 18-jährig bei einem gemeinsamen Tempelbesuch in Dakshineswar bei Kalkutta dem Sri Ramakrishna und wurde nach anfänglicher Skepsis einer seiner hervorragenden Schüler (chela). An der Universität hatte er zuvor westliche Na-

weltweit seit seiner Rede 1893 vor dem Weltkongreß der Religionen in Chicago als religiöser Erneuerer und mitentscheidender Motor der indisch-hinduistischen Renaissance gilt: „*Man kann von der Ansprache des Swamis vor dem Parlament der Religionen sagen, dass er, als er anfing, über die religiösen Ideen der Hindus sprach, dass aber, als er aufhörte, der Hinduismus geschaffen worden war* „ (Vorwort zu CWSV I, 1986, S. X; zit. nach Schreiner 1984, S. 14), – liegt bei ihm die Vermutung einer Affinität für den *karmayoga* recht nahe. Schließlich hatte er während seiner langen Reise 1893-1897 in die USA und nach England, gefördert von einem der indischen Fürsten, neben seiner Umtriebigkeit in der Vermittlung der Vedanta-Lehre als die einheitliche, auch mit den Wissenschaften kongruente Religion und des Yoga als religiöse Praxis gerade auch die konkrete Sozialarbeit und das Wohlfahrts- bzw. karitative Moment der westlichen Staaten kennen- und schätzenlernen können, um daraufhin nach seiner Rückkehr 1897 den nach seines Meisters Ramakrishna Tod 1886 gegründeten Mönchsorden zur „Ramakrishna-Mission“[14] wesentlich zu erweitern. Mit ‹wesentlich› meine ich die grundlegende Wendung von individualer, singulärer und spiritueller Heilssuche – die zwar weiterhin vertreten wird – vor allem hin zu einem sozialen Auftrag zu erfassen. Hatte er im Westen noch materielle Mittel zur Linderung der Not und der Armut in Indien gesammelt, beginnt mit der ‹Mission› die unmittelbare sozial-karitative Tätigkeit und das Engagement für eine breitere, möglichst allen zugängliche Volksbildung.

---

tur- und Sozialwissenschaften studiert, auch das Christentum; sein Vater war angesehener Anwalt am Obersten Gerichtshof.

14 Bei Klaes (1985, S. 178f) ist der Aufbau von Vedanta-Zentren außerhalb Indiens zur Verbreitung der upanishadischen Einheitslehre und zur interreligiösen Verständigung genannt. In Indien zählt er gegenwärtig 119 Ashrams des Ordens mit 13 Krankenhäusern, 77 Kliniken und einer Reihe von Schulen, Colleges und Studentenheimen auf.

N. Klaes (1985) beschreibt Vivekanandas gerade auf das soziale Mandat bezogene Eintreten für eine neue Form des *Advaita Vedanta*, der unter Einfluss des Mystikers und visionären Kali-Priesters Ramakrishna aus den Upanishaden hergeleitet und trotzdem mit einem personhaften (statt gestaltlosen) Absoluten gedacht wird. Die Befreiung (*moksha*) des Selbst (*atman*) von den egoistischen Bindungen an die Welt – der Fokus all seiner Bemühungen – sei für Vivekananda in der erfahrbaren Realität einer Einheit alles Seelisch-Geistigen mit einem Absoluten (*brahman*) gemündet. Genau darauf baue seine Beobachtung eines gegenseitig aufeinander Angewiesenseins der Menschheit, darauf habe er sein Postulat der Nächstenliebe und der sozialen Hilfe gegründet. Gemeinschaft, Gesellschaft, letztlich das soziale Menschendasein seien allein diesem Ziel der „Einheit aller in Gott" dienlich und verpflichtet (vgl. Klaes 1985, S. 175). Mit Vivekananda legitimiert sich eine religiös fundierte Reformierung der Gesellschaft und ein gemeinwohlorientiertes Wirken in der Welt. Die Formel des *‹tat tvam asi›* (übs. das bist du) aus den Upanishaden kann in ihrer Konsequenz weitergedacht werden zu seiner ethischen Forderung nach radikaler Gleichheit aller Menschen; eine auf die Einheitserfahrung beruhende neue Aufmerksamkeit tritt ein für den Abbau sozialer Ungerechtigkeiten.

Der Gedanke einer zentralen Stellung des *karmayoga* kann daher nicht so weit entfernt sein. Andererseits war Vivekananda aber auch – nach einer ersten und vehementen Skepsis (vgl. Lemaitre 1986, S. 141ff) – zum Lieblingsschüler des Sri Ramakrishna (1836-1886) geworden, der in der Göttin Kali als Mutter das personhaft Absolute (*brahman*) und mit *brahman* das einzig Reale verehrt hatte. Aus seines Lehrers intensiver Gottesliebe könnte daher auf eine ebensolche oder ähnliche *bhakti*-Neigung geschlossen werden. Doch ist hierbei seine vorherige Ausrichtung auf positivistische und rationalistische Strömungen – er studierte u.a. Spencer, Mill und Comte – und seine daraus fließende kritische und agnostische Grundhaltung, gar Wissenschaftsgläubigkeit mitzubedenken, die ihm wohl zeitlebens eigen geblieben ist, auch wenn er später 1886-1892 als hausloser *sannyasin* durch Indien gepilgert ist. Seine Sympathie für das kritische philosophische Denken sowie die Wertschätzung der Upanishaden gibt mir eher einen Indiz auf eine Bevorzugung des *jnanayoga* statt des *bhaktiyoga*.

Um den biographisch erschlossenen Vermutungen eine rechte Grundlage zu geben, werde ich seine Vorträge über die Gita betrachten, die er während seiner zweiten Reise in die USA (1899-1900) in San Francisco vom 26.-29.05.1900 gehalten hatte und die wie seine berühmte Rede in seinen „Complete Works Vol. 1" publiziert sind (CWSV I, 1986). Dort wird von ihm die Gita als Kommentar zu den Upanishaden vorgestellt, darüber hinaus sogar als ihr „Kondensat", als die kompakte und systematisierte Form ihrer Inhalte. Wird von den Upanishaden üblicherweise als dem *vedanta*, d.h. dem Ende und damit dem Summarium der Veden gesprochen, wird die Gita hier durch Vivekananda sogar noch zum Konzentrat dieses Summariums stilisiert (vgl. 1986, S. 446).

Um die Gita innerhalb der Offenbarungschriften (*shruti*) einordnen zu können, grenzt er die Veden in ihren Grundzügen von den Upanishaden ab, die er aber sehr wohl mit vedischer Qualität ausstattet (ebd, S. 447): die Veden enthielten eine Vielzahl sehr elaborierter Rituale, Hymnen und Zeremonien, zu denen ebenso eine Vielzahl von durchführenden und zu bezahlenden Priestern erforderlich seien. Die Veden seien eine Masse von Worten mit magischer Macht, die gewünschte Effekte bei perfekter Intonation erreichten, bei falscher Anwendung jedoch versagten. Laut den Veden sei alles, was auch immer in der Welt existiere, eine Manifestation von Gedanken bzw. Ideen; eine Idee könne sich aber wiederum nur in Worten manifestieren. Alles Existierende sei also in den Worten zu finden, die aber alle in den Veden gesammelt seien. Was nicht in den Worten und den Veden zu finden sei, existiere folglich nicht. Daher seien auch keine späteren Ergänzungen oder Verbesserungen seitens anderer Religionen denkbar, denn die seit jeher bestehende Welt könne nur als vollständige existieren; und damit weise sie allein den ebenso ewigen wie vollkommenen Veden eine Gültigkeit zu. Daher seien die vedischen Worte auch mit aller natürlichen und übernatürlichen Macht ausgestattet, und mit ihnen die Priester, die sich anstelle der Götter inthronisiert hätten. Sie seien die lebenden Götter, die zudem noch zu bezahlen seien und als Gegenleistung Manipulationen zugunsten individueller Wünsche versprächen (ebd, S. 447ff). Das praktizierte Ziel der Veden sei infolgedessen ein Hedonismus sowohl im Diesseits wie auch im Jenseits, sei der Traum einer ewigwährenden Freude (ebd, S. 450).

Allerdings bleibe der Mensch unaufhörlich dem Gesetz des *karman,* der Wirkungsmächtigkeit seiner Taten, unterworfen, sei er unaufhörlich gebunden an den Kreislauf *samsara.* Ihm sei kein Ausweg in den Veden oder durch die Priester angeboten, ihm bleibe nur die Sklaverei des Gebundenseins ans eigene Begehren und an die Fremdbestimmung seitens der priesterlichen Autorität. Mit den Veden werde eine bequeme, weil einfache und untätige, aber monetär zu bezahlende Religiosität gelehrt (ebd, S. 450f).

Diametral dazu entgegengesetzt seien die Upanishaden. Herauszustellen sei einmal ihre Abkehr von der vedischen Vielgötterei in Richtung auf einen Theismus des Einen Gottes, zugleich Schöpfer wie Beherrscher des Universums (ebd, S. 451) – eine überraschende Auslegung Vivekanandas angesichts des sonst üblichen apersonalen Verständnisses der Upanishaden. Dann sei dort die Verdammung der Rituale und Opferdienste, insbesondere des Tieropfers, als Mummenschanz und Methode zur Priesterbereicherung herauslesbar (ebd, S. 451). Dem entmündigenden und autoritären Schriftgut der Veden sei das eigene Denken und Urteilen entgegengestellt (ebd, S. 452f). Der Wirkungsmächtigkeit des *karman* werde zwar dort zugestimmt: gerade aber das Begehren und die hedonistische Wunscherfüllung der priesterlichen Praxis mache abhängig und verfestige die Fessel des *karman*, verleite zu weiterem Begehren. Die dort versprochene ewige Freude sei unmöglich, sei ein bloßer Kindertraum. Weder Elend noch Glück liege im menschlichen Interesse, sondern Selbstbemeisterung (ebd, S. 451f). Anders als die Veden zeigten die Upanishaden einen Ausweg aus *samsara*: ihr ausgesprochenes Ziel richte sich nicht auf Genuß, sondern auf die Überwindung der *karma*-Last (ebd, S. 451). Erforderlich sei dafür die Haltung des Verzichts und der Entsagung, auch des Verzichts auf Schaffenswirkungen (ebd, S. 453). Entsprechend zentral stehe solche Wegweisung.

Aus Vivekanandas ironischem bis spöttischem Unterton ist unschwer seine Ablehnung des vedischen und hörigkeitsfordernden Priestertums abzulesen und zugleich sein Respekt – mit Vorbehalten – vor den Upanishaden. Beides stellt er als eine Antinomie hin, schon als Bipolarität, denn beide sind als *shruti* gültig und zeichnen trotzdem einen Gegensatz. Diese Gegensätzlichkeit führt er zu einer handfesten religiösen Auseinandersetzung mit ökonomischer Untermalung weiter. Hintergrund ist ihm der historische Ständekampf zwischen den *brahmanas* und den *kshatriyas*. Den ersten weist er die Trägerschaft und den absoluten Machtanspruch der Veden zu, den anderen die Initiation der Upanishaden (vgl. ebd, S. 454f). Die Gita schließlich interpretiert er als eine Allegorie auf bzw. einen Diskurs aus den manifest gewordenen Konflikt und Machtkampf zwischen diesen beiden oberen Kasten (vgl. ebd, S. 455).

Inmitten dieses sich zuspitzenden ideologischen wie ökonomischen Streits und angesichts einer ernsten Spaltung des indischen Gemeinwesens sei Krishna auf- und dazwischengetreten; anhand der Gita werde ein gelingender Aussöhnungsversuch unter den differierenden Parteien und vor allem zwischen ihren jeweiligen Philosophien unternommen (ebd, S. 456).

Für Swami Vivekananda war Krishna fraglos eine historische Persönlichkeit, die durch Fabeln dekorativ verdeckt sei (vgl. ebd, S. 456), anhand derer aber zentrale Grundaussagen entschlüsselbar und ableitbar seien: *„Each one of the prophets is the best commentary on his own teaching. [...] They become what they think.“* (ebd, S. 458). Drei Schlüsselbegriffe vermeine ich beim Swami zu erkennen: die Vernünftigkeit, die Haftungslosigkeit und die lebendige Aktivität. Diese drei Begriffe sind in seinen besagten Vorträgen wiederholt herausgehoben:

Vivekananda spricht dort von der Perfektivität der Vernunft Krishnas (vgl. ebd, S. 457), vom „light of pure reason“ bzw. von einer Erleuchtung durch „the eternal light of reason“ (ebd, S. 460), dem die Gita das Wort rede, woraufhin auch ihre Erlösungswege zeigten und hinwiesen. Vivekanandas Erhebung der Vernunft zum gottgleichen Geistigen, zu einer welttranszendierenden Absolutheit erinnert an das Hohelied des reinen Rationalismus der europäischen Aufklärung. Nichtsdestoweniger erweist er sich genau darin prioriter als ein *jnanayogin* aus, dem das Erkennen der Lebens- und Geisteszusammenhänge vorrangig ist, der die Pflicht des sozialen Daseins (*dharma*) den Emotionen – die er als Schwäche, Kontrollverlust, Scheinrationalität aus Feigheit bloßstellt – überordnet, der auf das wirkliche Sein hinter all dem vordergründigen Schein konzentriert ist. *„Knowing this, stand up and fight !“* (ebd, S. 461) ist sein wiederholter Appell: aus dem Wissen ums reale Sein heraus aufrecht zu stehen, Selbstvertrauen zu fassen und schließlich zu handeln.

Erst nach der Priorität des *jnanamarga* wird der *karmayoga* ausgesprochen; Eigenaktivität ist sein Motto. Zuvorderst stehe dabei die „Haftungslosigkeit“ (ebd, S. 456) verbunden mit einer Weltpartizipation statt eines Weltrückzugs oder Handlungsverzichts. Zu einem solch teilnehmenden und handlungserfüllten Weltendasein sei allerdings die Haltung der bloßen Pflichterfüllung jenseits von jeglichen Handlungserfolgen erforderlich. Die Arbeit geschehe um ihrer selbst willen oder aus einer in der je individuellen Existenz begründeten Pflicht heraus (ebd, S. 456f), doch nicht der gewünschten Ergebnisse zuliebe.

Inmitten des (metaphorischen) „Schlachtfeldes" zu stehen (ebd, S. 457f), dem das Dasein gleiche, in bewußter Aktivität zu leben und trotzdem einer Gelassenheit dazu und Unberührtheit davon innezuwohnen, wird bei Vivekananda zur praktischen Ethik erhoben. Nahezu wortgleich folgt er den Gita-Versen II, 47-48: *„Du hast ein Recht auf das Handeln, aber nur auf das Handeln an sich, niemals auf dessen Früchte. Laß nicht die Früchte zum Beweggrund deines Wirkens werden ! Und sei nicht der Untätigkeit verhaftet ! – Fest gegründet im Yoga, vollbringe deine Taten als einer, der jegliche Haftung aufgegeben hat und gleichmütig geworden ist hinsichtlich Mißlingen und Erfolg ! Denn Ausgeglichenheit ist der Sinn des Yoga."* (übs. n. Aurobindo 1995, S. 19).

Für die beiden aus der Gita herauslesbaren Aufträge, den sozialen *„zum Wohl der Welt, lokasangraha"* (Gita II, 19; übs.n. ebd, S. 25), und den erkennbar erzieherischen, die Unwissenden behutsam und allmählich zur handlungsrelevanten Erkenntnis zu geleiten, die Vivekananda (vgl. 1986, S. 468) beide aufgreift, die dann gerade im Zuge der Indischen Renaissance wirksam und hierbei von einzelnen Reformern immer wieder neu formuliert werden, bleibt bei ihm jedoch das Wissen und die Einsicht in das Sein – der *jnanayoga* – die Vor- und Grundbedingung jeglichen Handelns. *„Wie jene Unwissenden den Werken verhaftet handeln, sollte der Wissende frei von Haftung handeln mit dem Beweggrund, die Völker zusammenzuhalten. Er sollte bei den Unwissenden, die noch ihrem Wirken verhaftet sind, keine Spaltung in ihrem Verständnis hervorrufen. Er sollte sie zu jeder Art von Handlungen heranziehen, indem er sie selbst vollzieht aus Erkenntnis und im Yoga"* (Gita II, 25-26; übs. n. Aurobindo 1995, S. 26).

4. Interaktion und Introspektion des Vivekananda

„Da gibt es eine hübsche indische Fabel: Wenn es regnet, während der Stern Svati am Horizont aufsteigt, und ein Regentropfen in eine Auster fällt, dann wird dieser Tropfen zu einer Perle. Die Austern wissen das, so kommen sie zur Oberfläche, wenn jener Stern scheint, und warten, um den kostbaren Regentropfen aufzufangen. Wenn ein Tropfen in sie hineinfällt, schließen die Austern schnell ihre Muschel und tauchen zurück auf den Meeresboden, um dort geduldig den Tropfen zu einer Perle zu entwickeln. Ähnlich sollten wir sein. Zuerst höre, dann verstehe und dann vermeide alle Ablenkungen, verschließe deine Gedankenwelt vor den äußeren Einflüssen und widme dich ganz der Entwicklung der Wahrheit in dir !“ (CWSV I; Vivekananda 2006, S. 33)

5. Die pragmatische Anwendung bei Mahatma Gandhi

Zwar in der ideellen Nachfolge Vivekanandas stehend, den Sozial- und Erziehungsauftrag der Gita aufnehmend, ist Mohandas Karamchand Gandhi (1869-1948) doch weniger der *jnanayogin*, der philosophisch und rational-kritisch Fragende, zeugt seine Biographie vielmehr von seiner ausgesprochenen Neigung zum aktiven Weltdasein und daher von seiner Vorliebe für den *karmayoga* steht sein Ehrenname *per se* für ein intensives und aufopferungsvolles Engagement. Obwohl sein Handeln – seine Widerstandsaktionen (*satyagraha*) wie die soziale Rekonstruktion der indischen Dörfer (*sarvodaya*) – unweigerlich von seiner Religiosität getragen wurde, er sich mehr als Gottesdiener denn als Politiker verstanden hatte, war er nicht der spirituelle und durchgeistigte Mönch auf Ramakrishnas Spuren, sondern ein wachsamer Rechtsanwalt, der 1888-1891 in London studiert hatte und deswegen aus seiner Kaste (*jati*) ausgeschlossen wurde, der 1893-1915 in Südafrika angestellt war und dort seine Widerstandsmethoden gegen rassistische Repression gefunden und seine autarke Lebensform eines Ashramiten begründet hatte, der sich seit seiner endgültigen Rückkehr nach Indien 1915 beharrlich und sich nicht schonend für die Unabhängigkeit und Dekolonialisierung eingesetzt hatte. Handeln und Religion standen bei ihm in Wechselwirkung, begründeten sich gegenseitig und trugen einander. Das eine ohne das andere ist bei ihm nicht denkbar.

Ausführlicher auf Gandhi einzugehen, um seiner schillernden Person gerecht zu werden, verbietet der begrenzte Rahmen dieser Arbeit.[15] Ich werde mich auf einige ausgewählte Grundzüge seines Denkens und auf seine Stellungnahme zur Bhagavadgita beschränken. Der Untersuchung Michael Blumes (vgl. 1987, S. 69) zufolge sind alle wesentlichen Elemente seiner Lebenshaltung und Handlungsbegründung den Begriffen und Konzepten der Gita entliehen. Welch subjektive Bedeutung diese Schrift für ihn durchgängig hatte, habe ich oben in der Einleitung schon angedeutet.

Die Leitfiguren seines Handelns und Nachdenkens lassen sich in den drei Kategorien zusammenfassen, die Sudhir Kakar (1994, S. 121) zur Metapher des in sich haltbaren und tragfähigen „Dreifußes" aus *satyagraha*, *brahmacharya* und *ahimsa* verbunden hat.

1) *Satyagraha* kann als ein ‹Ergreifen der Wahrheit› und gleichzeitig als ein ‹Festhalten an der Wahrheit› übersetzt werden. Diese Kategorie bezeichnet seinen offenen, aufrichtigen Modus des Widerstands gegen beobachtete Ungerechtigkeiten und Mißstände, die als ‹Unwahrheit› klassifiziert werden. Sie gibt zugleich eine Vorstellung von Gandhis spezifischer Form des *brahmavidya*, nämlich *sat*, das Sein, mit *satyam*, der Wahrheit, gleichzusetzen und beiden einen welttranszendenten, auf das Absolute hinweisenden Charakter zu vermitteln. Mit *satyagraha* kann Gandhi eine Übereinstimmung seines Tuns mit der göttlichen Wirklich-

15 Gandhi schreibt darüber in seiner Autobiographie; vgl. Gandhi (1995, S. 69)

keit – dem überall und überzeitlich wirksamen Sein – und mit der universal sittlichen Ordnung des *dharma* behaupten. Dadurch gelingt ihm eine metaphysische Legitimation.

2) *Brahmacharya* meint einmal die Bescheidenheit des Schülerstadiums innerhalb der vier *ashramas*, viel mehr aber den Gedanken der inneren Läuterung und Eigenkontrolle. Konkret bezieht diese Kategorie sich auf Gandhis Bemühen um eine Entsexualisierung seit seinem Zölibatsgelöbnis 1906 und vor allem auf die Ablösung von körpergebundenen Appetenzen und egoverhafteten Motiven.

3) *Ahimsa* heißt das Nichtschädigen von allem, d.h. von Mitwelt und von Lebewesen. Diese Kategorie kennzeichnet die Distanz von jeglicher Gewalt, bedeutet Gewaltfreiheit im Denken, Reden und Tun. Doch ist sie keine bloße negative oder passive Qualität, d.h. ein Bekennen zu einer Entsagung, sondern betont explizit die positive und aktive Haltung und schließt damit eine unmittelbare Intervention zur Verhinderung oder Beseitigung gewaltvoller Zustände bewußt ein. Habe ich vorne bei Vivekananda ein Hohelied aufklärerischer Rationalität vernommen, finde ich hier bei Gandhi ein solches der zugewandten und tätigen Anteilnahme zugunsten der Mitgeschöpfe.

Selektiv allein auf *ahimsa* blickend werde ich Gandhis Position zur Gita zu erschließen suchen. Im Vorfeld nicht unwichtig zu wissen ist die Tatsache, dass er in eklektizistischer Weise den Büchern und somit auch der Gita immer nur das entnommen hatte, was mit seinen eigenen Überzeugungen konform gegangen ist, und das andere Unstimmige beiseite gelassen hatte. *„Ich versuche, den Geist der verschiedenen Schriften der Welt zu verstehen. Dabei wende ich als Prüfstein bei der Auslegung die in diesen Schriften enthaltene Wahrheit und ahimsa an. Ich verwerfe, was mit diesem Prüfstein sich nicht verträgt, und nehme an, was zu ihm passt [...]"* (Gandhi am 27.08.1925; zit. n. Blume 1987, S. 72).

Gandhi hatte die Gita erstmals ausgerechnet in London 1889 mithilfe von Theosophen anhand der englischen

Übersetzung von Sir Edwin Arnold („The Song Celestial") kennengelernt, hatte in der Folge noch einige andere Übersetzungen und Kommentare, u.a. die nationalistische Version von B.G. Tilak, gelesen und war vor allem von den Deutungen dieser beiden genannten Personen beeinflusst. Sanskrit hatte er nur wenig beherrscht und daher kaum den Zugang zu einem Gita-Originaltext gehabt. Seine Faszination von der Gita war so groß, dass auch er eine eigene Übertragung, diesmal in seine Heimatsprache Gujarati, unternommen und diese in seiner Zeitschrift "Young India" vom 06.08.1931 unter dem Titel "Anasaktiyoga – The message of the Gita" veröffentlicht hatte. Viele seiner subjektiven Überzeugungen seien dabei eingeflossen, so Blume (1987, S.84). Gandhis Übertragung wiederum ist von seinem Sekretär Mahadev Desai ins Englische übersetzt und in Gandhis Sinn ausführlich kommentiert worden.

Desai (vgl. 1956, S. 127) zufolge wie nach Gandhis Bekunden (vgl. 1990, S. 76) sei die Gita aber kein historischer Bericht, sondern eine allegorische Schilderung eines Kampfes zwischen den Mächten des Lichtes und der Finsternis innerhalb der Seele aller Menschen. Sie sei keine Erlaubnis zur Gewalt, sondern eine Aufforderung zur Pflichterfüllung sogar unter Lebensgefahr. Gandhi wollte damit die ursprüngliche Aussage der Gita, die Erfüllung der Kastenpflicht den individuellen Skrupeln überzuordnen und so dem *dharma* der orthodoxen Ordnung zu genügen, seiner *ahimsa*-Doktrin zuliebe vollkommen um- und neudeuten. Doch die evidente Differenz zwischen seiner und der orthodoxen Haltung zum Töten gelang so einfach noch nicht zu überwinden. Seiner strikten Ablehnung von Gewalttaten steht die unübersehbare Aufforderung der Gita u.a. zu Kampf und Töten weiterhin entgegen. Der Appell der Gita allein zum Kampf fand zwar wiederholt seine Zustimmung. Eine Brücke aber zum *ahimsa* hatte er über mehrere Schritte hinweg gebaut, wie folgt:

Anders als vorne bei Swami Vivekananda kollidieren bei Gandhi in der Gita nicht Vernunft und Emotion, sondern *dharma* und *svadharma*. Für Gandhi stelle lt. Desai die Gita-Allegorie eine Pflichtenkollision dar, wobei diesmal *dharma* die vordergründige Kastenrolle ausmache inklusive ihrer Forderung des Tötens, aber *svadharma* zum je eigenen Wesensgesetz, zum individuellen Gewissen, zur je subjektiven und originären Lebensaufgabe eines Menschen erhoben werde (vgl. Desai 1956, S. 175). Hier erfolgt der große Bruch mit der Tradition, indem Gandhi der Autorität des eigenen Gewissens und der eigenen subjektiven Wahrheit den Vorrang gab vor der erstarrten Sozialordnung und daraus zugleich die Berechtigung einer Kritik an den jener inhärenten Ungerechtigkeit ableitete. *„Tue, was dir dein Gewissen sagt und was dir deine Stärke zu tun erlaubt. Was andere raten mögen, ist nicht dein dharma. [...]"* (Gandhi am 10.08.1935; zit.n. Blume 1987, S. 87).

Die individuelle Gewissenspflicht des *ahimsa* gilt also vor jeglicher Pflicht der Kastenordnung, zumal lt. Desai (1956, S. 134) das *ahimsa*-Gebot ein gegenüber der Gita älteres Gebot sei – und zumal Gandhi aus der Gita selbst im Vers III,35 die Betonung des *svadharma* hatte herauslesen können. Dort wird eine sogar mangelhafte Erfüllung der Eigenpflicht bevorzugt vor einer richtigen Ausübung der Pflichten eines anderen (vgl. Blume 1987, S.89). In der Gita IV,11 konnte Gandhi schließlich eine Begründung des *ahimsa* im *karman*-Gesetz finden: die Saat bestimme die Ernte; Denken und Handeln wirkten auf einen selbst zurück (vgl. Desai 1956, S. 198). Blume (vgl. 1987, S.90) auch will hier einen buddhistischen Einfluss auf Gandhi belegen, nämlich Haß durch Liebe und Unwahrheit mit Wahrheit zu besiegen.

Schließlich hätten auf Gandhi die Gita-Verse II, 55-72 großen Eindruck gemacht, in denen das Ideal des gleichmütigen Yogis geschildert werde, das er sich zum Vorbild genommen habe (vgl. Blume 1987, S. 86). In den Versen ist von *samadhi* zu lesen, einer fest in der Wahrheit gegründeten Einsicht, einer unerschütterlichen und gelassenen Erkenntnis des Selbst, einer praktischen Gewißheit über das Dasein (vgl. Aurobindo 1995, S. 20-22). Solcher Gleichmut sei für Gandhi allein vereinbar gewesen mit *satyam* und *ahimsa*, so Desai. Denn sobald sich Gewalt oder Unwahrheit zeige, stehe ein Verlangen oder ein Begehren im Hintergrund. Begierde jedoch vertrage sich nicht mit dem Zustand der *samadhi* (vgl. Desai 1956, S. 132). Daraus folgerte Gandhi letztendlich eine Konvergenz von Gita und *ahimsa* – und übergeht an dieser Stelle bewußt jene wörtliche Tötungsfrage der Gita.

Anhand Gandhis Leitmotiv des *ahimsa* lässt sich also leicht verfolgen, wie er grundlegende hinduistische Schriften in seinem Sinne und zu seinem Zwecke uminterpretiert hat und diese zugleich, da sie orthodox anerkannt und respektiert sind, zur Legitimation seines Handelns anwendete. Obwohl er mit der orthodoxen Tradition inhaltlich brach, berief er sich doch auf ihre Quellen und ließ sie neu definiert in seine eigenen Haltungen münden.

Über ihre allegorische Funktion hinaus vermittle lt. Desai die Gita für Gandhi die Fertigkeit des Yoga mit dem Ziel, das Wissen vom *brahman* (also: *brahmavidya*) zu erreichen. Dem *brahmavidya* entspreche die Lehre der Upanishaden (vgl. ebd, S. 20), der Yoga wiederum sei die ganze Skala menschlicher Anstrengung um *brahmavidya*. Yoga heiße die Konzentration der Achtsamkeit, die Bindung aller Kräfte des Körpers, des Geistes und der Seele an Gott (vgl. ebd, S. 53). Diese Kräftebündelung und Selbstdisziplinierung kann sich auf alle in der Gita angebotenen Yoga-Wege der Erlösung beziehen. Gandhi aber folge nach eigenem Bekunden dem *karmayoga*: *„Die Welt hungert nicht nach shastras [Lehrbüchern]. Wonach sie sich sehnt und immer sehnen wird, ist ehrliches Handeln [...]“* (Gandhi am 03.03.1946; zit. n. Blume 1987, S. 19). Insbesondere die Gita-Verse II, 47-48, vorne bei Vivekananda schon zitiert, und Gita II, 38 seien für ihn die wichtigsten gewesen: insonderheit das haftungslose Handeln und die Aufforderung zur Tat habe Gandhi in den Mittelpunkt gerückt, so Blume (1987, S. 84; S. 86) – was aus seiner Biographie leicht ersichtlich ist.

Seine eigene Gita-Übertragung hatte er als *anasaktiyoga* betitelt, übersetzbar als ‹wahrhaft selbstloses Handeln›. Der Gefahr egoistischer Motive begegnete er mit der Vorstellung des Opfers. Allerdings befürwortete er keinesfalls die alten vedischen Opferrituale und Beschwörungen; stattdessen wandelte er die isolierte Opferhandlung zu einem altruistischen Handeln zum Wohle der gesamten Mitwelt um. Der Dienst an allen Geschöpfen werde ihm zum Gottesdienst, die bewußt dienende Handlung gleiche einer Opferhandlung (*yajna*), der Erfolg eines Tuns sei Gott zu überantworten, Mensch und Körper hätten ihre Aufgabe und ihren Sinn nur als Instrument Gottes, erläutert Blume (1987, S.88 f). Auf diese Weise ergänzte Gandhi den vorherrschenden *karmayoga* mit dem Korrektiv der Gotteshingabe, dem *bhaktiyoga*, sicherte er das Handeln vor Egoismen ab durch seine Anheimstellung ans Göttliche, reduzierte er sein Ego mithilfe einer umfassenden Gottesliebe. Ihm erschien das menschliche Leben als ein tätiger Kampf, allerdings unter der Vorgabe von *ahimsa*; und *ahimsa* ist gerichtet auf das Wohl der Mitgeschöpfe und auf die *bhakti* des in allem Lebendigen immanent Göttlichen.

„*Was ich erreichen möchte – wofür ich diese dreißig Jahre hindurch gekämpft und gelitten habe –, ist Selbstverwirklichung, Gott von Angesicht zu Angesicht zu sehen, Moksha zu erlangen. In der Verfolgung dieses Zieles lebe ich, bewege ich mich und bin ich. Alles, was ich redend und schreibend tue, alles, was ich auf dem poltischen Feld wage, ist auf dieses Ziel ausgerichtet.*“, schreibt Gandhi am 26.11.1925 zu Beginn seiner Autobiographie (Gandhi 1995, S. 12).

6. Ausklang

> *„Die Weisen, die ihre Einsicht und ihren Willen mit dem Göttlichen geeint haben, verzichten auf die Frucht, die das Wirken ihnen einbringt. Befreit von den Fesseln der Geburt, erlangen sie den Zustand jenseits des Elends."*
> Bhagavadgita II,51 (zit. nach Aurobindo 1995, S. 19f)

Auf die vergangenen Kapitel zurückblickend bleibt mir zuerst festzustellen, dass ich nur wenige ausgewählte Aspekte der Gita-Rezeption im Neohinduismus habe ansprechen können; weiter, dass für eine erschöpfende und detailliertere Aufarbeitung ein größerer Rahmen und ein tieferer Einstieg notwendig wäre. Nichtsdestoweniger mag ich mir vorsichtige Ergebnisse festzuhalten:

So zentral der Weg des *karmayoga* für die Indische Renaissance dasteht, nämlich als Aufbruch zum sozialen Engagement bis hin zur Mahnung an die Möglichkeit politischer Streitbarkeit, bleibt solche Aktivität doch immer noch ver- und gebunden an die klassischen Wege des *moksha.* Bei Swami Vivekananda ist der *jnanayoga* herausgehoben, ein mehr philosophisch-meditativer Weg zu einer erfahrbaren und transformierenden Erkenntnis über das humane Dasein. Bei Mahatma Gandhi lugt immer wieder der *bhaktiyoga* hervor, sein eher hingebungsvoller und opferbereiter Weg zu einem Dienst an das Göttliche, das einmal den abstrakten und absoluten Charakter von *sat* und *satyam*, der Gleichsetzung von Sein und Wahrheit, annimmt, das ein andermal als fürsorgliche Gottperson namens Krishna oder Rama verlautbart wird. Gandhis Dienst ist nicht ein Bündel programmatisch abgesteckter Handlungen oder spezifischer Rituale, sondern besteht aus seinem ganzen Lebenseinsatz für die Sache, die ihm eine gerechte ist und mit der er gegen Unrecht ins Feld ziehen kann.

Aus Vivekanandas und Gandhis Reinterpretationen der Gita kann ich also ableiten, dass die Indische Renaissance nicht nur politisch als Unabhängigkeitsbegehren oder sozial als Gesellschaftsreform zu sehen ist, also nicht nur weltimmanent wirksam sein will, sondern traditionell den transzendentalen Anspruch behält und behauptet, auf den sich zuvor die überlieferte und orthodoxe Religiosität festgelegt hatte. Doch wird dieser Blick auf die Transzendenz, dem oftmals die Vernachlässigung des profanen, unmittelbaren Sozialgeschehens nachgesagt wird, gerade durch die Gita und deren neohinduistischer Auslegung zurückgebogen auf die konkrete und bedrohte Humanexistenz. Die Gita als eine auch orthodox anerkannte Offenbarungsschrift vermag sowohl die Tradition des individualen Heilsweges zu wahren wie auch das Neue einer sozialaktiven Anteilnahme an der Mitwelt zu rechtfertigen. So besänftigt eine derartige Auslegung das Alte, das sie weiterbestehen lässt, und begründet das Neue mittels ihres Charakters einer gottgleichen Verkündigung. Nicht allein auf den Anspruch der fortlaufenden europäischen Aufklärung, die die Kolonialmächte weltweit verbreitet hatten, braucht sich die Indische Renaissance zu berufen, sondern kann sich endlich aus eigener, indigener Authentizität legitimieren.

7. Konfession des Vivekananda

„Yoga ist die Wissenschaft, die uns lehrt, wie man diese Wahrnehmungen (unmittelbare Erfahrungen Gottes) machen kann. Es nützt nicht viel, über Religion zu sprechen, ohne sie empfunden zu haben. Weshalb gibt es so viel Unruhe, so viel Kampf und Streit im Namen Gottes ? Es gab mehr Blutvergießen im Namen Gottes als aus irgendeinem anderen Grunde, da die Menschen niemals den Ursprung suchten. Sie begnügten sich damit, nur gedankliche Zustimmung zu den Bräuchen ihrer Vorväter zu geben, und wünschten, dass andere dasselbe tun würden. Welch ein Recht hat ein

Mensch zu behaupten, dass er eine Seele hat, wenn er sie nicht fühlt, oder dass Gott existiert, wenn er Ihn nicht sieht? Wenn es einen Gott gibt, müssen wir Ihn sehen; wenn wir eine Seele haben, müssen wir sie wahrnehmen, sonst ist es besser, nicht daran zu glauben. Es ist besser, ein freimütiger Atheist zu sein als ein Heuchler. Der Mensch braucht Wahrheit, muss die Wahrheit für sich selbst erfahren. Wenn er sie begriffen hat, erkannt hat, in seinem Herz der Herzen gefühlt hat, dann allein, behaupten die Veden, werden alle Zweifel schwinden, wird alle Dunkelheit erhellt und alle Krummheit gerade gebogen werden." (CWSV I; Vivekananda 2006, S. 23)

Literaturverzeichnis

Aurobindo, Sri: Die Grundlagen der indischen Kultur und die Renaissance in Indien, Gladenbach 1984

Aurobindo, Sri: Verzeichnis der Sanskrit-Ausdrücke, Gladenbach [2]1989

Aurobindo, Sri (Übs.): Bhagavadgita. Aus dem Sanskrit übersetzt, Gladenbach [3]1995

Bertholet, Alfred: Wörterbuch der Religionen. Neubearbeitet, ergänzt und herausgegeben von Kurt Goldammer. Stuttgart [4]1985

Bhave, Vinoba: Struktur und Technik des inneren Friedens, Gladenbach 1976

Blume, Michael: Satyagraha. Wahrheit und Gewaltfreiheit, Yoga und Widerstand bei Gandhi, Gladenbach 1987

Chaudhuri, Haridas: Die Lebensprobleme meistern, Gladenbach 2000

CWMG. The Collected Works of Mahatma Gandhi. Edited by the Ministry of Information and Broadcasting, Government of India. 90 Volumes, 3 Supplements. (Navajivan) Ahmedabad 1958-1984

CWSV. The Complete Works of Swami Vivekananda. 8 Volumes. (Advaita Ashrama) Calcutta 1907 ff.

Desai, Mahadev: The Gospel of Selfless Action or the Gita According to Gandhi. (Navajivan) Ahmedabad 1956

Deutsch, Eliot/ Siegel, Lee: Bhagavadgita. In: Eliade, Mircea (Ed.): The Encyclopedia of Religion. Volume 2. New York London 1987, S.124-128

Eliade, Mircea/ Couliano, Joan P.: Handbuch der Religionen, Düsseldorf/Zürich 1991/ 97

Friedrich, Thomas: Mahatma Gandhi und die heilpädagogische Frage. Eine autobiographische Untersuchung, Oldenburg 2008

Gandhi, Mahatma: Die Lehre vom Schwert. Und andere Aufsätze aus den Jahren 1919-1922, Oberwil b.Zug 1990

Gandhi, Mohandas Karamchand: Eine Autobiographie oder Die Geschichte meiner Experimente mit der Wahrheit, Gladenbach [6]1995

Garbe, Richard (Hg, übs.): Die Bhagavadgita. Aus dem Sanskrit übersetzt und mit einer Einleitung über ihre ursprüngliche Gestalt, ihre Lehren und ihr Alter versehen. Unveränderter reprographischer Nachdruck der 2. verbesserten Auflage von 1921, Darmstadt 1988

v. Glasenapp, Helmuth: Die Philosophie der Inder. Eine Einführung in ihre Geschichte und ihre Lehren, Stuttgart [4]1985

Kakar, Sudhir: Intime Beziehungen. Erotik und Sexualität in Indien, Frauenfeld 1994

Klaes, Norbert: Religiöse Einwirkung auf die Politik in Indien. In: „epd-Entwicklungspolitik“ Nr. 12/ 1997, S.28-34

Klaes, Norbert: Hindu Reformer und Reformbewegungen der Neuzeit. In: studio missionalia Vol. 34. Religious Reformers. 1985, S.141-179

Klimkeit, Hans Joachim: Der politische Hinduismus. Indische Denker zwischen religiöser Reform und politischem Erwachen. (Harrasowitz) Wiesbaden 1981

Lemaitre, Solange: Ramakrischna. Mit Selbstzeugnissen und Bilddokumenten, Reinbek 1986

Radhakrishnan, Sarvepalli (Hg, Übs): Die Bhagavadgita. Sanskrittext mit Einleitung und Kommentar, Baden Baden o.J.

Radhakrishnan, Sarvepalli: Indisches Erbe, Gladenbach 1980

Rau, Heimo: Mahatma Gandhi. Mit Selbstzeugnissen und Bilddokumenten, Reinbek b.H. [22]1995

Schreiner, Peter: Begegnung mit dem Hinduismus. Eine Einführung, Freiburg/Basel/Wien 1984

Schweitzer, Albert: Die Weltanschauung der indischen Denker. Mystik und Ethik, München [3]1987

Shivananda, Swami (Ed): The Bhagavadgita. Text, Translation and Commentary, Shivanandanagar 1989

Vivekananda, Swami: Gita I-III (26.-29.05.1900). In: CWSV I, [17]1986, S. 446-480

Vivekananda, Swami: Meditation, und ihre Methoden, Gladenbach [5]2006

Zimmer; Heinrich: Philosophie und Religion Indiens, Frankfurt a.M. [8]1994

Heiligtum und Kreuz als Anders-Ort

Zahlensymbolische Er-örterungen von Endzeit-Tempel und Auferstehung

Klaus Hälbig, Stuttgart

Die beiden biblischen Er-zählungen von der Erschaffung des Himmels und der Erde mit der Einrichtung des 7. Tages (Sabbat) und des Tempels bzw. Paradiesgartens (des Leibes, der Welt) sind grundlegend für das Verständnis der Geschichte Gottes mit der Menschheit, die von ‹Anfang› an auf die Erlösung in Kreuz und Auferstehung Christi zielt.

Der ‹Feuerhimmel› (*caelum empyreum*) ‹jenseits› der sieben Himmel der Planetensphären und des 8. Himmels der Fixsterne galt als das erste Schöpfungswerk Gottes und zugleich als Vorbild der künftigen ‹Herrlichkeit›, die im Tempel geschaut wurde (vgl. Ps 26,8). Als Erfahrungsraum der Transzendenz hat der ‹Himmel› der heiligen Engel sein irdisches Abbild im heiligen Tempel, dem Umsturz des alten symbolischen Welt-Bildes, das im ‹Himmel› (besonders im Polarstern) seinen festen Bezugspunkt hatte, ist das Heiligtum und das Heilige jedoch gleichsam ortlos in Welt und Sprache geworden. Auch wenn für die scholastische Theologie die himmlische ‹Dimension› Gottes kein irgendwie gearteter ‹körperlicher› Ort war, so hatte „die Auflösung und Entzauberung des Himmels als des Wohnortes Gottes, der Engel und der Seligen" doch erhebliche Konsequenzen für die religiöse Welterfahrung: „Der sphärische Himmel der Theologen öffnete sich ins Unendliche und verlor seine Mitte, und die kategorische Differenz zwischen kosmischer und irdischer Physik schwand".[1]

---

1 D. Evers, *Chaos im Himmel*, zit. nach H. Vorgrimler, *Geschichte des Paradieses und des Himmels. Mit einem Exkurs über Utopie*, München 2008, 164. Mit Jeffrey Barton Russel wird als Ergebnis seiner Erforschung der Himmelsvorstel-

Damit wurde die Welt desakralisiert zur bloß ‹profanen› Welt ohne feste Orientierung in Raum und Zeit. Sie wurde im Grunde gerade zu dem ‹Chaos› oder ‹(Chaos-)Drachen›, der nach den Schöpfungsmythen mit der Erschaffung der Welt als eines heiligen, bewohnbaren ‹(Sinn-)Kosmos› vom Schöpfer oder dem Schöpfergeist ‹besiegt› worden ist. So gibt es mit der neuzeitlichen Entdeckung des größeren, teleskopisch sichtbar gemachten Sternenhimmels, wie Mircea Eliade feststellte, „eigentlich keine ‹Welt› mehr, sondern nur noch Fragmente eines zerbrochenen Universums, eine amorphe Menge unendlich vieler mehr oder weniger neutraler ‹Orte›, an denen der Mensch sich, getrieben von den Verpflichtungen des Lebens in einer industriellen Gesellschaft, dahin und dorthin bewegt".[2] Gleichwohl ruft die bloße Existenz des gestirnten Himmels *über* dem Menschen mit seiner Weite, Höhe und Tiefe immer noch und wieder Faszination und religiösen Schauer hervor.

Für das Verständnis des Heiligtums als Abbild des Himmels auf Erden und ‹Wohnort› des Hohen und Heiligen ist dabei entscheidend, dass dieser Tempel ‹nach oben› (in einem essentiellen Sinn) ‹geöffnet› ist wie der kugelförmige Hirnschädel eines Neugeborenen in den Knochenlücken (Fontanellen). Denn durch diese Öffnung steht der Tempel mit dem Himmel in Verbindung. Dieselbe Verbindung wird

lungen u.a. festgehalten: „Der Himmel ist ein Tempel *und* ein Garten und eine Stadt und eine Weide und der physische Himmel. Der Himmel ist Jerusalem im wörtlichen *und* im symbolischen Sinn."

2 M. Eliade, *Das Heilige und das Profane. Vom Wesen des Religiösen*, Köln 2008 [Reinbek 1957], 17 (vgl. 68); zur Kosmogonie als Drachenkampf (bzw. Dämonenaustreibung) vgl. ebd. 21-23; 30f; 35-38; 40f; 55-57; 96f (Taufe!). Nach H. Marcus, *Spiritualität und Körper. Gestaltfinden durch Ursymbole*, Stockach ³2008, 151, ist der neuzeitliche „offene Prozess der Orientierungslosigkeit" ohne „feste Anhaltpunkte" heute an einem Wendepunkt: „In den Blick gekommen ist ein Weltbild, das wieder Mensch und Kosmos und ein entsprechendes Verantwortungsbewusstsein umfasst", das u.a. auf „eine Versöhnung von Ökonomie und Ökologie" und „die Begegnung der Religionen" zielt. Zur Symbolik des Berges einschließlich der Pyramiden vgl. ebd. 94-101.

auch gesichert durch den heiligen Opferpfahl oder Himmelspfahl am ‹Nabel› der Welt als ‹Weltsäule›. Dem entspricht christlich das heilige Kreuz auf dem ‹Berg›, auf dem sich auch die Heiligtümer (und das ‹Paradies›) befinden. Sie sind so ‹Pforten der Götter› und „Orte des Übergangs zwischen Himmel und Erde".[3]

Insbesondere das Allerheiligste (das ‹Heilige des Heiligen›) als innerster Kern des Zentral-Heiligtums des Jerusalemer Tempels verkörperte den Himmel als der eigentlichen Realität. Das Allerheiligste war verborgen hinter dem inneren Vorhang, der wiederum aus vier verschiedenen Fäden genäht war, die nach dem jüdischen Historiker Flavius Josephus die vier Elemente der Welt (Luft, Feuer, Wasser und Erde) symbolisieren. Zugleich war auf das Gewebe „das ganze sichtbare Himmelsgewölbe aufgestickt", also das ‹Bild des Himmels› der heiligen Engel. Der Vorhang ist somit Symbol dieser irdisch-sichtbaren Welt oder des ‹Fleisches› dieser Welt (vgl. Hebr 10,20) analog zur orthodoxen Ikonostase. ‹Hinter› dieser sichtbaren Welt des Werdens bleibt das Sein, die himmlisch-unsichtbare Einheit des Schöpfers als Zusammenfall der Gegensätze (*coincidentia oppositorum*), verborgen.

Wenn der Mensch in seiner irdischen Doppelgestalt des ‹Männlichen› und ‹Weiblichen› (Seele und Leib) zum Tempelberg ‹aufsteigt›, um dort dem *einen* Gott jenseits der polaren Gegensätzlichkeit und Dualität dieser Welt (und so dem Ganz-Anderen) zu begegnen, so kann er dies nur in dem Maße, wie er selbst mit sich *eins* und ‹im Reinen› ist. Denn in dieser raumzeitlichen Welt des Werdens und Vergehens, der *Zweiheit* von Leib und Seele und so auch des

3 Ebd., 19; zum hl. Pfahl und Berg vgl. 25-30; 39f. – Mit der Aufrichtung der Vertikalen im ‹Zentrum› gibt es einen ‹festen Punkt› und damit eine Ordnung oder Orientierung, das heißt eine ‹Welt›, die sich „nach den vier Himmelsrichtungen ausdehnt" (33). Zur Symbolik der Weltsäule vgl. G. Scholem, *Von der mystischen Gestalt der Gottheit. Studien zu Grundbegriffen der Kabbala*, Frankfurt 1973 [Zürich 1962], 90. Zum viergliedrigen Kreuz als axis mundi vgl. St. Heid, *Kreuz Jerusalem Kosmos. Aspekte frühchristlicher Staurologie*, Münster 2001, bes. 48.

Todes (in der Trennung der Zwei), hat der eine Gott des Lebens keinen Ort.

Gottes ‹Wohnort› ist deshalb nicht in dieser Welt, sondern jenseits davon im Bereich des ‹Zwischen› – zwischen den beiden goldenen Cherubim auf dem Deckel der Bundeslade (vgl. Ex 25,17-20; Num 7,89), die in ihrer Zweiheit die Polarität der Welt symbolisieren. Zugleich sind sie aus einem Stück gemacht und bilden so im Kern eine verborgene innere Einheit. Zu diesem Zwischenraum des *Einswerdens* heißt es im Talmud:

> „Rabbi Katina sagte: wenn die Israeliten an den drei Festen in den Tempel zu Jerusalem kamen, da öffnete man vor ihnen den Vorhang (zum Allerheiligsten), und man zeigte ihnen die Cherubim, die in inniger Umarmung waren, und man sagte ihnen: sehet, eure und Gottes gegenseitige Liebe ist wie die Liebe des Mannes und der Frau. Resch Lakisch sagte: als die Nichtjuden den Tempel eroberten, sahen sie die Cherubim, die in inniger Umarmung waren. Sie schleppten sie auf den Markt hinaus und sagten: Sehet! Israel, dessen Segen ein Segen und dessen Fluch ein Fluch ist, beschäftigt sich mit derartigen Dingen?! Dann schmähten sie sie.“[4]

Die beiden Cherubim finden sich auch im Paradies als Wächterengel mit dem ‹Flammenschwert› (Gen 3,24). Als ‹Tempelgarten›, „Urbild des Tempels“ (H. Gese) und Ort der ‹Hochzeit› (= Einswerden) entspricht das Paradies dem Jerusalemer Tempel; ebenso entsprechen die aus einer verborgenen gemeinsamen Wurzel in der einen ‹Mitte› erwachsenden beiden Paradies-Bäume (Gen 2,9) den beiden Cherubim der Bundeslade. Diese Bäume, also der Baum des Lebens oder des Seins und der Baum der Erkenntnis von Gut und

---

4 Joma 54 a/b – zit. nach Scholem, *Gestalt* (Anm. 3), 106f. – Zur Vorhang-Symbolik vgl. Flavius Josephus, *Der Jüdische Krieg*, V, 212-214.

Böse oder des Werdens, verkörpern wie die Cherubim die beiden Seiten der Schöpfung: Himmel und Erde, Seele und Körper, er-innernder Geist und erscheinende Mater-ie, das Männliche und das Weibliche, letztlich das Wort Gottes (Logos, Thora) und die Welt.

Dies zeigt sich auch in der Zahlensymbolik der hebräischen Konsonanten-Buchstaben, die zugleich Zahlen sind: Der ‹Baum des Lebens› (*ets hachajim*) besteht aus den Zahlen 70 + 90 + 5 + 8 + 10 + 10 + 40 = 233; der ‹Baum der Erkenntnis von Gut und Böse› (*ets hadaäth tob wara*) aus den Zahlen 70 + 90 + 5 + 4 + 70 + 400 + 9 + 6 + 2 + 6 + 200 + 70 = 932.

> „4 x 233 ergibt aber 932, so dass auch hier wieder das Verhältnis 1:4 oder 1-4 vertreten ist. Nicht im einzelnen Baum ist die 1-4 enthalten, sondern im Verhältnis der beiden Bäume zueinander. Der Baum des Lebens repräsentiert daher die 1 und der Baum der Erkenntnis die 4. [...] „Das ‹Nehmen› nur der 4, das Essen vom Baum der Erkenntnis, bedeutet das Sterbenmüssen, das, wie Gen 2,17 lehrt, mit dem ‹Nehmen vom Baum der Erkenntnis› verbunden ist.“[5]

Lässt man die 1 bei den Worten für Mensch = Adam (*adm* = 1-4-40) oder Wahrheit (*emeth* = 1-40-400) weg, so bleiben *dam* (‹Blut› = 4-40) und *meth* (‹Toter› oder ‹tot› = 40-400) übrig: „Mensch ohne 1 ist nur Blut; Wahrheit ohne die 1 am Anfang ist ‹tot›. Da aber die Worte für Mensch und Wahr-

5 F. Weinreb, *Zahl Zeichen Wort. Das symbolische Universum der Bibelsprache*, Weiler i.A. 1986, 79. ‹Männlich› und ‹erinnern› haben im Hebräischen denselben Wortstamm (skr). – Das Materielle ist ontologisch gleichsam ‹niedriger› gestimmt als das Geistige, weshalb sich der geistige Schöpfer bei seiner Fleischwerdung ‹erniedrigt› und zum ‹Diener› aller macht (Phil 2,8); damit ist an sich keine *moralische* Abwertung des ‹Fleisches› verbunden, wie ein feministisch-postpatriarchales Denken der systematischen symbolischen „Zweiteilung der Welt" unterstellt – vgl. I. Praetorius, *Für eine nützliche Religion. GOTT denken in postpatriarchaler Perspektive*, in: Orientierung 3/2009, 27-31, bes. 28.

heit in ihrer Struktur einen Niveauunterschied haben, sehen wir auch einen Zusammenhang zwischen ‹Mensch› mit der 1 als ‹Leben› und ohne die 1 als ‹Tod›."[6]

Das Mysterium des Kreuzes als neuer Lebensbaum schenkt demgegenüber wieder die ‹hochzeitliche' Verbindung der 4 mit der 1 und erneuert so den in der Sünde (als Abkehr von dem ‹einen› Gott) ‹toten› Menschen zum ‹Licht› und ‹Leben› der Auferstehung. Deshalb ist nur der *Gekreuzigte* in der Strukturformel 1-4 (die eine Herzwunde und die 4 Male an Händen und Füßen: Joh 20,24-27) „der Weg und die Wahrheit und das Leben", der von sich sagen kann: „niemand kommt zum Vater außer durch mich" (Joh 14,6). Auch die Kreuzform selbst mit den vier Enden und dem einen Schnittpunkt von Horizontaler (‹Erde›) und Vertikaler (‹Himmel›) zeigt diese Struktur. In der „Einführung in die Welt der Symbole" von Gérard de Champeaux und Dom Sébastian Sterckx heißt es dazu:

> „Die Zahl des Kreuzes ist die Vier. Mehr noch ist es die Fünf... Dieser gemeinsame Punkt ist der entscheidende Schnittpunkt des Denkens. Hier verändern sich oft die Ebenen, nur hier findet der Übergang von einer Welt in die andere statt. Dieser Punkt ist der Omphalos der Griechen, der Nabel der Welt unserer Vorfahren, die heilige Treppe so vieler Religionen, die Himmelsleiter. Hier gelangt man vom Himmel zur Erde, von der Erde zum Himmel, hier stehen Raum, Zeit und Ewigkeit miteinander in Verbindung. [...] In jeder Hinsicht hat das Kreuz die Funktion der Synthese und des Maßes... Von allen Symbolen ist das Kreuz das umfassendste, ganzheitlichste. Es steht für Übergang und Vermittlung, für die permanente Vereinigung des Universums."[7]

---

6 Ebd. 77f.

7 G. de Champeaux /D. S. Sterckx, *Einführung in die Welt der Symbole*, Würzburg 1990, 51. Vgl. K. Antons-Volmerg, *Von der Vier zur Fünf. Abendländische Per-*

Von dieser 1-4-Struktur her entspricht das Kreuz der Deckplatte der Bundeslade als ‹Sühneort› (*Hilasterion*) der Reinigung von allen Lastern (vgl. Röm 3,25; Hebr 9,5). Diese Welt in ihrer Viergliedrigkeit (vier Elemente, Himmelsrichtungen, Jahreszeiten...) bietet hingegen für den einen Gott keinen Ort (vgl. Mt 8,20; Joh 1,26). Erst wo mit der Kreuzigung Jesu die Welt im Rein- und Einswerden in der einen ‹Mitte› oder dem ‹Nabel der Welt›, wo auch der Jerusalemer Tempel steht (vgl. Ez 38,12), überstiegen wird, öffnet sich im Zerreißen des Tempelvorhangs „von oben“ (Mt 27,51) der ‹Anders-Ort› Gottes. Allein hier, im ‹Zentrum› des Kreuzes, findet der fleischgewordene Logos, der mit dem Vater eins ist (Joh 10,30; 17,21), seinen ‹Wohnort› (vgl. Joh 1,38). (Ähnlich ist bei Hermes Trismegistos die Pyramidenspitze als ‹Versammlung› ihrer vier ‹irdischen› Eckpunkte der ‹Ort› des Logos.)

Das Kreuz ist so paradox Ort und Nicht-Ort zugleich: der ‹letzte Platz› des ‹Geringsten› und gerade so der ‹erste Platz› oder ‹Thron Gottes›. Denn auch der heilige Tempel

---

sönlichkeitstypologie und das Buddhistische Mandala, Ulm 1995, bes. 76: „Der Sprung von der Vier zur Fünf ... scheint so etwas wie das Herausspringen aus der Einengung und eine Transzendierung in eine neue Dimension zu bedeuten. Von der Vier zur Fünf – das symbolisiert einen Wechsel im Grundansatz, im Paradigma des Denkens." Der „fünfte Buddha" verkörpert eine „Synthese und Transzendenz", ein „Transzendieren Ich-bezogener Haltungen"; der Weg führt über die in den vier Elementen symbolisierte ‹Verwandlung› der *Libido* (80-85). Vgl. dazu auch B. Nitsche, *Gott – Welt – Mensch. Raimon Panikkars Gottesdenken – Paradigma für eine Theologie in interreligiöser Perspektive?*, Zürich 2008, 350f. Die fünf Erlösungsgestalten oder Dhyani-Buddhas überwinden und verwandeln 1. Hass/ Zorn durch Mitgefühl/ Weisheit (Buddha Aksobya/ Herr des Ostens); 2. Gier durch lassende Hingabe/ Unterscheidung der Geister (Budhha Amitaba/ Herr des Westens); 3. Stolz durch ausgleichende Weisheit (Buddha Ratnasambhava/ Herr des Südens); 4. Neid/ Eifersucht durch vollendete Weisheit (Buddha Amoghasiddhi/ Herr des Nordens); 5. Unwissenheit/ Verblendung durch Vereinigung der Weisheit aller vier Buddhas als „Weisheit in ihrer vollkommenen Gestalt und endgültigen Verwirklichung" (Ur-Buddha Vairocana/ Der Sonnengleiche, „Herr über allen Kosmos"). – Zur kreuzestheologischen ‹Signatur der Welt› bei Panikkar, die ihm zufolge ihren theologischen Sachgrund in der innertrinitarischen Hingabe (Kenose) des Vaters an den Sohn hat, vgl. ebd. 556-563.

kann weltlich missverstanden und so Ort des Götzendienstes werden, der der ‹Reinigung› bedarf (vgl. Joh 2,13-22; Apg 7,47-51). Um diesen einen Ort *jenseits* der Dualität der Welt, dessen ‹Reinheit› der fleischgewordene Logos am Kreuz erst wieder herstellt, zu er-örtern, sollen nachfolgend die Zahlen der biblischen Erzählungen in ihrer Grundstruktur dechiffriert werden.[8]

1. Die Vermessung des Tempels

In der Geheimen Offenbarung des Johannes wird das würfelförmige himmlische Jerusalem, das selbst keinen Tempel mehr hat (Offb 21,22), weil es ganz zum Heiligtum der Anbetung des ein-wohnenden Schöpfers geworden ist, nach dem ‹goldenen Maß› des Engels vermessen (Offb 21,15; vgl. Ez 40,3.5). Die Stadt hat wie auch der Brandopferaltar in der Tempel-Vision des Ezechiel (Ez 43,16) eine Würfelform; aufgeschlagen in die Fläche ergibt der Wüfel ein lateinisches Kreuz. Die Vermessung der Stadt nach „Länge, Breite und Höhe" (Offb 21,16) hat eine Entsprechung in Eph 3,18f, wonach die Gläubigen „zusammen mit allen Heiligen [= Engeln] dazu fähig sein [sollen], die Länge und Breite, die Höhe und Tiefe zu ermessen und die Liebe Christi zu verstehen, die alle Erkenntnis übersteigt". Dieser Vers 18 ist

8 Dies kann in diesem Beitrag nur gleichsam in nuce geschehen – ausführlich dazu vgl. K.W. Hälbig, *Die Hochzeit am Kreuz. Eine Hinführung zur Mitte*, München 2007. Bei Eliade, *Heilige* (Anm. 2), heiligt der Tempel die ‹unreine› bzw. profane Welt (43), ohne dass die mögliche Unreinheit des Tempels selbst zum Problem wird (wohl aber gibt es bei archaischen Völkern ein Zerbrechen des hl. Pfahls – vgl. 24). – Die Zahl 46 der Baujahre des Tempels in Joh 2,20 ist die Summe der Buchstaben Adams griechisch gelesen: 1-4-1-40 = 46. Augustinus liest ADAM als die Anfangsbuchstaben der vier Himmelsrichtungen im Griechischen: Anatole, Dysis, Arktos, Mesembria. Der leibliche Mensch als Mikrokosmos ist also kreuzförmig gebaut wie der Makrokosmos, den er aber in seiner Geistigkeit und Freiheit auch übersteigt. Alles, was vom ‹Tempel› gesagt wird, ist immer auch vom Menschen in seiner Leiblichkeit (als Tempel des Geistes) zu verstehen – vgl. 1 Kor 6,19; außerdem Eliade, 124-133 (Leib – Haus – Kosmos).

schon sehr früh auf das viergliedrige Kreuz (von Golgatha) bezogen worden.[9]

Im Ezechielbuch hat das kreuzförmige Taw, des letzten der 22 Buchstaben des hebräischen Konsonanten-Alphabets, eine Heilsbedeutung als Gottessiegel (vgl. Ez 9,4.6). In der Johannesapokalypse zeichnet der vom ‹Osten›, vom verborgenen Ursprung her aufsteigende Engel mit diesem Siegel die 144.000 (12 x 12 x 1000) aus den 12 Stämmen Israels (Offb 7,2-8). Wenn Paulus die Stirnsignierung der Taufe als ‹Versiegelung› im Heiligen Geist erklärt (2 Kor 1,22), so ist damit zunächst das Taw-Kreuz und nicht das Golgatha-Kreuz gemeint.[10]

Die für das himmlische Jerusalem grundlegende kosmische Zahl Zwölf (vgl. Offb 21,12-21) ist das Produkt von 4 und 3. Die diesseitige ‹irdische› Welt ist bestimmt durch die Zahl 4 (40, 400), die jenseitige himmlische Welt dagegen durch die 1 (10, 100), die sich zur 3 entfaltet. Denn in der 3 wird die polare Gegensätzlichkeit der 2 vereint und aufgehoben (Gott ist dreifaltig-eins, aber nie zwei- oder vierfaltig).

In gewisser Weise dieselbe Bedeutung wie die 1 hat die Zahl 5 (50, 500) gegenüber der 4 der Welt (als Begegnung der 2 mit sich selbst). Die Fünf (hebr. der 5. Buchstabe *He* in der Bedeutung von ‹Fenster› in die jenseitige Welt, auch des Menschen in Gebetshaltung und der Seele) stellt gleichsam die vereinende *Quint*-essenz der vierelementigen Welt dar.

Im alttestamentlichen Buch Daniel ist die Gestalt des ‹Menschensohnes› die alles versammelnde und vereinende Mitte: Wie dem ewigen Reich Gottes ‹vier› Welt-Reiche vorausgehen (Dan 2,31-45), so gehen dem wiederkommenden

9 Vgl. G. Voss, *Die kosmische Bedeutung des Kreuzes Christi in der Frühen Kirche*, in: Una Sancta 4/2005, 311-326: 318f.

10 Zum Taw im christlichen Kontext vgl. *Signa Tav. Grubenschmelzplatte eines typologischen Kreuzes*, hg. v. der Kulturstiftung der Länder, Stuttgart 2000, bes. 54-61.

Menschensohn oder dem ‹Bild Gottes› im Menschen ‹vier Tiere› voraus (Dan 7,1-28), so dass ‹Gottesreich› und ‹Menschensohn› jeweils die Quint-essenz darstellen.[11] In der Berufungsvision des Ezechiel erscheint die Herrlichkeitsgestalt eines Menschen auf dem kosmischen Thronwagen der Vier Urwesen, den späteren Evangelistensymbolen, die eine Art Himmelskreuz bilden.[12]

Nach jüdischer Überzeugung wird mit dem Kommen des Messias zugleich auch der kosmische Tempel der End-Zeit errichtet. In der Tempel-Vision des Ezechiel wird dessen Außenfläche mit 500 x 500 Ellen vermessen (42,20). Zu den Toren des Außenhofs führen sieben, zu denen des Innenhofs acht Stufen (40,31.34.37). Das Tempelgebäude in der Mitte misst 100 x 100 Ellen (40,48-41,4), was ein Fünftel des Gan-

---

11 Zur „ungeheure(n) Debatte" (372) um den Titel Menschensohn vgl. J. Ratzinger (Benedikt XVI.), Jesus von Nazareth. Erster Teil: Von der Taufe im Jordan bis zur Verklärung, Freiburg u.a. 2007, 372-385, bes. 374f: „Im ‹Menschensohn› wird der Mensch offenbar, wie er eigentlich sein sollte." In dem ‹von oben› kommenden Menschensohn schaut Daniel „den eigentlichen Herrn der Welt" im Gegenüber zu den „Tieren aus der Tiefe des Meeres; als solcher bedeute er nicht eine individuelle Gestalt, sondern die Darstellung des ‹Reiches›, in dem die Welt an ihr Ziel gelangt" (376). Darin drückt sich „die neue Vision des Einsseins von Gott und Mensch" aus (384).

12 Vgl. G. Voss, *Astrologie christlich*, Regensburg 1980, bes. 86-88 (Das „Stabile Kreuz" der Vier Wesen). Außerdem Champeaux/Sterckx, *Einführung* (Anm. 5), 407-482; A. Rosenberg, *Wandlung des Kreuzes. Die Wiederentdeckung eines Ursymbols*, Bilder von Michael Eberle, München 1985, 82f. Bei den Vier Wesen handelt es sich um die vier mittleren Zeichen der Quadranten des Tierkreises (Adler = Herbstzeichen Skorpion; Engel/ Mensch = Winterzeichen Wassermann) mit dem Lamm = Frühlingszeichen Widder im Zentrum als Quint-essenz (vgl. Offb 4,6-9; 5,6-12). „Die Vier Wesen sind Repräsentanten des Kosmos als Idee Gottes von der Welt in den 4 Elementen. Als solche singen sie das ständige Lob der Schöpfung" – K. Gamber, Das Geheimnis der sieben Sterne. Zur Symbolik der Apokalypse, Regensburg 1987, 44. Das ständige Gotteslob macht aus dem Kosmos den Tempel, der er immer schon sein soll. Anders O. Keel, Merkwürdige Geschöpfe, in: Bibel und Kirche 3/ 2005, 139-144, der den Thron-Wagen von Vorbildern in der vorderasiatischen Kunst des 8. bis 6. Jahrhunderts als Verkörperung der „vier kosmischen Winde, die den Himmel tragen", deutet (143). Ähnlich auch F. Sedlmeier, *Das Buch Ezechiel – Kapitel 1-24* (Neuer Stuttgarter Kommentar – AT 21/1), Stuttgart 2002, 73-93.

zen (Quint-essenz) ausmacht; davon misst das Allerheiligste 20 x 20 (41,4), wieder ein Fünftel.[13]

Die Zahl 500 kommt nun aber im hebräischen Alphabet der Konsonanten = Zahlen nicht mehr vor. Die 22 Zeichen des Alpha-Beths enden mit dem kreuzförmigen Taw in der Bedeutung von (Kreuz-),Zeichen› und dem Zahlenwert 400. Das Taw symbolisiert die äußerste Ausdehnung der ‹irdischen› Körperwelt (4) auf der Ebene der Hunderter. Während die Einer (1-9) das Vorgegebene (die Vergangenheit) darstellen und die Zehner (10-90) die Gegenwartswelt des Handelns (10 = Jod = ‹Hand›), verkörpern die Hunderter (100-400) die Welt des Kommenden, die aber vom Menschen her nicht gemacht werden kann. Durch Verbindung von jeweils zwei der letzten vier Buchstaben-Zahlen kann die 500, die den himmlischen Bereich des Heiligen symbolisiert, gebildet werden: „Das Resch [= 200] ist durch das Schin [= 300] bestimmt, wie das Schin durch das Resch [= Haupt] einen Ort [an der Stirn] empfängt. Beide zusammen bilden die 500 (200 und 300). Jedoch bilden auch die beiden anderen Zeichen [in den Hundertern] Kof (100) und Taw (400) diese 500.“[14]

---

13 Vgl. M. Konkel, *Paradies mit strengen Regeln. Die Schlussvision des Ezechielbuches* (Ez 40-48), in: Bibel und Kirche 3/ 2005 (Ezechiel), 167-172, bes. 171. Dazu ders., Die zweite Tempelvision Ezechiels (Es 40-48), in: O. Keel/ E. Zenger (Hg.), *Gottesstadt und Gottesgarten. Zu Geschichte und Theologie des Jerusalemer Tempels*, Freiburg 2002, 154-177. Zur (De-)Chiffrierung des Sinnsystems ‹Tempel› vgl. B. Schmitz, *Vom Tempelkult zur Eucharistiefeier. Die Transformation eines Zentralsymbols aus religionswissenschaftlicher Sicht*, Berlin 2006, bes. 207-300 (Der Tempel als Symbolkomplex). Ferner: F. Weinreb, *Der Weg durch den Tempel. Aufstieg und Rückkehr des Menschen*, Weiler 2000. Vgl. außerdem die Beiträge in: A. Vonach/ R. Meßner (Hrsg.), *Volk Gottes als Tempel*, Münster 2008, bes. 233-257 (R. Meßner, *Unterwegs zum himmlischen Heiligtum – Zur kultischen Ekklesiologie in der frühchristlichen Literatur*).

14 F. Weinreb, *Wunder der Zeichen – Wunder der Sprache. Vom Sinn und Geheimnis der Buchstaben*, Bern 1999, 133. An der Stirn wird beim Gebet des Juden die ‹Gotteswortkapsel› mit dem Glaubensbekenntnis Israels (Dtn 6,4-9) und drei weiteren Abschnitten aus der Thora (Dtn 11,13-21; Ex 13,1-10 und 13,11-16) angebracht. Die Kapsel ist ein viereckiges Gehäuse, das an den Altar des Tem-

Alle vier Zahlen in den Hundertern zusammen ergeben 1000, hebr. *Elef*, wie *Alef* = 1 (die einzelnen Buchstaben des Wortes ‹Alef› ausgeschrieben ergeben 1-30-80 = 111), das heißt die göttliche Einheit auf der höchsten Ebene. Zu dieser Höhe des ‹Himmels› und der Fülle des Lebens führt der Weg des viergliedrigen Kreuzes durch die von der Vierzahl geprägte irdische Welt des Werdens und Vergehens. Im erhöhten Gekreuzigten ist gewissermaßen der Werde-Weg der Schöpfung (des Schöpfungs-Alphabets) bis zum Ende im Kreuz-Buchstaben Taw mit dem Wert 400 durchschritten und voll-endet.

Die 400 ist die Zahl dieser materiellen Welt in ihrer größtmöglichen Ausdehnung, also der volle biblische Weltbegriff, der eng mit dem ‹Wasser› (*majim*) der Zeit als 40 (= *Mem*) zusammenhängt. Wenn Israel nach Gen 15,13 und Ex 12,40 genau „400" Jahre in „Ägypten" ist, dann meint dies, so lange wie „diese Welt" dauert; das Land Israel ist 400 Einheiten lang und breit, das heißt, für Gott ist „diese ganze Schöpfung das Land Israel".[15]

---

pels mit seinen 4 Hörnern erinnert. Die 4 Bibeltexte werden für die Stirnkapsel fehlerlos mit der Hand auf 4 ‹Minirollen› geschrieben, für die 1 Armkapsel (‚Handeln›) hingegen gemeinsam auf eine Pergamentrolle. Der Gebetsriemen (Tefilla) wird siebenmal um den Arm geschlungen. Am 7. Tag (und an Feiertagen) braucht es dieses ‹Zeichen› nicht, weil der Sabbat selbst (dieses) ‹Zeichen› der Gegenwart Gottes ist (Ex 31,17). – Mit dem überirdischen Maß 500 wird auch der Umfang vom Baum des Lebens gemessen – vgl. Weinreb, *Zahl* (Anm. 5), 103.

15 Weinreb, *Zahl* (Anm. 5), 27; vgl. 68; 75. Wenn der „rote" Zwillingsbruder Jakobs, Esau, „mit Haaren bedeckt wie mit einem Fell" (Gen 25,25 – s. Gen 3,21), mit „400 Mann" gegen seinen Bruder Jakob = Israel ausrückt (Gen 33,1), so ist damit die ganze sichtbare Welt gemeint: Esau bezeichnet die irdische, Jakob die himmlische Existenz des Menschen oder den sterblichen Körper und die unsterbliche Seele. Ohne Kenntnis der (Zahlen-)Symbolik rätselt die Forschung, warum Esau/Edom (= das ‹4.› Weltreich) „der unvergängliche Feind Israels, der Inbegriff des Bösen" ist und spricht von einem „Esau-Mythos" – so G. Oberhänsli-Widmer, Esau: Zur Biographie eines Feindbildes im Judentum, in: Th. Jürgasch u.a. (Hg.), *Gegenwart der Einheit. Zum Begriff der Religion* (FS B. Uhde), Freiburg u.a. 2008, 269-299, bes. 298f.

‚Israel in Ägypten› ist somit die Doppelheit des männlich-weiblichen Menschen: die himmlische Existenz (er-innernde Geistseele) in der irdisch-sterblichen Existenz (erscheinende Leibseele). Der Exodus ins ‹Gelobte Land› der Einheit mit sich und mit Gott entspricht der christlichen Taufe als ‹Beschneidung des Herzens› (Röm 2,29) im Kreuzmysterium. Papst Benedikt XVI. spricht vom „Aufbruch des Herzens" als der Wiedergeburt zur re-integrierten Gotteskindschaft im Geist Gottes.[16]

2. Die Wiedergeburt zur Gotteskindschaft im Kreuzmysterium

Die übernatürliche Gotteskindschaft der Gnade in der Kraft des Geistes oder der Auferstehung Christi überschreitet die natürliche Geburt und irdische Kindschaft auf die jenseitige Welt hin. Die neue Leiblichkeit ist nicht mehr das an der Überfülle des göttlichen Lichts ‹zerbrochene Gefäß› wie die diesseitige Welt, wie sie in den 22 Buchstaben als gleichsam den ‹Scherben› des ursprünglich einen Wortes zur Sprache kommt. Die Einheit jenseits der 22 (= 2-2 oder 4) wird in der Zahl 10 (Jod) gefasst. Der Gottesnamen JHWH, der das ewige Sein in der Zeit darstellt, besteht aus den Zahlen 10-5-6-5, zu lesen als: 10 = 5 und 5 (das Waw bedeutet 6 sowie ‹und› oder +). Die beiden *He* (5) in der Mitte und am Ende sind nicht einfach gleichwertig: das erste steht für die ‹obere Mutter› (hebr. Bina = Verstand) oder auch für das ‹Männliche›, das zweite für die ‹untere Mutter› (Malchut = Königreich) oder das ‹Weibliche› (vgl. die fünf klugen und die fünf törichten Jungfrauen: Mt 25,1-13).

16 Vgl. Ratzinger, *Jesus* (Anm. 11), 63 und 282. „Das Kreuz ist der Akt des ‹Exodus›" (103; vgl. 359). Das Wasser des ‹Roten Meeres› symbolisiert „die mütterliche Kirche": „Nie war Christus ohne Wasser" (Tertullian, zit. 283). „Geist und Wasser, Himmel und Erde, Christus und Kirche gehören zusammen" (283) – seit der Herabkunft des Wortes ins ‹Fleisch› der ‹Erde› und ins (‹weibliche›) ‹Wasser› der Zeit.

In diesem Sinn wird den Namen Abram und Sarai durch den Beschneidungsbund jeweils ein *He* in der Mitte und am Ende eingefügt, so dass sie nun Abra*h*am und Sara*h* heißen (Gen 17,5.15). Ihre hochzeitliche Vereinigung ergibt Isaak oder *J*izchak, also das Jod des Gottesnamens JHWH am Anfang. In Jizchak, genauer: in seinem Opfer als der 10. ‹Versuchung› oder ‹Erprobung› Abrahams, vollzieht sich das Einswerden der zweigeteilten Welt und damit ihre Erneuerung jenseits ihrer vom einen göttlichen Ursprung her (s.u.).

Erschaffen wird die Welt als ‹Haus› (= Beth = 2) oder heiliger ‹Tempel›. Bet-lehem als ‹Haus des Brotes› bedeutet letztlich die vom eucharistischen Himmels-Brot her gebaute Kirche als Heiligtum und Tempel des (auferstandenen) Leibes Christi. Die Zweizahl, die sich in der Begegnung mit sich selbst zur 4 verdoppelt, drückt das polare Bauprinzip alles Geschaffenen aus. Erschaffen wird aber die Welt der Zwei (‚Himmel› und ‹Erde›) auf die Einswerdung mit dem einen Gott hin, wie auch das hebr. Wort für ‹erschaffen› in seinen Zahlenwerten zeigt: *bara* = 2-200-1.

Die Einswerdung der geschaffenen Welt als ihrer Erneuerung und Voll-endung geschieht nicht durch Vereinigung der beiden Pole auf der Weltebene selbst, sondern durch den *Überstieg* auf die höhere Ebene des Geistes. Das wird zahlensymbolisch ausgedrückt in der Zahl 8 als 2 in der 3. Geistpotenz (2^3). Der 8. Tag (Sonntag = 1. Tag) nach der 7-Tage-Schöpfung symbolisiert das voll-endete Einssein der neuen Schöpfung in der Kraft des verklärenden Schöpfergeistes, der ‹am Anfang› über den ‹Wassern› schwebt (Gen 1,2).

Isaak wird deshalb am ‹8. Tag› beschnitten (Gen 21,4), und in der Arche in den Maßen 30-300-50 (Gen 6,15), was in Buchstaben l-sch-n oder *laschon* (= Zunge. Sprache) bedeutet, werden genau 8 Menschen durch das göttliche ‹Strafgericht› der Sintflut über die ‹gefallene› Schöpfung gerettet – mit Noah, dem „Verkünder der Gerechtigkeit" und ‹Zehnten› nach Adam, als dem „Achten" (2 Petr

2,5). Die Sintflut wiederum ist ein Sinnbild der Taufe (1 Petr 3,20f), und die Arche, die zeitlich in Parallele zum *Heiligtum* gebaut wird, dessen Urbild Mose am ‹Himmel› schaut (Ex 24,16; 25,9.40), ist ein Sinnbild der Kirche.[17]

In der Höhe erreicht die Arche mit der steigenden Flut 49 Ellen (= 7 x 7), was noch die Zahl dieser zweigeteilten Schöpfung ist. Erst mit Öffnung der Dachluke um eine Elle (Gen 6,16) wird die Zahl 50 (*Nun*) erreicht, die für den göttlichen Geist (in Gestalt der Taube mit dem Ölzweig) steht (Gen 8,8.11). Deshalb kann nicht Mose, der aus dem Wasser (*Mem* = 40) Gezogene (Ex 2,11), Israel in das Gelobte Land führen, sondern allein *Josua*, der „Sohn des Nun" oder der Fünfzig (Num 27,18).[18] Und deshalb wird Mose auf dem Sinai die Thora am ‹50. Tag› nach Pascha gegeben, so wie am 50. Tag nach Ostern der göttlichen Geist auf die Kirche herabkommt und ihr ein geistiges Verständnis der Thora schenkt, auch indem der Geist prophetische Visionen und Träume wirkt (Apg 2,17; vgl. Lk 24,25-27; 24,32.44-46).

Die 5 und die 50 finden ihre letzte Erfüllung in der 500 (nach 1 Kor 15,6 erschien der Auferstandene mehr als „500 Brüdern" zugleich, was im Neuen Testament eine singuläre, ohne Zahlensymbolik unerklärliche Aussage ist). Während die Addition des Geist-Prinzips des ‹Männlichen› oder der 3 und des Körper-Prinzips des ‹Weiblichen› oder der 4 die 7 ergibt, so wird doch erst auf der *Potenzebene* des Gottesgeistes die Zahl 5 erreicht: $3^2 + 4^2 = 5^2$ (9 + 16 = 25). Dies lässt sich auch auf die Ebene der Hunderter (der Zukunft) übertragen:

---

17 Zur Entsprechung zwischen dem Bau der Arche und der ‹Aufrichtung› der ‹Wohnung Jahwes› am Neujahrstag des zweiten Jahres nach dem Auszug aus Ägypten (Ex 40,17) vgl. P. Weimar, *Kult und Fest. Aspekte eines Kultverständnisses im Pentateuch*, in: K. Richter (Hg.), *Liturgie – ein vergessenes Thema der Theologie?* Freiburg u.a. 1986, 65-83, hier 73f.

18 Vgl. Weinreb, *Zahl* (Anm. 5), 68f. Zur Zahlensymbolik des Tetragramms vgl. ebd. 87-98.

> „Die 500 wird entstehen, wenn die 300 des Mannes und die 400 der Frau wieder zur Einheit ‹zusammengewachsen› sind, welche das ‹Kind› erzeugt. Sehen wir das Bild in einer anderen Ebene, so heißt dies, wenn Leib und Seele wieder eine Einheit bilden, wenn ein neuer Mensch entstanden ist, dann erst ist die 500 wirklich da. Die 500 ist erfüllt, wenn die ganze Zeit erfüllt ist [vgl. Mk 1,15 nach der ‹Taufe› Jesu]. So wie Gott dem Menschen die Wort mitgab: ‹Seid fruchtbar und mehret euch› (Gen 1,28), so gibt er ihm den Weg zur Vollendung mit. Hebräisch ist ‹Seid fruchtbar und mehret euch› ausgedrückt mit *pru urebu*, 80-200-6 und 6-200-2-6, Totalwert 500."[19]

Das heißt, die mit dem Schöpfersegen letztlich intendierte wahre Fruchtbarkeit und Frucht wird nicht in der Erzeugung *sterblicher* Nachkommenschaft erbracht, sondern erst dort, wo der Mensch Zeit und Vergänglichkeit in der leibhaften Auferstehung am 8. Tag übersteigt. Dann erst ist er jener Gerechte = Glaubende, der einem an Wasserbächen gepflanzten *Baum* gleicht, „der zur rechten Zeit seine [gute] Frucht bringt und dessen Blätter nicht welken" (Ps 1,3; vgl. Mt 7,17f). Jesus verlangt vom Menschen, das heißt von seinem freien Willen (= ‹Baum›), die *bleibende* ‹gute Frucht› der Liebe (vgl. Joh 15,1-17; 1 Kor 15,8).
Wer wie der ‹Feigenbaum› (= Erkenntnisbaum: vgl. Gen 3,7) nur zur Erntezeit Frucht trägt und nicht auch außerhalb der Zeit oder zur ‹Unzeit› bleibende Frucht *ist*, der wird von Jesus ‹verflucht›, so dass er bis in die Wurzeln hinein verdorrt (Mk 11,13f.20f). Nur wer in der *Humilitas* des Glaubens das Wort Gottes so in den *Humus* der guten Erde (Adamah) seines Herzens aufnimmt, dass es reiche Frucht bringt (Mk 4,20), entspricht in Wahrheit dem Schöpferauf-

19 Ebd., 103. Zum Satz des Pythagoras ($a^2 + b^2 = c^2$), der in ganzen Zahlen nur mit 3,4 und 5 funktioniert, vgl. ebd. 46f.

trag zur guten Fruchtbarkeit, während mit dem ‹Sündenfall› Adams auch die darin zugleich ‹verfluchte› Adamah nur noch schlechte „Dornen und Disteln" hervorbringt (Gen 3,17f). Die Erde in ihrer Viergestalt soll eigentlich das Andere des Himmels empfangen und austragen; denn in der Polarität mit ihm ist sie allein erschaffen (Gen 1,1).
Durch die Taufe wird der Mensch im Glauben, das heißt im ‹Anziehen› des ‹himmlischen Menschen› Christus in „wahrer Gerechtigkeit und Heiligkeit" (Eph 4,24; Kol 3,10), erneuert und wieder in jener ursprünglichen Integrität hergestellt, wodurch die ‹Erde› wird zum fruchtbaren ‹Garten Eden› wird. Sowenig dabei mit dem Paradies eine Naturidylle gemeint ist, sowenig hat der Adam paradisus etwas mit einem primitiven Menschen in nächster Verwandtschaft zum ‹Affen› zu tun. Vielmehr hat er in sich die beiden gegensätzlichen Pole von Seele und Leib (‚männlich› und ‹weiblich›) ‹hochzeitlich› so zu vereinen, dass er durch das „enge Tor" (Mt 7,14) oder das ‹Nadelöhr› ins Himmelreich der Einheit mit Gott gelangt.[20]

3. Der Weg der Gerechtigkeit des Glaubens durch das ‹Nadelöhr›

Der entscheidende Punkt der Einswerdung, so haben wir einleitend schon gesehen, ist der Schnittpunkt von Vertikaler (‚Himmel›) und Horizontaler (‚Erde›) in der ‹Mitte› des Kreuzes (s.o. Anm. 7). Nur wo der Mensch in der Reinigung von allen Lastern (im priesterlichen ‹Tier-Opfer›) und im Einswerden mit sich selbst (in der königlich-freien Triebherrschaft = ‹Tierherrschaft›) die irdische (Tier-)Welt über-

20 Zur Frage, ob das Paradies als „Leben in der Gottesgemeinschaft" schon der Himmel ist, vgl. Th. Heither/ Chr. Reemts, *Biblische Gestalten bei den Kirchenvätern: Adam*, Münster 2007, 75-80. Nach Markarius war der paradiesische Mensch „von der himmlischen Welt nicht getrennt" (76); nach Johannes Chrysostomus lebten Adam und Eva „im Paradies wie im Himmel und hatten ihre Freude im Umgang mit Gott" (ebd.). Diese Aussagen sind letztlich von der (himmlischen) Liturgie her zu verstehen.

steigt, öffnet sich im Zerreißen des Tempelvorhangs „von oben“ (Mt 27,51) der himmlische Tempel als ‹Anders-Ort› Gottes.

Im Evangelium wird vielfach betont, dass nur ‹Kinder› als Bild für die umkehrbereite Demut des Glaubens in das Himmelreich gelangen können (vgl. Mt 18,1-6.10). Die göttliche Weisheit bekommt „durch all ihre Kinder recht“ (Lk 7,35), während ‹Reiche› – und dazu gehören auch die Reichen an Wissen oder die ‹Vielwissenden› – nicht durch das enge ‹Nadelöhr› in den Himmel kommen (vgl. Mt 19,24). Umgekehrt kann Paulus sagen, dass er als gereifter Mann ablegte, „was Kind an mir war“, um über das „Stückwerk“ des unvollkommenen Erkennens hinaus in ‹nicht aufgeblähter› Liebe zur wahren Gotteserkenntnis der Weisheit des Glaubens zu gelangen (1 Kor 13,8-13; 2,1-9). Warum gelangt nur der Glaube (an Christus) zu Gott und seinem Licht?

Mit dem Weltwissen der Vernunft ist immer auch Macht verbunden. So glaubt man, den Weg in die Zukunft, in das Gelobte Land eines *selbstgemachten* irdischen ‹Paradieses› ohne Leid- und Mangelerfahrung gehen zu können. Man hofft im Fortschrittsglauben, die begrenzte Erde (der Vergangenheit und Vergänglichkeit) mit einem grenzenlosen Himmel der Zukunft, die der Mensch nicht dem Schöpfer zu verdanken hat, zusammenbinden zu können. Aber der so eingefädelte Faden ist doch nicht essentiell „von oben“ wie der Faden jenes Leibrocks Jesu, der „ohne Naht“ genäht ein unteilbares Ganzes und Eines bildet, weshalb ihn die vier Soldaten unter dem viergliedrigen Kreuz nicht in Vier zerteilen wie das Obergewand, sondern darum als Ganzem das Los werfen (Joh 19,23f).

Das Los ist das, was der ‹Himmel› oder Gott bestimmt (‚Kleriker› sind die ‹Erlosten›). Um dessen Führung zu erfahren, muss man aber gerade all sein Wissen und seine Erfahrung von ‹Welt› (im Symbol der Vierzahl) loslassen, den ganzen erworbenen Welt-Reichtum aufgeben, hinter dem immer auch die *Versuchung* zum Unglauben steht (vgl. Mt

4,8-11). Denn nicht mit dem Vielwissen der Wissenschaft – so nützlich es im einzelnen für das irdische Leben auch sein mag – lässt sich der Weg zur Einheit mit dem Heiligen als dem Ganz-Anderen gehen; vielmehr bedarf es dazu der Weisheit des einen Glaubens.

Biblisch wird die riesige Zunahme an Wissen und Macht im Bild der ‹Riesen› gefasst. Deren Verbindung mit den „Menschentöchtern" als Bild für das materiell Erscheinende löst die ‹Sintflut› aus (Gen 6,1-4): „Der Riese im Mythos ist ein Bild für die gewaltigen Kräfte und Möglichkeiten im Materiellen, in der Welt des Erscheinenden."[21] Im Altnordischen ist *gygr* (‹Riesin›) eine Name für die Hexe, die eigentlich die ‹Vielwissende› ist. Das Wort ‹Hexe› leitet sich wahrscheinlich ab von *hagazussa*: ‹hag‘ bedeutet ‹Grenze, der eingehegte Raum›, der Schutz bot vor dem Eindringen der bösen Geister, die sich dann ‹im Zaun niederlassen› mussten. Man kann wohl so sagen: dieser eingehegte Raum ist das innere Heiligtum (Ge-wissen) in der verborgenen geistigen Mitte, während das ‹Vielwissen› im profanen Äußeren des Materiellen ‹hängenbleibt›. Das Wissen ist damit nicht prinzipiell als schlecht verworfen, es behält sein relatives Recht. Aber es kann ohne Rückbindung an das Ge-wissen zur Versuchung werden, den Weg des Glaubens in das Innere und Heilige zu verweigern oder auszuschließen.[22]

Die zentrale Frage, um die es in der Bibel geht, ist die nach dem heiligen (Wohn-)Ort Gottes, nach dem Ort der Gegenwart des Logos, der göttlichen Weisheit oder des Welt-Sinns. „Die Weisheit aber", so fragt Hiob, „wo ist sie zu fin-

21 F. Weinreb, *Die Astrologie in der jüdischen Mystik*, München 1982, 103.

22 Für den jüdischen Philosophen Hans Jonas ist es deshalb die entscheidende Frage, „ob wir ohne die Wiederherstellung der Kategorie des Heiligen, die am gründlichsten durch die wissenschaftliche Aufklärung zerstört wurde, eine Ethik haben können, die die extremen Kräfte zügeln kann, die wir heute besitzen und dauernd hinzuerwerben und auszuüben beinahe gezwungen sind" – vgl. H. Jonas, *Das Prinzip Verantwortung, Versuch einer Ethik für die technologische Zivilisation*, Frankfurt 1984, 57.

den, und wo ist der Ort der Einsicht?" (Ijob 28,12; vgl. V.20). Und seine Antwort: „Gott ist es, der den Weg zu ihr weiß, und nur er kennt ihren Ort", weil er bis zu den ‹Enden der Erde› blickt und alles sieht, was unter dem ‹All des Himmels› ist (28,23f). Der Anfang dieser Weisheit und Weitsicht aber ist, so heißt es weiter, die „Furcht vor dem Herrn" (V. 28), die demütige Gottesfurcht (vgl. Spr 1,7; 8,13), die um das Ganz-Andere des Heiligen und Göttlichen weiß und auf den Weg des Glaubens führt (vgl. Weish 6,10.18; 7,15; 8,21).

Auf diesem Weg muss sich der Weisheitssucher – bildhaft gesprochen – tragen lassen von dem ‹Kamel› auf dem Weg durch die ‹Wüste› im Auszug aus ‹Ägypten›. Mit dem ‹Kamel›, das eher durch ein ‹Nadelöhr› geht, als dass ein Reicher ins Himmelreich kommt, ist der 3. hebräische Buchstabe *Gimel* = 3 gemeint (‚Nadelöhr› ist der Buchstabe *Kof* = 100). Im Dritten wird, wie schon gezeigt wurde, die polare Gegensätzlichkeit oder ‹Zweiheit› der Welt oder des Welt-‚Hauses› (*Beth* = 2) mit seiner Innen- und Außenseite auf die göttliche Einheit (symbolisiert in den Zahlen 1, 10, 100) hin überstiegen. Für diese Zweiheit des Endlichen steht in den biblischen Er-zählungen der Ausdruck ‹Ägypten› (hebr. *mizrajim*, Pluralendung). ‹Ägypten› ist nicht die weltgeschichtliche Größe mit gleichem Namen, sondern jenes ‹Land›, in dem sich der ‹denkende› und ‹berechnende› und so vielwissende Mensch mit seiner dualen Logik des Endlichen aufhält, weil und solange er nicht mit dem Undenkbaren und Unberechenbaren, also dem ‹Wunder› oder dem ‹Durchbruch› des Geistes, ‹rechnet› wie der Glaube.

Der Weg des Glaubens führt durch die ‹Wüste› (vgl. Mk 1,2f), hebräisch *midbar*, was dem Wortstamm *dawar* oder *daber* erwächst: ‹Wort› und ‹sprechen›. Auf dem Weg durch die ‹Wüste› kommt somit das Wort, der *Logos* oder der Sinn der Welt zum Menschen. Glauben heißt, dem göttlichen Logos im biblischen Menschenwort ge-horsam zu folgen: „Der Zug geht durch den 7. Tag, durch die Wüste, die sich zwischen dem 6. Tag als Mizrajim und dem 8. Tag als Kanaan erstreckt."[23] Der 6. Tag, an dem der Mensch männlich-weiblich erschaffen wird, steht für die Körperwelt und Körperzeit. Deshalb sind es „600 000 Mann", die aus ‹Ägypten› durch das ‹Wasser› hindurch herausgeführt werden (Ex 12,37), während die „600" Streitwagen des Pharao mit ihren ‹Pferden› im Meer versinken (Ex 14,7-9).[24]

Der 6. Buchstabe *Waw* bedeutet ‹Haken› oder ‹und› im Sinn der Verbindung des Unteren mit dem Oberen oder des Diesseitigen mit dem Jenseitigen (also der Öffnung ‹nach oben› im Tempel oder des Opferpfahls). Durch diese Verbindung im ‹hochzeitlichen› Bund wird die Körperwelt (das ‹Weibliche›) geheiligt, wie es dann im Gedenken und Halten des 7. Tages oder Sabbats der Fall ist:

> „So heiligt der Mensch den Sabbat, so segnet er ihn, wenn er das Diesseitige mit dem Jenseitigen verbindet. Und *das* ist der Sabbat. Die Freude des Erlebens des Ewigen *hier*, in *dieser* Welt, mit der Braut, mit dem Weiblichen, das heiligt. Man nennt die Hochzeit, wo der Mann die Frau nimmt, ‹kidduschin›, das bedeutet ‹heiligen›."[25]

Dieses Halten des Sabbats ist dasselbe wie das Halten der Thora: „Wer immer den Sabbat hält, erfüllt die ganze Thora" (Rabbi Simon ben Jochai). Ähnlich bezeichnet Joseph Ratzinger den Sabbat als „die Zusammenfassung der Thora, des Gesetzes Israels".[26] Diese Zusammenfassung kann der

---

23 Weinreb, *Wunder* (Anm. 14), 113.

24 Vgl. F. Weinreb, *Buchstaben des Lebens. Das hebräische Alphabet*, Weiler i. Allgäu ²1990, 98. „Das Pferd, in der Bibel das Tier Ägyptens, schreibt man hebräisch 60-6-60" (ebd.). Nach der Überlieferung haben die jüdischen Frauen in Ägypten „immer nur Sechslinge geboren" (ebd). (Die Einheitsübersetzung ergänzt die 600 000 mit Frauen und Kindern zu „etwa 3 Millionen Personen" und mein dann: „Wahrscheinlich handelt es sich um eine symbolische Zahl, deren Bedeutung uns nicht mehr bekannt ist.")

25 F. Weinreb, *Der biblische Kalender. Der Monat Nissan*, München 1984, 16.

26 J. Ratzinger, *Unterwegs zu Jesus Christus*, Augsburg ²2004, 29.

Sabbat sein, weil beim wahren Gottesdienst am 7. Tag in der Kontemplation des Herzens (*sursum corda*) das Körperliche auf das Seelische hin überstiegen wird (der analoge Sonntag ist der Tag der ‹seelischen Erhebung›). Augustinus sagt es im Hinblick auf die Heilung von zwei ‹Blinden› (Mt 20,30-34) unmittelbar vor dem Einzug Jesu in Jerusalem und der ‹Reinigung› des Tempels so:

> „Die ganze Arbeit in diesem Leben von uns, Brüder, besteht also darin, das Auge des Herzens zu heilen, damit es Gott sieht. Dazu werden die hochheiligen Geheimnisse zelebriert, dazu wird das Wort Gottes gepredigt; deshalb werden die sittlichen Ermahnungen der Kirche gegeben [...]. Die Sonne, die wir mit gesunden Augen sehen wollen, hat sicherlich Gott gemacht. Weit mehr und viel lichtvoller ist jener, der sie gemacht hat. Es ist nicht das Licht nach Art der Sonne, das das Auge des Geistes trifft. Dieses Licht ist die ewige Weisheit. Gott hat dich, Mensch, nach seinem Bild gemacht. Sollte er dir nicht etwas gegeben haben, damit du die Sonne siehst, die er gemacht hat? Und sollte er dir nicht etwas geschenkt haben, damit du den siehst, der dich nach seinem Bild geschaffen hat? Er gab dir auch dieses. Beides gab er dir. Wie sehr liebst du diese deine äußeren Augen, und wie sehr vernachlässigst du jenes innere Auge. [...] Nachdem er [Adam] gesündigt hatte, war sein Auge verletzt, und er begann, das göttliche Licht zu fürchten ... Er floh die Wahrheit und suchte die Schatten."[27]

27 Zit. nach H. Schade, *Lamm Gottes und Zeichen des Widders. Zur kosmologisch-psychologischen Hermeneutik der Ikonographie des „Lammes Gottes"*, hg. von V. H. Elbern, Freiburg u.a 1998, 185f, Anm. 191. Dazu H. U. von Balthasar, *Herrlichkeit. Eine theologische Ästhetik*, Bd. II: *Fächer der Stile*, T. 1: *Klerikale Stile*, Einsiedeln ²1969, 95-144 (Augustinus): bes. 100-108 (Das Auge, das Licht und die Einheit).

Die Heilung des *oculus contemplationis*, des schauenden Auges des Herzens, das im Sündenfall mit dem Einzug der dämonischen Laster ‹unrein›, ‹finster› und ‹blind› wurde (vgl. Mt 6,23), ist gleichbedeutend mit dem Auszug aus ‹Ägypten› und dem Weg durch die ‹Wüste› im Erlernen des Glaubens. Damit der Glaube in die beseligende Gottesschau mündet, ist auch noch der 7. Tag auf den 8. Tag (Sonntag) der Auferstehung hin zu überschreiten. Dieser 8. Tag bleibt wie die 500 stets zukünftig, ragt aber im erleuchteten Glauben doch auch schon in den 7. Tag oder die gläubige Seele hinein. Eben dadurch unterscheidet sich aber der Mensch wesentlich vom ‹Affen› (was *Kof* auch bedeutet): dass er zum Neuen durchbricht, das aus dem ‹Alten› nicht ableitbar ist. Denn der ‹Affe› ist derjenige, der bloß nachtut oder ‹nachäfft›, was vorgegeben ist:

> „Wenn der Mensch am Alten hängenbleibt, wenn er nur nachschwatzt, wenn er nur nachtun will, wird der Mensch zum Affen. Er darf nicht vergessen, dass sein Wesen seine Einmaligkeit ist. Sein Menschsein ist der Weg, der Weg durch die Wüste."[28]

6., 7. und 8. Tag als Karfreitag, Karsamstag und Ostersonntag (*Triduum sacrum*) spielen in der christlichen Erlösungsvorstellung eine entscheidende Rolle: Christus wird am 6. Tag gekreuzigt und ist 6 Stunden am Kreuz; am 7. Tag steigt seine lebendige Seele hinab ins ‹Totenreich› und befreit die auf die Erlösung hoffenden ‹Sünder› (vgl. 1 Petr 3,19), um am 8. Tag leibhaftig aufzuerstehen. So sagt Irenäus von Lyon: „Er [Christus] kam zur Passion, einen Tag vor dem Sabbat, dem sechsten Schöpfungstag, an dem auch der Mensch gebildet wurde, indem er ihm die zweite Erschaffung, die ihn dem Tod entriss, durch seine Passion schenkte."[29] Und

---

28 Weinreb, *Wunder* (Anm. 14), 113.

29 Adv. haer. V 23,2. Vgl. F. Weinreb, *Die Freuden Hiobs. Eine Deutung des Buches Hiob nach jüdischer Überlieferung*, Zürich 2006, 425; 435f; ders., Buchstaben

Bonaventura erklärt im ‹Sechstagewerk› oder *Hexaemeron* (von 1273):

> „Am sechsten Tag wurde der Mensch als Herrscher der Tiere [= ‹animalische› Energien des Leibes] geschaffen... Es entspricht dem sechsten [Weltzeit-] Alter, von Christus bis zum Weltenende. Und im sechsten Alter ist Christus geboren, am sechsten Tag wurde er gekreuzigt, im sechsten Monat nach der Empfängnis des Johannes wurde er empfangen. Die Weisheit also ist im sechsten Alter Fleisch geworden. Das siebte Alter eilt mit dem sechsten, es ist die Ruhe der Seele nach dem Leiden Christi. – Darauf folgt das achte Alter, die Auferstehung... Das ist die Rückkehr zum ersten, denn nach dem siebten Tag geschieht der Rücklauf zum ersten."[30]

Die Befreiung aus ‹Ägypten› und die Erlösung von Sünde und Tod im Kreuz sind also letztlich dasselbe Heilsgeschehen (weshalb Ex 14,15 – 15,1 auch Lesungstext in der Feier der Osternacht ist). Wie der 6. Tag für die Vergangenheit und der 8. Tag für die von Gott kommende Zukunft des Reiches Gottes steht, so der 7. Tag für die Gegenwart der Seelenwelt (des Bewusstseins) als ‹Weg› des Glaubens vom ‹Tod› zum ‹Leben›: vom desintegrierten (‚ungerechten›) Dasein des Sünders, auch des selbstgerechten ‹Pharisäers›, zur

(Anm. 24), 127.

30 Lat.-deutsche Ausgabe, übers. u. eingel. v. W. Nyssen, München 1964, 475 = XV,17. Zur Sechszahl wird Augustinus (De Gen. IV,7,14) zitiert: „Die Sechszahl ist nicht darum vollkommen, weil in ihr Gott die Welt geschaffen hat, sondern deswegen schuf er die Welt in dieser Zahl, weil sie vollkommen ist" (Hex. IV,16). Die Vollkommenheit der 6 besteht darin, dass die Summe all ihrer Teiler die Zahl selbst ist: 1 + 2 + 3 = 6 (der Kohlenstoff als chemisches Grundelement des Lebens hat die Ordnungs- und Kernladungszahl 6, Zucker hat 6 Kohlenstoffatome; der Grundbaustein der Organik ist der Sechs-Ring = Benzolring). Unser Sexagesiamlsystem zur Zeitmessung basiert ganz auf der Sechszahl: 60 Sek. und 60 Min., 4 x 6 Stunden sind 1 Tag, 2 x 6 Monate ein Jahr (die psychische Reifung des Menschen geschieht in Sechs-Jahres-Schritten).

Gerechtigkeit oder vom ‹Affen›-Menschen zum Gott entsprechenden Menschen.

Der Glaubensweg Israels durch die Wüste führt über 42 Stationen (vgl. Num 33,1-50). Die Zahl 42 ist das Produkt von 6 x 7, sie symbolisiert also die integralen Einheit von Körper und Seele. Deshalb wird auch Jesus auf dem ‹Weg› der 42 Generationen seit Abraham *‹jungfräulich›* geboren (Mt 1,1-17), womit der Durchbruch des unableitbar Neuen gemeint ist analog zur Auferstehung. Auch der ‹Stern› (hebr. *kochab*, 20-20-2 = 42), der die Weisen aus dem Morgenland auf ihrem ‹Weg› des Glaubens zum göttlichen ‹Kind› in der Krippe in Bet-lehem führt, hat die Zahl 42 (Mt 2,1-12).[31] Wie nach sechs Wochen der Durchbruch vom Körperlichen zum Seelischen geschieht, so nach sieben Wochen (7 x 7) der vom Seelischen zum göttlichen Geist in der Zahl 50. Das Markus-Evangelium er-zählt deshalb den ‹Weg› Jesu (Mk 1,2) von der Taufe bis zum Kreuz in sieben Wochen mit der Passion als 7. Woche und der Auferstehung am 8. bzw. 50. Tag, „als eben die Sonne aufging" (Mk 16,2). Pfingsten, die Herabkunft des Schöpfergeistes ‹von oben› am ‹50. Tag› (*pentecoste*) nach Ostern, entspricht also dem 8. Tag nach der 7-Tage-Schöpfung. Auch im Judentum führt die Überwindung der moralisch-seelischen ‹Unreinheit› (*Tumah*) der Laster „über 49 Stufen der Reinigung. Darum also der Ab-

31 Der kalabresische Abt Joachim von Fiore hat die Zahl 42 seiner Geschichtsallegorese zugrunde gelegt. Indem er sie mit den 30 Jahren als Lebensspanne einer Generation multiplizierte, erreichte er die Zahl 1260. Im Jahr 1260 sollte nach dem Zeitalter des Vaters (Altes Testament) und dem Zeitalter des Sohnes bzw. der Kleriker-Kirche (Neues Testament) das 3. Zeitalter oder 3. Reich des Geistes bzw. die ‹gereinigte› Geistkirche (Johanneskirche) der kontemplativen Mönchsorden folgen. Hier wird die biblische Zahlensymbolik also nicht entsprechend der (gegensätzlichen) Bedeutung der Zahlen 6 und 7 *real-symbolisch* oder sakramental, sondern *real-historisch* oder linear gelesen – mit weitreichenden Folgen bis hin zum linearen Geschichts- und Fortschrittsdenken der Aufklärung, das sich auf Joachim bezieht.

stand in der Zeit zwischen Pessach und Schawuot" (= Wochenfest oder Pfingsten).[32]

In der Erzählung von Abraham nimmt die Geschichte vom (reinigenden) Gerichtsfeuer Gottes über Sodom und Gomorra eine besondere Stellung ein. Aus diesen Ort werden Lot und seine Töchter von Gott herausgeführt, während die Frau Lots, weil sie auf den verlorenen ‹Reichtum› in Sodom zurückblickt, zur Salzsäule erstarrt (Gen 19,12-26). Friedrich Weinreb kommentiert:

> „Wenn du dich aber vom Gewesenen nicht trennen kannst und deine Zukunft aus der Vergangenheit heraus planst, erstarrst du und trittst auf der Stelle. Das Ziel kommt nie näher. [...] Das alles spielt sich im 100. Jahr [Abrahams] ab. [...] Setze dein Vertrauen in die andere Seite und du wirst ihn erleben: den Sohn, von dem du nicht glauben konntest, dass er auf diese Weise kommen würde. Die andere Seite erweckt den Sohn. Nicht du machst ihn. Deine Kausalität ist hier machtlos. Das Nadelöhr ist dazu da, dass man hindurchgehe."[33]

Das Nadelöhr oder *Kof* = 100 ist der Anfang des unableitbar Neuen der Zukunft (der Reihe der Hunderter). Abraham ist der Gerechte und gesegnete Vater vieler Völker, ja der Segen der ganzen ‹Erde› (Gen 12,2f), weil er zum Glauben durchbricht, was im Beschneidungsbund (als Typos der Taufe = Beschneidung des Herzens) zum Ausdruck kommt. Durch ihn, durch die Einfügung des *He* (5. Buchstabe) als Hauch des Geistes, werden – wie schon gesehen – aus Abram und Sarai Abra*h*am und Sara*h*. Ihre Vereinigung (5 und 5) ergibt die 10 der Ganzheit und Vollkommenheit im Sohn *J*izchak, der dann im ‹Aufstieg› auf den Morijah (= JHWH ist mein

32 P. P. Grün, *Im ewigen Kreis. Zum jüdischen Kalenderjahr*, Bern 1980, 55.

33 Weinreb, *Wunder* (Anm. 14), 112.

Lehrer) ‹geopfert›, das heißt dem einen göttlichen Ursprung ‹näher gebracht› wird. Der Ort dieses Opfers (der letzten, 10. ‹Prüfung› Abrahams) heißt JHWH-Jire (Der Herr sieht): „wie man noch heute sagt: Auf dem Berg lässt sich der Herr sehen" (Gen 22,14).

4. Der Tempel als Ort der Öffnung des Himmels

Das Wiedererlangen des ‹Sehens Gottes› nach dem Blindwerden im Sündenfall ist das Ziel der ganzen biblischen Offenbarung. Isaak trägt dazu die ‹Hölzer› für das Brandopfer auf seiner Schulter den (Tempel-)Berg hinauf; Jesus, der neue Isaak, wird das Holz des Kreuzes auf den Berg Golgatha hinauftragen (vgl. Joh 19,17). Weinreb deutet die ‹Hölzer› (Plural) auf die beiden Paradiesbäume als den beiden Seiten der Wirklichkeit. ‹Baum›, hebr. *ez*, wird mit Ajin und Zade geschrieben: „Ajin, die Sicht auf das Leben, und Zade, das Herausgezogenwerden aus dem Leben."[34] Der Gerechte, hebr. *Zadik*, ist jener ‹Menschenfischer› (vgl. Mt 4,19), der mit der *Zade*, dem fünftletzten Buchstaben in der Bedeutung von ‹Angelhaken›, die Menschen aus dem Fließenden der Zeit herausfischt: „aus der Gefangenschaft im Zeit-Räumlichen".[35]

Zade mit dem Zahlenwert 90 ist der Buchstabe vor dem Kof. Sarah ist beim ‹Durchbruch› des Sohnes ‹90› Jahre alt und Abraham ‹100› (Gen 17,17; 21,5). Der vom Geist geführte Weg des Glaubens führt immer in die Dunkelheit der 9 (90), des ‹Geburtsschoßes› und ‹Grabes› zugleich, um so

34 Weinreb, *Buchstaben* (Anm. 24), 138. Ajin = 70 bedeutet ‹Auge›: die Potenz zur Ein-sicht. Der volle Wert von Ajin (Ajin-Jod-Nun oder 70-10-50) ist 130; denselben Wert hat der ‹Sinai› (60-10-50-10 = 130). Es bedeutet die Versammlung der Vielheit des Wissens und Sehens zur Einheit des Glaubens und Ge-wissens (130 wie 13: 6 + 7 auf der Ebene der Zehner): „Das Auge kann also die Einheit sehen", wenn es (wie im Glauben) das ‹verborgene› Sehen mit einbezieht – ebd. 123f.

35 Vgl. ebd. 132. Dazu vgl. das Interview mit Isa Vermehren, „Ich hing am Angelhaken", in: Der Spiegel, 19. Januar 2004, 145f: „Wenn man so wie ich von der Gottesfrage umgetrieben wird, dann wird man wie am Angelhaken herumgeführt, bis sich die entscheidende Frage nach Gott stellt" (146).

durch diesen ‹Tod› hindurch ins Licht der Auferstehung zu gelangen, worin die Gerechtigkeit besteht:

> „Aufgrund des Glaubens brachte Abraham den Isaak dar, als er auf die Probe gestellt wurde, und gab den einzigen Sohn dahin, er, der die Verheißung empfangen hatte und zu dem gesagt worden war: Durch Isaak wirst du Nachkommen haben. Er verließ sich darauf, dass Gott sogar die Macht hat, Tote zum Leben zu erwecken; darum erhielt er Isaak zurück. Das ist ein Sinnbild" (Hebr 11,17-19; vgl. 11,11).

Der Ort, wo Abraham das heilbringende Opfer seines ‹geliebten Sohnes› darbringt, ist jener ‹Berg›, auf dem später der Jerusalemer Tempel erbaut wird. Das Sohnesopfer figuriert daher als Vor-bild aller späteren Tempelopfer. Der Sinn dieses (verhinderten) Opfers besteht nicht darin, Menschopfer zu ächten und als gottunwürdig zu brandmarken (wie heute bisweilen noch gesagt wird). Vielmehr geht es um den ‹Aufstieg› aus der ‹Zweiheit› (vgl. die ‹zwei› zurückbleibenden Jungknechte V.5) oder dem Gegensatz von Seele und Leib zur Einheit der Gottesschau. Abraham und Isaak werden in dem ganzen Aufstiegsprozess immer mehr ‹einer›, so wie beim Kreuzesopfer der Vater und der Sohn ‹eins› sind. Dass Abraham anstelle des Sohnes durch den Wink des Engels aus dem geöffneten Himmel (V. 12) den Widder aus dem ‹Baum› opfert, bedeutet gerade nicht, dass er den Sohn nicht geopfert hätte: Vielmehr wurde nach jüdischem Verständnis das Sohnesopfer durchaus vollzogen – mit einer eschatologischen Heilsbedeutung für die ganze Welt. Denn durch dieses Opfer steht erst der Himmel offen, so dass der wahre Kult in diesem Himmels als wahrem Heiligtum möglich ist. Joseph Ratzinger schreibt dazu:

> „Das jüdische Denken hat sich immer wieder jenem geheimnisvollen Augenblick zugewandt, in dem Isaak gebunden auf dem Altar liegt: Israel hat darin

> oft genug seine eigene Situation erkennen müssen, im gebundenen Isaak, gegen den sich das Messer des Todes kehrt, sich selbst gesehen und so von ihm her versucht, Hoffnung zu finden, sein eigenes Geschick zu verstehen. Es hat gleichsam in Isaak der Wahrheit des Wortes nachgelauscht: Gott wird vorsorgen. So erzählt jüdische Überlieferung, dass Gott in dem Augenblick, da Isaak einen Angstschrei ausstieß, den Himmel aufriss, wo der Knabe die unsichtbaren Heiligtümer der Schöpfung und die Chöre der Engel erblickte. Damit hängt eine andere Tradition zusammen, wonach Isaak den gottesdienstlichen Ritus Israels geschaffen habe; darum sei der Tempel nicht auf den Sinai, sondern auf den Morijah gebaut worden. Alle Anbetung kommt demnach gleichsam aus diesem Blick Isaaks heraus – aus dem, was er dort geschaut und von daher vermittelt hat.“[36]

Von zentraler Bedeutung für das Verständnis der Erzählung ist der Widder, womit das gleichnamige Frühlingszeichen des Tierkreises gemeint ist – als himmlisches oder kosmisches Urbild des Paschalammes, das in der Nähe zum Frühlingsäquinoktium im Tempel zu schlachten war. Die Tagundnachtgleiche im Frühling (nach dem Julianischen Kalender der 25. März) symbolisiert den ‹Anfang› des Jahres und zugleich der Schöpfung. Das ‹Lamm› ist deshalb

36 J. Ratzinger, *„Das Lamm erlöste die Schafe." Betrachtungen zur österlichen Symbolik*, in: ders., *Schauen auf den Durchbohrten. Versuche zu einer spirituellen Christologie*, Einsiedeln 1994, 87-101; hier 96f. Dazu vgl. Vorgrimler, *Geschichte* (Anm. 1), 267-270 (Ratzinger): „Himmel als Einswerden mit Christus hat somit den Charakter der Anbetung; in ihm ist der vordeutende Sinn jedes Kultes erfüllt: Christus ist der endzeitliche Tempel (Joh 2,19), der Himmel das neue Jerusalem, die Kultstätte Gottes" (zit. 268). „Der Heil des einzelnen ist ... ist erst ganz und voll, wenn das Heil des Alls und aller Erwählten vollzogen ist, die ja nicht einfach nebeneinander *im* Himmel, sondern miteinander als der eine Christus [= Tempel] der Himmel sind. Dann wird die ganze Schöpfung ‹Gesang› sein..." (zit. 270). Ausführlich zur Auslegung von Gen 22,1-14 vgl. Hälbig, *Hochzeit* (Anm. 8), 440-471.

geschlachtet „seit Anbeginn der Welt" (Offb 13,8; vgl. 1 Petr 1,20). Ja, die Welt besteht überhaupt nur, weil sie im Selbstopfer Gottes gründet, der – sich zurückziehend – in sich selbst Raum für seine Schöpfung einräumt. Nach Franz von Baader kann im eigentlichen Sinn nur bei Gott selbst von einem ‹Selbstopfer› die Rede sein, weil nur er aufgrund seiner Seinsfülle vollkommen unbedürftig und selbstlos ist und die Welt nicht zu seinem ‹Herr-sein› braucht, sondern sich zu ihrem ‹Diener› machen kann: „Das Opfer und der Dienst Gottes an der Welt ist das freieste Verhältnis, das sich für das Verhältnis Gottes zur Welt denken lässt."[37]

In diese Freiheit von der Körperwelt ist auch der Mensch gerufen, um der sich darin ausdrückenden selbstlosen Liebe Gottes in Liebe zu antworten. Ihr Symbol ist der Sabbat, der 7. Tag des Festes und des Gotteslobs nach den 6 kosmischen Werk-Tagen. Analog zu diesem Verhältnis 6-1 werden im Buch Genesis sieben Träume erzählt, sechs (3 x 2) davon im Josefs-Zyklus und einer von Jakob = Israel.

Jakob träumt von einer Leiter, die von der Erde zum Himmel reicht und so die Verheißung des Bundes und des Segens Gottes für alle ‹Geschlechter der Erde› erneuert. Denn – so wird ihm von Gott im Traum zugesagt – „ich verlasse dich nicht, bis ich vollbringe, was ich dir versprochen habe" (Gen 28,15). Jakob erwacht aus seinem Traum und sagt: „Wirklich, der Herr ist an diesem Ort, und ich wusste es nicht"; und von Gottesfurcht ergriffen ruft er aus: „Wie ehrfurchtgebietend ist doch dieser Ort! Hier ist nichts anderes als das Haus Gottes und das Tor des Himmels" (Gen 28,16f). Er salbt den ‹Stein›, auf dem sein Haupt beim Schlafen ge-

---

37 Zit. nach P. Koslowski, *Philosophien der Offenbarung. Antiker Gnostizismus, Franz von Baader, Schelling*, Paderborn u.a. 2001, 794-802 (Das Selbstopfer als Ausdruck der Freiheit und Vollkommenheit Gottes), hier 799. Zur Widder-Lamm-Symbolik s.o. Anm. 27 die Studie von H. Schade. Ratzinger (Anm. 36) verweist auch auf Pascha und den Frühlingsvollmond als „Zeichen, das wirklich zur Osterbotschaft gehört" (95), begründet den Zusammenhang von Kreuz bzw. Lamm und Frühling aber nicht vom ‹Anfang› der Schöpfung im Zeichen ‹Widder› her.

legen hat, mit Öl und nennt den Ort *Bet-El*: Haus Gottes, hinzugefügt wird: „Früher hieß die Stadt Lus" (Gen 28,19).

Lus ist im Hebräischen das Wort für ‹Mandel›. Der Mandelbaum blüht als erster noch im Winter und verheißt so die Wende vom Tod zum Leben, von der Nacht zum Licht. Nach jüdischer Überlieferung wird die Mandel als 8. Frucht gezählt, und diese Zahl 8 hat es – wie wir gesehen haben – immer schon mit der Erlösung und Neuschöpfung jenseits der 7-Tage-Schöpfung zu tun. Friedrich Weinreb erklärt den Jakobstraum von daher so: „Jakob legt sich also an den Ort der Mandel, den Ort des achten Tages, den Ort der Erlösung. Dann sieht er den Himmel sich öffnen und schaut Gott" – Gott als den ganz Anderen zum Irdischen und Sterblichen des 6. Tages und deshalb Furcht erregend.[38]

Der Ort, wo der unsichtbare Gott sichtbar, schaubar, anrufbar wird, ist das Heiligtum oder ‹Haus Gottes› als heiliger (nicht-weltlicher) Ort, und hier wiederum ist der Altarraum und der Altar selbst, das heißt der in der Altarweihe gesalbte ‹Stein›, der eigentlich heilige Ort, wo der Himmel sich in der Feier des Glaubens-Mysteriums öffnet. Die frühen Christen gingen deshalb bald dazu über, die Reliquien von Märtyrern, also von heiligen und damit so ganz ‹anderen› Menschen, in den Altar einzumauern und ihn damit als heiligen Ort zu weihen. Denn im Geist und Herzen der heiligen Märtyrer war der Himmel offen, so dass in der Partizipation an ihrem heiligen Leben und Sterben diese innere Himmelsöffnung auch für die anderen, weniger heiligen, noch im Kampf mit den Lastern der Welt befindlichen Menschen zugänglich wurde. Schon der erste christliche Märtyrer Stephanus sagt ja bei seiner Steinigung: „Ich sehe den Himmel offen und den Menschensohn zur Rechten Gottes stehen" (Apg 7,56). Zuvor hatte Stephanus mit den jüdischen Autoritäten er-örtert, wie es sich mit dem heiligen Ort, dem Haus Gottes oder dem Tempel verhält:

38 Weinreb, *Astrologie* (Anm. 21), 162.

> „Der Höchste wohnt nicht in dem, was von Menschenhand gemacht ist, wie der Prophet [Jesaja] sagt: ... ‹Was für ein Haus könnt ihr mir bauen? spricht der Herr. Oder welcher Ort kann mir als Ruhestätte dienen? Hat nicht meine Hand dies alles gemacht?›" (Apg 7,48-50).

Gott als der Ganz-Andere wohnt nicht im von Menschenhand gemachten Tempel aus Stein, sondern in dem, was keine Menschenhand machen kann: in dem ‹einen› Tempel des auferstandenen, durch und durch heiligen Leibes Christi, des einen wahrhaft Gerechten, in dem die vielen Gerechten eins sind. Im Joh-Evangelium sagt Jesus zwar nicht: ich bin der wahre Tempel, wohl aber: „Ich bin das Tor, wer durch mich hineingeht, wird gerettet werden" (Joh 10,9). Von daher hat die Tradition einen Bezug zwischen der Öffnung der Herzwunde und dem Hervorquellen von Blut und Wasser (Joh 19,34) zur Öffnung der lebensspendenden Tempelquelle „nach Osten", zum verborgenen Ursprung, in der Ezechiel-Vision vom Neuen Tempel (Ez 47,1f) gesehen.[39] Denn in seiner Auferstehung erbaut das fleischgewordene Wort den Leib als neuen Tempel der Anbetung des Vaters ‹im Geist und in der Wahrheit› (Joh 2,21f; 4,23), in dem (wieder) die „Herrlichkeit des Herrn" wohnt (vgl. Joh 1,14; 2,11), die nach Ez 43,4 durch eben dieses ‹Ost-Tor› einzieht.

---

39 Vgl. Ratzinger, *Jesus* (Anm. 11), 289f. Zum Osten als Geist-Ursprung vgl. Weinreb, Wunder (Anm. 14), 169; 173f; 185. Norden (Farbe rot) und Westen (Farbe blau) gehören dabei ebenso zusammen wie der Osten als Richtung des Ursprungs (Geist, Luft) in der Farbe Gelb (Gold) und der Süden (Geistseele, Feuer; Farbe weiß), wobei die genaue Zuordnung wegen der „Wechselwirkung" im Geistigen und Körperlichen nicht möglich ist (213). Im Hohelied der Liebe sagt die ‹Braut›: „Mein Geliebter ist weiß und rot" (5,10), also geistig-leiblich. Die vier Himmelsrichtungen bilden auch ein Himmelskreuz. „Am Kreuzpunkt der [vier] Wege steht der Mensch als Waw" (213). Ihm entspricht der ‹Ur-Mensch› oder Adam *Kadmon* (= vom Osten), „der Adam, der vorher ist", der wiederum in Josef (vgl. Gen 39,6) verkörpert ist – vgl. Weinreb, *Buchstaben* (Anm. 24), 21.

5. Der Grundstein der Schöpfung als Verbindung von Zeit und Ewigkeit

Die heutige Welt hat die Gottesfurcht angesichts des Heiligen als ‹Anfang der Weisheit› weitgehend verloren; selbst das Staunen über das Geheimnis und das Un-glaubliche dieser Welt (dass sie ist und nicht vielmehr nicht ist) kennt sie kaum noch. Der große jüdische Religionsphilosoph, Theologe und Mystiker Abraham Joshua Heschel (1907-1972), Nachfolger Martin Bubers am Jüdischen Lehrhaus in Frankfurt/Main, der zusammen mit Kardinal Augustin Bea die Erklärung des II. Vatikanischen Konzils ‹Nostra aetate› über das Verhältnis der Kirche zu den nichtchristlichen, also zu den ‹anderen› Religionen und insbesondere zum Judentum als der ‹nicht-anderen› Religion, vorbereitet hat, unterstreicht die Bedeutung dieser Ehrfurcht für alles Lernen und das Menschsein des Menschen. Die „Anbetung [!] der Macht", schrieb er 1960 in einem Essay über „Kinder und Jugendliche", habe die menschliche Person zu einer Sache gemacht und „unsere Weltsicht verzerrt":

> „Die Verdinglichung der Welt führt zum Zerfall des Menschen. [...] Es gibt kein Gefühl für Verantwortung ohne die Achtung vor dem *Erhabenen in der menschlichen Existenz*, ohne ein Gefühl für Würde, ohne Treue gegenüber dem Erbe, ohne das Bewusstsein der Transzendenz des Lebens. [...] Unser Bildungssystem steht in der Gefahr, das *Gefühl des Menschen für Staunen und Geheimnis* zu ersticken, seinen Sinn für das Unaussagbare eher zu unterdrücken als zu entwickeln." Und: „Wenn wir unser Empfinden für das Unsagbare nicht beständig pflegen, wird es uns schwerfallen, offen zu bleiben für die Bedeutung des Heiligen."[40]

40 A. J. Heschel, *Die ungesicherte Freiheit. Essays zur menschlichen Existenz*, Neukirchen-Vluyn 1985, 36-40 und 143 (Erneuerung des Protestantismus, 1963).

Um dieses Unsagbare und Heilige in der Welt zu benennen, verwenden die alten Kulturen mythische Bilder und Symbole. Solche bildhafte Rede hebt den Geheimnischarakter der Welt und des Menschen nicht auf, sondern bringt ihn *als solchen* zur Sprache. Die Welt ist im Licht des Mythos kein „stummes Weltall" (B. Pascal) und kein totes Universum, sondern wird zu einer Mitteilung und Botschaft der Liebe Gottes, wie auch die Dinge zu (heiligen) Zeichen und Symbolen werden, die einen tieferen Sinn offenbaren. Die Welt wird im symbolischen Verständnis zur ‹Schöpfung›, zur zeichenhaften ‹Spur' und Selbstoffenbarung des lebendigen Gottes. Denn im Symbol (von *sym*-ballein = zusammenfügen der zwei Seiten) sind sinnliche und geistige Welt untrennbar ‹hochzeitlich' verbunden (im Gegensatz zum *Dia*-bolischen).[41]

Für das Verständnis der Welt als Schöpfung ist dabei der Sabbat grundlegend. Von ihm her ist für Heschel das Judentum die „Religion der Zeit"; entsprechend ist auch das „Heiligtum, das wir bauen, ein Heiligtum der Zeit", und er spricht von der „Vision eines Fensters, das sich aus der Ewigkeit zur Zeit hin öffnet".[42] Dieser Sabbat als Fundament des Zeit-Heiligtums ist letztlich jener ‹Grundstein›, den die ‹Bau-Leute› (Thora-Gelehrte) verworfen haben und der am Kreuz zum ‹Eckstein› geworden ist (Mt 21,42; 1 Petr 2,4-6; Ps 34,9; 1 Kor 3,9-11). Gemeint ist damit der *ewen schetijah* als Zentrum des Tempel-Heiligtums; von ihm heißt es in einem jüdischen Midrasch:

Zu Heschel vgl. M. Heymel, *Abraham Joshua Heschel: Mystiker und Denker auf der Spur der Propheten*, in: Meditation 4/2001, 28-31.

41 Vgl. Marcus, *Spiritualität* (Anm. 2), bes. 32: „Wenn wir nicht fähig sind, das Symbolon klar zu fassen, hat der Diabolos, der Verführer, seine Chance." Und 118: „Das Verstehen der Wirklichkeit ereignet sich im Zwiegespräch mit der Welt. Menschen sind deutende Wesen. [...] Das symbolische Deuten der Welt übersteigt die Welt."

42 Zit. nach St. Wahle, *Gottes-Gedenken. Untersuchungen zum anamnetischen Gehalt christlicher und jüdischer Liturgie*, Innsbruck u.a. 2006, 267.

> „Das Land Israel liegt in der Mitte der Welt und Jerusalem in der Mitte des Landes Israel und das Heiligtum in der Mitte Jerusalems und das Allerheiligste in der Mitte des Heiligtums und die Lade in der Mitte des Allerheiligsten und der Stein Shethiah vor der Lade, denn von ihm aus ist die Welt gegründet worden.“[43]

Gewissermaßen sechs Kreise bilden das Weltgefüge mit dem Grund- und Maßstein in der innersten (7.) Mitte, der die Welt trägt und zusammenhält. Wie der Lebensbaum in der Mitte des Tempelgartens „der Baum des Seins und Werdens in einem“ ist[44], so auch drückt der *schetijah* diese Einheit von Sein und Werden aus, nämlich in der Einheit der beiden letzten Buchstaben *Schin* (300) und *Taw* (400) (im Deutschen s und t), die mit der Endung des (abgekürzten) Gottesnamens *Jah* das Wort *scheti-jah* bilden.

> „Auf diesem Stein bringt, nach der Überlieferung, Abel sein Opfer, dort kommt er Gott näher. [...] Von diesem Stein aus, sagt man, wird Henoch zu Gott in den Himmel genommen (1. Mose 5,22). Auf diesem Stein, heißt es, wird Isaak, der verheißene Sohn, Gott dargebracht, und auf dem ‹ewen schetijah› ruht im Tempel, der Wohnung Gottes, das Allerheiligste. Dort fließt es nicht, dort ist Stillstand, dort kommst du mit *Zeit* nicht hinein. Im Menschen kämpft fortwährend dieser Stein ‹schetijah› mit dem Fließenden des Stromes; seine Welt des Handelns, die dem Nehmen vom Baum der Erkenntnis, dem Baum der Kausalität, des Werdens entspricht, ist im Konflikt mit dieser Welt

---

43 H. L. Strack/ P. Billerbeck, *Kommentar zum Neuen Testament aus Talmud und Midrasch*, München 1922/ 1956, 3, 183. Zum Grundstein als 7. Tag vgl. Weinreb, *Tempel* (Anm. 13), 441 und 43f; dazu Schmitz, *Tempelkult* (Anm. 13), 264-272 (Der Stein im Zentrum des Tempels); Eliade, *Heilige* (Anm. 2), 40.

44 Weinreb, *Hiob* (Anm. 29), 443. Zur Identität des Lebensbaumes mit dem Wort Gottes oder der Thora vgl. ders., *Wunder* (Anm. 12), 146.

> des Stillestehens, der Welt vom Baum des Lebens. Der Stein, der stillsteht, ist der Felsen, aus dem das Wasser [das Fließende] kommt. Am Beginn des Weges schlägt Mose auf Geheiß Gottes mit dem Stab an den Felsen, berührt ihn, und Wasser kommt hervor (2. Mose 17,6).“[45]

Paulus identifiziert Christus mit diesem Felsen (1 Kor 10,4; vgl. Num 20,7-11). Nach Mt 16,18 baut Christus (mit seinem Kreuzestod) das ‹Haus› seiner heiligen Kirche als Gemeinschaft der in der Taufe Neugeborenen auf diesem Felsen auf, so dass die Mächte des Todes sie nicht überwältigen können. Das Wort *sch-th* ist zugleich Stamm des Wortes für ‹schweigen› und für ‹trinken›: „So gelesen, heißt also der Stein, das Trinken des Herrn›.“[46]

Origenes sieht im Gekreuzigten, aus dessen geöffneten Seite Blut und Wasser als Zeichen für Eucharistie und Taufe hervorströmen (Joh 19,34), den Felsen oder Grundstein, in dem er zugleich die ganze Schrift erkennt: „Wäre Christus nicht für uns geschlagen und gekreuzigt worden, so wäre das Wasser für uns nicht aus dem Felsen der Schrift gequollen.“[47]

Die Schrift, das Geschriebene und so ‹Körperliche›, ist hier der geist-lose ‹Buchstabe›, der nach 2 Kor 3,6 „tötet“,

---

45 Ebd., 442f. – Der ‹anstelle› des erschlagenen Abel gezeugte Sohn *Seth* bzw. Scheth (Gen 4,25) als „Grundlage der Generationen" nach Adam verbindet ebenfalls Schin und Taw (ebd. 431).

46 Weinreb, *Buchstaben* (Anm. 24), 147. Im Unterschied zum Essen oder zum Brot, das nur *geteilt* aufgenommen werden kann, geschieht beim Trinken die Aufnahme des *ungeteilten Ganzen*: „im Zeichen des Weines genießt man, was nicht körperlicher Natur ist; ob wir es Geist oder Seele nennen ... – es wird als Ganzes bewahrt" – Weinreb, Wunder (Anm. 14), 29; das Trinken aus dem Felsen bedeutet Ein-sicht in den Sinn (105f). Wein und Brot in der Eucharistie verhalten sich wie 1 und 4 (Seele und Leib, ‹Feuer› und ‹Erde›).

47 Zit. nach R. Voderholzer, *Die Einheit der Schrift und ihr geistiger Sinn. Der Beitrag Henri de Lubacs zur Erforschung von Geschichte und Systematik christlicher Bibelhermeneutik*, Einsiedeln u.a. 1998, 319.

während allein der Geist lebendig macht. Dieser Geist fließt aus dem Innern (den Eingeweiden, griech. *koilia*) des Gekreuzigten als „lebendiges Wasser" (Joh 7,38), das alles lebendig macht (vgl. Joh 6,63). Geistig wird die Schrift nicht als ‹toter Stein› und ‹Steinbruch› gelesen, sondern als im inspirierenden Geist lebendiges Ganzes, als innerer Weg und Zusammenhang, dem (in der Eucharistiefeier) das ‹Blut Christi› entspricht, in dem die vielen Glieder des Leibes eins sind, so wie die vielen Buchstaben der Schrift (ohne dass ein Jota fehlen dürfte) den einen göttlichen Sinn oder die Weisheit (Christus) bilden.

Wo die Zeit an ihrer ‹Grenze› (in der End-Zeit) zur Zeitgestalt des Ganzen wird, da werden die Körperwelt (der 400) und die Welt des Seelischen (der 300) oder Werden und Sein, Erscheinung und Wesen wieder eins. Das ‹Fließende› der horizontalen Zeit und das ‹Stehende› oder Substanzielle (*substare*) der vertikalen Ewigkeit sind dann in der 4-1-Struktur der Kreuzform als Symbol des ‹hochzeitlichen› ewigen Bundes (wieder) verbunden. Bei dem Religionsphilosophen Ferdinand Ulrich lesen wir dazu:

> „Die jüdische Überlieferung verbindet den Sinn des Mannes mit der ‹Erinnerung›. Er ‹freit›, ist Befreier durch die Erinnerung zum Ursprung, den Akt der Sammlung ins Wort. Er eint die sinnenhafte Vielfalt und Mannigfaltigkeit der leibhaftig erscheinenden Welt (Dimension des Weiblichen, Materiellen; des Leibes im Symbol der raumzeitlichen ‹4›) zu ‹1› des Wesens. Im Symbol der 1:4 (40, 400) wird der ‹Bund' ausgetragen. Ehe als Bund repräsentiert als Einheit von Mann und Frau die Versöhnungsgestalt von ‹Wesen und Erscheinung›, ‹Geist und Leib›, ‹Wort und Bild›, ‹Sein und Seiendem› ..."[48]

48 F. Ulrich, *Gegenwart der Freiheit*, Einsiedeln 1974, 15f, Anm. 4. Zur Grundstruktur des Kreuzes als Ursymbol vgl. Marcus, *Spiritualität* (Anm. 2), bes. 50-72.

Diese Kreuzform ist auch die Form der ganzen Schrift, die nicht mehr bloß ‹Wasser› ist, sondern durch den ‹Hochzeits›-Bund Gottes mit seiner Schöpfung im ‹Blut› des Gekreuzigten der neue, bessere ‹Wein› der Freude über die Nähe des ewigen Wortes Gottes, das die Zeit in *verwandelter* Weise enthält:

> „Gegen Ende des Weges sollen Mose und Aharon zum Felsen sprechen, damit er Wasser spende (4. Mose 20,8). Es bedeutet, jetzt, am Ende des Weges, spreche, das Wort bringt dir die Zeit, das Wort selbst enthält die Zeit. Wie doch auch das Wort der Bibel Zeit enthält, nicht fließende Zeit, sondern biblische Zeit, denn dort [in der Bibel] gibt es doch kein Vorher und kein Nachher, dort kann die Zeit rückläufig sein, die Wirkung früher als die Ursache."[49]

Die *Umkehr* der Richtung des vorwärts drängenden Zeitflusses in ein ‹Zurück› zum einen göttlichen Ursprung (vgl. Koh 1,7) bedeutet eine völlige Relativierung der irdischen, kausal determinierten Welt-Zeit vom Heiligen her (was auch der Sinn des Gebets als ‹Sprechen› mit Gott ist) und so die Erlösung der Zeit. Im Gekreuzigten ist der ‹Vorhang› (der Schleier der Maya oder der Dualität) vor dem Allerheiligsten zerrissen, steht der Zugang zu dem Einen und Ganzen jenseits der irdischen Zerspaltung und Zersplitterung wieder offen. In der Nachfolge des Gekreuzigten und Auferstandenen wird so auch das Herz oder Gewissen von allen „toten Werken" (Hebr 9,14) und allem ‹Vielwissen› gereinigt und damit zum innersten himmlischen Tempel als Ort der Ein-sicht und Anbetung „im Geist und in der Wahrheit" (Joh 4,23). Dieser (Anders-)Ort ist die wahre Mitte der Welt, wo der ewige Gott in seiner Herrlichkeit (wieder) geschaut wird (vgl. Joh 1,14; 2,11).

49 Weinreb, *Hiob* (Anm. 29), 443. Vgl. 423f: „Die Form des Menschen heißt auch ‹zur›, wie der Felsen ‹zur› heißt. Aus dem Felsen kommt das Wasser hervor... Das bedeutet, aus meiner Form, aus dem Leib, kommt die Zeit."

Fazit

Das Himmlische oder Heilige ist nach Rudolf Otto das Ganz-Andere, das *tremendum et fascinans*: Schauer und Ehrfurcht erregend und doch gerade so auch höchst anziehend. „Und ich", sagt Jesus im Johannes-Evangelium, „wenn ich [am Kreuz] von der Erde erhöht bin, werde alle an mich ziehen" (Joh 12,32). Jesus Christus ist im vierten Evangelium der Heilige und Gerechte Gottes schlechthin, der wahre heilige (Nicht-)Ort, das nicht von Menschenhand gebaute Haus oder der Tempel Gottes (vgl. ‹Jungfrauengeburt›) in Gestalt seines verklärten Auferstehungs-Leibes, wo der heilige Gott wahrhaft im Geist und in der Wahrheit ehrfürchtig angebetet wird. Er ist als der erhöhte Gekreuzigte das Mysterium von Gottes ‹törichter› Weisheit und ‹ohnmächtiger› All-Macht der Liebe, verborgen und unerkannt in der Welt des Vielwissens ohne innere Einheit (Joh 1,26; Mt 11,25-27).
Zugleich aber nimmt er in seiner Fleischwerdung ‹Wohnung› in der Welt, freilich nur bei denen, die sich – wie Maria – im Glauben ihrer ‹Niedrigkeit› (Humilitas) bewusst und so von Herzen demütig sind (Lk 1,48; vgl. Mt 11,29; Joh 1,11f). Die Einheit der Gegensätze von Gott und Welt, die *coincidentia oppositorum*, ist ohne solche tiefe Demut, die allein zur Weisheit führt, nicht denkbar. So ist der fleischgewordene Gekreuzigte – wie Nikolaus Cusanus im Hinblick auf den un-endlichen Gott jenseits der endlichen Gegensätze formuliert –, der ‹Nicht-Andere›: der ganz und gar innerlich nahe und menschliche.[50]

---

50 Dazu vgl. R. Panikkar, *Christophanie* (2006): „Wenn Du der Liebe erlaubst, in Dich einzudringen, dann kannst Du erkennen, der der Andere [= Gott] kein Anderes ist, sondern ICH, der das ICH schlechthin ist" – zit. nach Nitsche, *Gott* (Anm. 7), 429. Nitsche ergänzt: „Indem Christus solchermaßen das Andere in uns als unser nicht-anderes Selbst ist, gilt nicht nur, dass die menschliche Seele sich im MIR des Logos-Christus wiederfindet, sondern auch, dass die Seele ihr Urbild und Gleichnis in sich selbst suchen und finden kann. [...] Die Auforderung, das göttliche MICH im inneren der eigenen Seele zu finden und als das tiefste DU der Seele zu entdecken, kann religionsphänomenologisch und symbolisch

Dies bedeutet aber gerade keine Profanierung und Verweltlichung des Heiligen, sondern umgekehrt die Heiligung und Konsekration des Weltlichen in der Nachfolge Jesu auf dem Glaubens-Weg des Kreuzes: „Ihr werdet“, so verheißt Jesus seinen Jüngern, „den Himmel geöffnet und die Engel Gottes auf- und niedersteigen sehen über dem Menschensohn“ (Joh 1,51). Die Himmelsleiter des Jakobstraums ist in dieser Perspektive gar nichts anderes als das Kreuz, das ‹Himmel› und ‹Erde› verbindet oder Seele und Leib versöhnt. „Du [Kreuz]“, sagt ein Kreuz-Hymnus, „bist die sichre Leiter, darauf man steigt zum Leben, das Gott will ewig geben.“[51] Das Kreuz ist so in der Tat ein ‹anderer› Ort im Vergleich zu den Orten dieser Welt, ein Ort des priesterlichen Opfers und der königlichen Thronbesteigung: Altar und Thron zugleich als Ort sich hingebender Freiheit und so ganz ‹anders› als die weltlichen Altäre und Throne, Herrschaften und Gewalten.

Theodor Adorno und Max Horkheimer haben angesichts des Unheils in der Welt, aber auch von ihrem jüdischen Erbe her nicht mehr von ‹Gott› sprechen wollen, sondern lediglich von der „Sehnsucht nach dem ganz Anderen“. Sie unterstreichen damit die Andersheit und schlechthinnige Singularität Gottes, die ja auch schon darin zum Ausdruck kommt, dass Juden den heiligen Namen Gottes in dieser unheiligen Welt der Sünde nicht aussprechen (wozu die Gesamtheit der Vokale = alles Geistige zugleich zum Ausdruck gebracht werden müsste). Wie aber, wenn der drei-eine Gott sich in dieser Welt *selbst* ausspricht in seinem das All (4) tragenden einen Wort (Hebr 1,3) und geliebten Sohn, in dessen Hingabe in den Tod am Kreuz der Kosmos (4) Rettung und Heil (1) erfährt (Joh 2,16)? Und wie, wenn er sich so *selbst* sein himm-

---

vergleichend als Pilgerweg zu atman (Sankara), als Suche nach dem Sein (Parmenides) oder nach dem verheißenen Land (Moses) im Seelengrund begriffen werden.“

51 Gotteslob Nr. 184,4.

lisches Welt-‚Haus› jenseits aller Zweiheit baut (Joh 2,22)? Mircea Eliade schreibt:

> „Der religiöse Mensch empfindet ein tiefes Heimweh nach der ‹göttlichen Welt›, er sehnt sich nach einem Haus, das dem ‹Haus der Götter› gleicht, so wie es später die Tempel und Heiligtümer taten. In diesem religiösen Heimweh drückt sich der Wunsch aus, in einem Kosmos zu leben, der rein und heilig ist, so wie es im Anfang war, als er aus den Händen des Schöpfers [also gerade nicht aus Menschenhand] hervorging."[52]

Rein und heilig ist der Jerusalemer Tempel, weil in ihm der ewige Gott durch seinen Namen gegenwärtig wohnt. Ausgesprochen wird der heilige Gottesname einmal im Jahr am großen Versöhnungstag *Jom Kippur* vom Hohenpriester (als Mittler und Logos-Gestalt), wenn dieser in das Innerste des Allerheiligsten eintritt und dort mit dem Opferblut von Tieren die Bundeslade besprengt. Er ist damit der ‹Adam›, der Mensch im Bild und Gleichnis Gottes. Aber erst der sich selbst auf dem Altar des Kreuzes mit seinem eigenen ‹Blut› als ‹Lamm› für seine ‹Schafe› darbringende Gute Hirte und Hohepriester Christus ist der wahre Adam oder Mensch (vgl. Joh 19,5), indem er den Gottesnamen JHWH (10-5-6-5) als ewiges ‹Sein in der Zeit› oder als ‹Ich bin› (Ex 3,14; Joh 18,5.8) bis zum Ende am (Taw-)Kreuz ganz ausbuchstabiert. Denn in ihm sind die zwei Seiten Himmel und Erde, Seele und Leib (5 und 5) ganz eins geworden (vgl. Kol 1,19f), weshalb auf orthodoxen Ikonen der Kreuzestitel als ‹Ich bin› wiedergegeben wird.

Der volle Wert des Gottesnamens ist 186 (= $10^2 + 5^2 + 6^2 + 5^2$). Diesem Wert entspricht *Kof*, das ‹Nadelöhr›, in seinen Buchstaben ausgeschrieben (100-6-80 = 186); und er „ist auch der Begriff ‹makom›, 40-100-6-40 = 186, und ‹makom›

52 Eliade, *Heilige* (Anm. 2), 48 (zweiter Teil im Original kursiv). Zu dieser Sehnsucht vgl. Ps 27,4f; 127,1.

bedeutet ‹Ort› – Ausdruck in Zeit und Raum. [...] Die 10-5-6-5 in der Erfüllung formt diesen Ort"[53] – nämlich zum heiligen Anders-Ort.

53 Weinreb, *Wunder* (Anm. 14), 109. Das Nadelöhr hat eine frappante Ähnlichkeit in der Öffnung in der Mitte der Kreuzform auf der Rückseite der Schamanen-Trommel, die ihrerseits „als ein verkleinertes Modell des schamanischen Kosmos gelesen werden" muss: „Die horizontale Struktur der Welt war auf den Trommeln mit den Zeichen der vier Himmelsrichtungen in Form eines gleichseitigen Kreuzes dargestellt. Der vertikale Aufbau der Welt wurde durch drei Kreise auf der Vorderseite oder durch drei Eisenringe auf der Innenseite der Trommel wiedergegeben. Der kreuzförmige Griff symbolisierte die Himmelsrichtungen und die Grenzen der Welten, die rautenförmige Öffnung in der Mitte des Trommelgriffes war der Weg in die andre Welt oder der Durchgang in die Unterwelt des Universums" – E. Kasten (Hg.), *Schamanen Sibiriens. Magier – Mittler – Heiler*, Stuttgart 2009, 59f (M. Oppitz) und 53 (T. Ju. Sem).

Rückblick
und Ausblick

Madeleine Delbrêl – oder: „Die Welt ist das Kloster und das Kloster die Welt"

Ilona Biendarra, Salgen

„Anders-Orte" – „Suche und Sehnsucht nach dem (Ganz-)Anderen": Ist es gelungen, das Andere, das (Ganz-)Andere in Gedankengängen aufscheinen zu lassen und in die Beschreibungen von Wirklichkeit hineinzuholen?
Die einzelnen Autoren haben den Versuch gewagt, Anders-Orte in Wort und Bild einzufangen, sie im Geist phantasievoll und visionsoffen aufsteigen zu lassen, sie im lebendigen Dasein zu entdecken, zu erfahren und zu erleben.

Können wir das Andere so leidenschaftlich denken, dass es zur eigenen Lebenswirklichkeit wird? Dass Anders-Orte nicht mehr in Vorstellungen oder in der Fremde zu suchen sind, sondern unsere Sehnsucht Heimat findet und ans Ziel gelangt? So dass die Dualität von Eigenen und Anderem sich aufhebt und wir im EINEN leben, DA SIND?

Das Andere wie Kierkegaard mit Leidenschaft denken: metaphysisch, säkular, als gutes und gelingendes Leben, im Sinne des Kantschen Imperativs bzw. Schmids Lebenskunst. Es dann aber auch tun: Wie im Urchristentum einen „Neuen Weg" einschlagen. Die Wüstenväter gingen „andere Wege", lebten in der Wüste als „Anders-Ort". Später entwickelten sich Klöster als „Lebensschulen": Bis heute Versuche, den Himmel zu erden.

„Anders-Ort" Kloster: Eine Einladung Gottes

Das Kloster sieht sich als exemplarischer „Anders-Ort" in die Welt hineingestellt: „Das Kloster ist nicht die Welt", bedarf aber heute einer gewissen Weltoffenheit, „die Welt ist kein Kloster", sucht und sehnt sich aber nach dem (Ganz-)Anderen.

Das Kloster als ein nicht alltäglicher, sondern ein besonderer Ort: Ein Ort, der zum Leben gehört, und dabei doch nicht ganz in dieser Welt beheimatet zu sein scheint. Ein Ort, an denen alltägliche Gesetzmäßigkeiten außer Kraft gesetzt sind. Ein Ort, an dem das ganze Leben neu und anders gedeutet wird, an dem die Zeit anders vergeht. Ein Ort, der durch Grenzen abgeschieden wird. Vor allem aber ist es ein Ort, durch den auf das gewöhnliche Leben ein neues Licht fällt, es nicht mehr als das einzig Denkbare erscheinen lässt.[1]

Klöster ragen als solche besonderen Orte, als „Anders-Orte" in die Welt hinein. Es sind Orte, an die keiner kommen muss, aber alle kommen können. Begegnungen und Räume eröffnen sich in der Erfahrung dieser besonderen Orte. Die eigene Lebenslage und -situation ist darin aufgehoben und verwandelt sich in das eigene und somit eigentliche, das dem Menschen verheißene Leben.

An diesen „Anders-Ort" kommen auch Andere, Begegnung wird möglich. Der andere Mensch wird zum Bezugspunkt und lässt das eigene Dasein in einem neuen Licht erscheinen.[2]

Das Kloster ist somit ein besonderer Ort, ein „Anders-Ort". Ein Ort, an dem das Besondere, das den Menschen ausmacht und einmalig sein lässt, seinen Platz hat. Letztlich der Ort, an dem der Andere, Gott selbst, wohnt und einlädt.[3]

„Anders-Ort" Welt: Christliche Verortung heute

Wie können sich Christen und Christinnen, wie kann sich Kirche zu Beginn des 21. Jahrhunderts verorten? Wegweisend hat Madeleine Delbrêl (1904–1964), die im letzten

1 Vgl. M. Foucault, *Botschaften der Macht*, Stuttgart 1999.

2 Vgl. E. Lévinas, *Die Spur des Anderen. Untersuchungen zur Phänomenologie und Sozialphilosophie*, Freiburg i.Br./München 1998.

3 Vgl. I. Biendarra/L. Horch, *Lebenswege. Im Labyrinth des Lebens*, Würzburg 2009, 152f.

Jahrhundert als selbstbewusste Laienchristin und Sozialarbeiterin am Rande der französischen Metropole Paris lebte, die Welt als „Anders-Ort" entdeckt. Der Alltag ist ihr „Anders-Ort", denn für sie IST GOTT – überall erfahrbar und gegenwärtig, in jedem Menschen, an jedem Ort. Das Eigene ist „anders" beseelt, das „Andere" er-eignet sich. Das Profane und das Heilige verschmelzen, werden EINS.

Madeleine Delbrêl folgend ist „die Welt das Kloster und das Kloster die Welt". Im Nahen, Eigenen und Alltäglichen (be-)findet sich das (Ganz-)Andere und umgekehrt, immer wieder anders und neu, zugleich geheimnisverhüllt wie geisterfüllt.

Das Charisma Madeleine Delbrêls kann uns in Hinblick auf eine zeitgemäße spirituelle Erneuerung eine inspirierende Perspektive eröffnen.[4]. Sie hat ihr Christsein bewusst unter den spezifischen Bedingungen der Moderne zu verwirklichen gesucht. Als „Mystikerin der Strasse"[5] lebte sie ihr Christsein aus der Einsamkeit des Glaubens heraus, in der Hingabe für die Menschen und im Einsatz für die Welt.[6] Es ging Madeleine Delbrêl um die Verwirklichung einer radikalen, auf das Wesentliche konzentrierten und deshalb gegenüber allen, insbesondere von kirchlichen Konventionen freien Spiritualität. Gerade so konnte diese das Fundament einer Lebensform inmitten des dezidiert atheistischen Mi-

4 1904 in Frankreich geboren, katholisch sozialisiert, dann Atheistin. Nach einer radikalen Neubekehrung siedelte sie sich 1933 in der kommunistisch-marxistisch geprägten Arbeiterstadt Ivry bei Paris an, wo sie als Sozialarbeiterin tätig war. Ihre menschliche und geistliche Stütze war eine kleine weibliche Laiengemeinschaft, die sich um sie herum gebildet hatte. Deren Mitglieder versuchten ihren christlichen Glauben explizit im Alltag zu verwirklichen, vor allem in der Teilhabe am einfachen Leben der Menschen um sie herum (vgl. K. Boehme, *Madeleine Delbrêl. Die andere Heilige*, Freiburg i. Br. 2004; C. de Boismarmin, *Madeleine Delbrêl. Mystikerin der Strasse*, München u.a. 1996).

5 Vgl. C. de Boismarmin, *Madeleine Delbrêl. Mystikerin der Strasse*, München u.a. 1996.

6 Vgl. M. Delbrêl, *Frei für Gott*, Einsiedeln 1991, 28.

lieus der kommunistischen Arbeiterstadt Ivry bilden[7], zu einem weltimmanenten und zugleich tranzendenten „Anders-Ort“ werden. Unscheinbar „anders“ und erneuernd fordert das eigene Christsein als Berufung heraus, und verwirklicht sich geisterfüllt als Auftrag.

„Wenn wir unser Evangelium in Händen halten, sollten wir bedenken, dass das Wort darin wohnt, das in uns Fleisch werden will, uns ergreifen möchte, damit wir (...) an einem neuen Ort, zu einer neuen Zeit, in einer neuen menschlichen Umgebung Sein Leben aufs Neue beginnen.“ (*M. Delbrêl*)[8]

Leben nach dem Evangelium heißt für Madeleine Delbrêl radikale und unbedingte Christusnachfolge im gegenwärtigen Alltag.[9] Daraus erwächst eine entschieden christliche Lebenshaltung, in der Situation, Subjekt und Sinn unmittelbar miteinander verknüpft sind.[10] Zusammen mit ihren Gefährtinnen kam es Madeleine Delbrêl darauf an, sich immer wieder neu an *Christus* und dem *Evangelium* zu orientieren. So wird eine gottvolle und weltoffene Verwirklichung christlichen Lebens immer wieder „anders“ und neu möglich – auch heute.[11]

---

7 Vgl. M. Heimbach-Steins, *Provoziert von Gott und der Welt. Die Aktualität Madeleine Delbrêls in nachchristlicher Gesellschaft*, 191, in: Herder Korrespondenz 59, 4 (2005), 191–195.

8 M. Delbrêl, *Gebet in einem weltlichen Leben*, Einsiedeln 1993, 18.

9 Vgl. M. Delbrêl, *Frei für Gott*, Einsiedeln 1991, 14.

10 Vgl. M. Heimbach-Steins, *Situation – Subjekt – Sinn. „Unterscheidung der Geister" im Kontext christlicher Ethik*, in: M. Schramm/U. Zelinka (Hrsg.), *Um des Menschen willen. Moral und Spiritualität*, Festschrift für Bernhard Fraling zum 65. Geburtstag, Würzburg 129–149.

11 Vgl. M. Delbrêl, *Frei für Gott*, Einsiedeln 1991, 26.

Autorinnen und Autoren

Ilona Biendarra, geb. 1970, Dr. phil., Diplomtheologin (Univ.), Diplompädagogin (Univ.). An der Universität Würzburg 2001-2005 wissenschaftliche Mitarbeiterin am Lehrstuhl für Allgemeine Pädagogik (Prof. Dr. Günther Bittner), im Rahmen des EU-Projektes „Welfare and Values in Europe", 2005-2008 Projektmitarbeiterin am Lehrstuhl für katholische Religionspädagogik und Didaktik des Religionsunterrichts (Prof. DDr. Hans-Georg Ziebertz). Lehrbeauftragte und Dozentin. 2008-2010 Bildungsreferentin der Stiftung „Brücken in die Zukunft". Mitglied der „Association des Amis de Madeleine Delbrêl" (www.madeleine-delbrel.net).

Artur R. Boelderl, geb. 1971, Studium der Germanistik und Philosophie in Klagenfurt. Dr. phil. *sub auspiciis praesidentis Rei Publicae* (1995). Habilitation für Philosophie ebenda (2006). Univ.-Doz. am Institut für Philosophie der Kath.-Theol. Privatuniversität Linz. Lehraufträge an den Universitäten Graz und Klagenfurt (Gastprofessur im Sommersemester 2009). Generalsekretär der Österreichischen Gesellschaft für Religionsphilosophie 1996-2006, deren Wissenschaftlicher Beirat seit 2008. Wissenschaftlicher Beirat der Reihe *Linzer Beiträge zur Kunstwissenschaft und Philosophie* im transcript Verlag (Bielefeld). Arbeitsschwerpunkte: Phänomenologie, Geschichte der Philosophie, Philosophie der Psychoanalyse, Philosophische Natologie. Zahlreiche wissenschaftliche Veröffentlichungen, darunter die Monographien: *Alchimie, Postmoderne und der arme Hölderlin* (1995), *Literarische Hermetik* (1997), *Georges Bataille* (2005), *Von Geburts wegen* (2006), *Jean-Luc Nancy: Eine Einführung* (in Vorbereitung).

Margit Eckholt, geb. 1960, Dr. theol., 2000 Habilitation an der Universität Tübingen. Von 2001-2009 Professorin für Dogmatik an der Philosophisch-Theologischen Hochschule der Salesianer Don Boscos in Benediktbeuern. Seit September 2009 Professorin für Dogmatik und Fundamentaltheologie an der Universität Osnabrück.

Thomas Friedrich, geb. 1967, Dr. phil., Diplompädagoge (Univ.). Studium der Erziehungswissenschaft, Soziologie, Psychologie, Sonderpädagogik, Religionsgeschichte an der Universität Würzburg. Seit 1996 berufstätig als Sozialarbeiter, u.a. in der Nachtdienstleitung der Bahnhofsmission Würzburg, im Sozialdienst des Jugendamtes Bad Kissingen, als Bereichsleiter Offene Hilfen der Lebenshilfe Haßberge e.V.. Schwerpunkte in Anthropologie, Hermeneutik, Vergleichende Heilpädagogik, Internationale Sozialarbeit, Dritte Welt.

Klaus W. Hälbig, geb. 1951, Dr. theol., Diplomtheologe (Univ.), Diplom-Religionspädagoge (FH) und Journalist. Von 1988 bis 2005 Pressesprecher der Diözese Rottenburg-Stuttgart, seitdem Referent an der Akademie der Diözese Rottenburg-Stuttgart (www.akademie-rs.de).

Michael Hochschild, geb. 1967, Dr. rer. soc, Dr. phil.. In Forschung und Lehre zunächst tätig u.a. an den Universitäten in Flensburg, Frankfurt, Innsbruck, Linz. Seit 2003 auf dem Lehrstuhl für Zeitdiagnostik in Paris.

Bettina-Sophia Karwath, geb. 1966, Dr. theol., Lehrbeauftragte am Lehrhaus für Psychologie und Spiritualität, Institut Simone Weil, Marktheidenfeld. Geistliche Leiterin im Bundesvorstand der kfd.

Hildegund Keul, geb. 1961, M.A., Dr. theol., Habilitation über die Mystik Mechthilds von Magdeburg, Privatdozentin für Fundamentaltheologie und Vergleichende Religionswissenschaft an der Universität Würzburg und Leiterin der Arbeitsstelle für Frauenseelsorge der Deutschen Bischofskonferenz.

Jürgen Lenssen, geb. 1947, Dr. theol., Domkapitular seit 1991, Studium der Katholischen Theologie, Kunstgeschichte und Volkskunde in Würzburg, Münster und Osnabrück. Priesterweihe 1971, anschließend pastorale Tätigkeiten in Gemeinden bis 1989. Seit 1989 Ordinariatsrat und Leiter der Hauptabteilung Bau- und Kunstwesen in der Diözese Würzburg. Vorsitzender der Internat. ARGE Kirchliche Museen und Schatzkammern im deutschsprachigen Raum, Mitglied der Kommissionen für Kirchenmusik und Liturgie. Bis 2003 Präsident der Deutschen Gesellschaft für christliche Kunst. Forschungsschwerpunkte und zahlreiche Veröffentlichungen in den Bereichen Sakralarchitektur, Liturgie und zum Verhältnis von Kirche und zeitgenössischer Kunst.

Jörg Seip, geb. 1967, Dr. theol., Privatdozent für Pastoraltheologie und Homiletik an der Julius-Maximilians-Universität Würzburg und Lehrbeauftragter für Homiletik an der Theologischen Fakultät Paderborn. Veröffentlichung u.a.: Der weiße Raum. Prolegomena einer ästhetischen Pastoraltheologie (PThK 21), Freiburg 2009. Herausgeber des Internetportals www.literatur-religion.net

Ulrich Wehner, geb. 1968, PD. Dr. phil., von 1996-2008 Doktorand und Habilitand an der Universität Würzburg und Gastprofessur in Wien. Derzeit Akademischer Rat und Leiter von dem Bachelorstudiengang „Sprachförderung und Bewegungserziehung" an der Pädagogischen Hochschule Karlsruhe.

spuren
Essays zu Kultur und Glaube
hg. von Joachim Hake und Elmar Salmann OSB

Corona Bamberg

Askese – Faszination und Zumutung

224 Seiten, gebunden, ISBN 978-3-8306-7329-3, 14,80 Euro

Askese ist weit mehr als die Sorge um sich selbst. Lassen, um zu erlangen, Maß finden im Überschwang der Liebe, sterben, um zu leben. Das ist das Paradox christlicher Askese und der Weg zu jener ursprünglichen Leidenschaft des Lebens, die – nach J.-L. Barrault – ohne Gier glühend ist. In Ordnung, Offenheit und Kampf gibt Askese dem Leben eine Richtung, die es aus sich selbst nicht finden kann.

Gottfried Bachl

Eucharistie – Macht und Lust des Verzehrens

196 Seiten, gebunden, ISBN 978-3-8306-7332-3, 14,80 Euro

In der Eucharistie wird verzehrt und einverleibt. Der Tod wird nicht nur zitiert, er ereignet sich buchstäblich, er wird verübt und erlitten. Durch kein anderes Symbol wird der Mensch so stark an seine schwierige Lage erinnert, ein Esser und Trinker sein zu müssen. Inmitten der Gewalten von Verschlingen und Verzehren wird die Eucharistie verständlich als Sakrament der Rettung.

Dominik Terstriep

Indifferenz – Von Kühle und Leidenschaft des Gleichgültigen

192 Seiten, gebunden, ISBN 978-3-8306-7387-3, 18,50 Euro

Wie hält man es mit dem Vielen aus, mit einer Unzahl von Informationen, Ansprüchen, Wahrheiten und Optionen? Indifferenz reagiert auf das Viele: strategisch als kühles Spähen, kalt als unempfindliche Gleichgültigkeit, menschlich-geistlich als gastfreundliche Offenheit, leidenschaftlich als Wahl des als richtig Erkannten.

Elmar Salmann

Geistesgegenwart – Figuren und Formen des Lebens

192 Seiten, gebunden, ISBN 978-3-8306-7430-6, 18,50 Euro

Eine lebensdienliche Theologie befasst sich mit dem Leben selbst, wie es erlitten, gestaltet und bestanden, auf sich genommen und gefasst wird. Solches Hinhören kündigt eine Art von Geistesgegenwart an, die zugleich gesammelte Aufmerksamkeit und Präsenz jenes Anwalts und Trösters wäre, der unserer Existenz aufhilft, sie herausfordert und trägt.